rororo

Friedrich Christian Delius:
Werkausgabe in Einzelbänden

Bildnis der Mutter als junge Frau. *Erzählung*
Der Sonntag, an dem ich Weltmeister wurde. *Erzählung*
Amerikahaus und der Tanz um die Frauen. *Erzählung*
Als die Bücher noch geholfen haben. *Biografische Skizzen*

Mein Jahr als Mörder. *Roman*
Ein Held der inneren Sicherheit. *Roman*
Mogadischu Fensterplatz. *Roman*
Himmelfahrt eines Staatsfeindes. *Roman*
Adenauerplatz. *Roman*

Der Spaziergang von Rostock nach Syrakus. *Erzählung*
Die Birnen von Ribbeck. *Erzählung*
Die Flatterzunge. *Erzählung*
Die Frau, für die ich den Computer erfand. *Roman*
Der Königsmacher. *Roman*

Wir Unternehmer/Unsere Siemens-Welt/Einige
Argumente zur Verteidigung der Gemüseesser. *Satiren*
Die Minute mit Paul McCartney. *Memo-Arien*
Unsichtbare Blitze. *Ausgewählte Gedichte*

Friedrich Christian Delius

Mogadischu Fensterplatz

Roman

Rowohlt Taschenbuch Verlag

Neuausgabe August 2014

Veröffentlicht im Rowohlt Verlag GmbH,

Reinbek bei Hamburg, August 1987

Umschlaggestaltung any.way, Walter Hellmann

Satz Adobe Garamond Pro OTF (InDesign) bei

Pinkuin Satz und Datentechnik, Berlin

Druck und Bindung Druckerei C. H. Beck, Nördlingen

Printed in Germany

ISBN 978 3 499 26763 5

FSC www.fsc.org MIX Papier aus verantwortungsvollen Quellen FSC® C019821

Das für dieses Buch verwendete FSC®-zertifizierte Papier
Lux Cream liefert Stora Enso, Finnland.

Die veröffentlichten Aussagen ehemaliger Geiseln, insbesondere der Passagiere des Lufthansa-Flugzeugs «Landshut», förderten die Arbeit an diesem Buch. Das aber gibt, selbstverständlich, nur eine Version wieder – die des Autors.

Eins

Ich werde den Antrag nicht ausfüllen. Name, Staatsangehörigkeit, Beruf, das ist schnell beantwortet, aber wenn ich gefragt werde, Welche Körperschäden haben Sie durch eine Gewalttat (§ 1 OEG) erlitten?, dann kann ich nur sagen: nein, so nicht. Denn ich weiß nicht, ob ich wirklich Schaden genommen habe, ob die Körperschäden zu beschreiben oder zu messen sind und ob ich sie mit Geld gemildert haben möchte.

Die andern Fragen sind noch verrückter. Was tun sie mir da an mit ihrem Antrag auf Versorgung nach dem Gesetz über die Entschädigung für die Opfer von Gewalttaten (OEG)! Den Tatort nennen, als wüssten den nicht alle Leute seit Wochen auswendig! Meine mögliche Verwandtschaft zum Täter angeben, seine Adresse sogar, und am Ende wünscht man Auskunft, ob ich schon einen Behinderten- oder Beschädigten-Ausweis beantragt habe. Nein, ich bin nicht behindert, bin nicht beschädigt von dieser Reise zurückgekehrt, im Gegenteil! Es war ein Umweg und sonst nichts!

Kein Beamter soll mich versorgen, kein Psychologe beleidigen, von Journalisten und Polizisten lass ich mich nicht länger auspressen. Zu lange habe ich mitgespielt. Die Aufmerksamkeit hat mir geschmeichelt, die Trinkgelder waren auch nicht schlecht, aber jeden Tag wurden meine Antworten routinierter, schneller, falscher. Jeden Tag mehr Verkürzungen, Beschönigungen, Klagen. Und jetzt dieser Antrag! Ich muss von vorn beginnen, noch einmal. Warum regt so ein albernes Formblatt mich auf, reißt mich zurück, lädt das Gedächtnis auf, schwemmt die Bilder, Grimassen und Laute heran, brennt mir den Gestank auf die Haut und schließt mich wieder ein in das Flugzeug?

Weit entfernt sehe ich eine andere Andrea Boländer, die vor fünf Wochen mit leichtem Gepäck in Palma einstieg, den Fensterplatz besetzte in der Reihe 10, nach dem Start sich zurücklehnte und einen Brief begann, Lieber Stefan, und drei oder vier ungeschickte Sätze schrieb, das Blatt vom Block riss mit der Absicht, das Nötige in einem Satz zu sagen, der aufhören sollte mit dem Wort «aus».

Plötzlich Schreie wie Blitze, ganz nah, von allen Seiten, schrille, zänkische Mädchenstimmen, hartes, unverständliches Befehlsgebrüll, kratzendes Englisch, polternde Schritte, die Schreie gleichzeitig vorn und hinten, immer lauter und bellend. Die Gedanken beschäftigt mit dem einen, schlagenden Satz für den Brief, nur das Gehör war schon hellwach mitten in der neuen Situation, von der ich noch nichts begriff, es sortierte die verschiedenen Heftigkeiten und Tonlagen der Geräusche: Angstkreischen, Zetern, Frauenschreie, Männergebrüll, Schreckensrufe. Nichts davon passte in ein Flugzeug. Die überraschende und anhaltende Detonation menschlichen Lärms sagte mir zuerst nichts, sie zeigte nur an, dass etwas Unerhörtes geschehen war oder beginnen sollte. *Hands up! Hands up! Hands up!*, das war das einzige und ständig wiederholte Gebrüll, das immer deutlicher alles andere übertönte.

Hände, lauter Hände, einzeln und paarweise, Arme, immer mehr Arme wurden zögernd in die Höhe gereckt, vorsichtig angewinkelt, als sei noch nicht sicher, ob der Befehl ein Befehl ist. Ich klemmte den Schreibblock mit dem Kugelschreiber ins Netz vor mir und gab, beinah ohne Angst und Hast, den Befehl an die Muskeln weiter. Sie gehorchten. Der Anfang einer Schwimmbewegung. Ich reihte mich ein. Schwamm reglos mit. Alle Passagiere, die ich von meinem Platz aus sehen konnte, hatten die Arme nach oben gestreckt. Die Protestrufe ebbten ab, die deutschen Schrecklaute verschwanden, aufgeregte und ängstliche Äußerungen eines winzigen Widerstands, aber es blieben die Kommandostimmen von Frauen und das Gebell eines jungen Mannes und hallten wider im Ohr und wurden wiederholt in der einzigen Sprache, die von nun an galt, *Hands up! Hands up! Don't move!*

Eine der schreienden Frauen schritt an uns vorbei und hielt in ihrer Hand einen metallenen, faustgroßen Gegenstand, den ich nur in Filmen gesehen hatte und sofort erkannte, eine Handgranate. Ihr gellendes Gekreische *Don't move! Hands up! Don't move!* machte mir mehr Angst als die Granate, die sie wie ein Pfand hochhielt oder wie ein Beweisstück, als hätte sie sonst nichts, was ihr die Kraft geben könnte zu schreien mit einer erregten, explodierenden Stimme, die tatsächlich eher aus der Granate als aus dem Mund zu dringen schien. Und das war nur eine von mehreren Stimmen, denen wir einige zehn Sekunden lang und damit schon entschieden zu lange gehorchten, von Befehlen und Waffen überwältigt, zurückgedrückt in die Sessel und aufgehängt an den eigenen Händen.

Von vorn wurden Leute durch den Mittelgang getrieben, Stewardessen darunter, und weiter nach hinten gedrängt, ein junger Mann mit Pistole befahl die Richtung. Sie wurden gegeneinandergedrückt, wehrten sich mit verzögerten Schritten und versuchten, Körper an Körper stehend, im Gedrängel Schutz zu finden. Niemand wollte im Schussfeld der Pistole sein. Die Leute hielten die Hände hoch, aber nur halbhoch, in Kopfhöhe, denn sie mussten sich gleichzeitig festhalten beim Geschobenwerden. Das aufgerissene Gesicht einer Frau in meinem Alter, die sich empören wollte, aber nur irrend und geschlagen um sich blickte und Hilfe suchte in einem andern Gesicht, traf meinen Blick. Sie begriff nichts oder begriff doch alles, sie ahnte vielleicht, dass es jetzt nicht mehr darauf ankam, was wir begriffen. Sie, so schien es mir, sah mich genau so an wie ich sie, zwei Gesichter, die einander als Spiegel dienten und im gleichen Moment darüber erschraken. Es war wie in einer dunkel bekannten und plötzlich hart aufleuchtenden Filmszene, und erst mein kaltes Zittern verriet mir, dass wir nicht im Kino saßen. Eine abgewürgte Angst lief durch den Körper. Ich holte Luft, um gegen die Salve der Schreie der Bewaffneten anzuschreien. Aber die Gesichtsmuskeln waren steif geworden, die Kiefer öffneten sich nicht, die Stimmbänder blockiert und trocken, und zwischen den Zahnreihen hörte das Zittern nicht auf.

Die Hände hoch, wusste ich nicht, wohin mit dem Kopf. Mal hielt ich ihn geduckt, mal neugierig gereckt. Mit einer halben Drehung nach hinten konnte ich das Gedränge im Mittelgang sehen, die Leute wurden einzeln auf die freien

Plätze im Heck befohlen. Wieder stießen neue Schreie auf die Echos der kurz zuvor gehörten Schreie, sodass es nicht die kleinsten Pausen gab und keine Gelegenheit, die eigene Reaktion zu überdenken.

Wir in der Reihe 10, ungefähr in der vorderen Mitte der Maschine, konnten sitzen bleiben. Wir wurden nicht getrieben, getreten, geboxt mit Faust und Pistolenlauf. Doch die Befehlsschreie kamen mir, obwohl sie mir nicht galten, so schlimm vor wie Hiebe. Sie trafen wie Schüsse, Schüsse, die durch die Ohren drangen, das Hirn löcherten, Schüsse, die keine Wunden zurückließen und doch auf eine ärgerliche Weise schmerzten und den Schmerz verstärkten, den die Ohren im Dauerfeuer des wiederholten *Hands up! Don't move! Hands up!* auszuhalten hatten, ein Befehl, der überdies unnötig und absurd wurde, da wir längst alle gehorchten und in beflissener Ängstlichkeit die Arme hochreckten wie ungelenke Anfänger eines Gymnastikkurses.

Einer der Bewaffneten trieb einen Mann vor sich her, den Piloten, in dunkelblauer Uniform mit goldnen Armstreifen unter den erhobenen Händen. Er war blass, ergeben, erstarrt. Sofort sah ich das Cockpit leer, keine Hand am Steuerknüppel, niemand vor den Instrumenten und dem Funkgerät, wer fliegt uns denn jetzt, niemand, gleich stürzen wir, ein Selbstmordkommando, gleich stürzen wir, ab in die Tiefe, torkeln hinunter auf Felsen, aufs Meer, zerschellen auf Wasserbeton, bloß nicht ersaufen müssen, von Wellen erschlagen, ersaufen. Es rettete mich der Gedanke, dass mindestens zwei, vielleicht drei Männer die Maschine steuerten. Einer von ihnen war offenbar entbehrlich. Das Flugzeug glitt weiter über die Wolken hinweg, ruhig, mit zuverlässig pfeifenden Düsen. Als der Pilot oder Kopilot, das wusste ich in diesem Augenblick nicht, an uns vorbeigeführt wurde wie ein trauriger, gefangener Häuptling, sagte er leise:

– Alles tun, was die sagen! Alles tun, was die sagen!

Die Worte beruhigten mich, weil sie vernünftig klangen und weil es meine Sprache war, angenehm, vertraut, als hätte ich viele Tage in einem fremden Sprachgebiet gelebt. Gleichzeitig nahmen sie mir die Hoffnung, es könnte alles vielleicht doch nur ein Traum sein, ein Scherz, eine Übung. Die Pistole im Rücken der Uniform war erstaunlich klein. Die Augen der Passagiere folgten der Pistole, dem Piloten, dem brüllenden Mann, der mit der Waffe das Tempo der Bewegungen diktierte, und gingen dann ruckartig zu den Gesichtern der Nachbarn, als suchten sie, weit aufgerissen in einer fast verlegenen Hilflosigkeit, einen Halt wenigstens in der Nähe. Die Gesichter hatten sehr schnell alles Maskenhafte verloren, keines schien mehr getrimmt auf Schönheit, Erfolg, Urlaubslaune, so offen und ungeschminkt lag in ihnen allen der Schock. In der Erstarrung, die sich wie ein Mantel um die schüchterne Angst legte, war mir, als rückten auch die Uhrzeiger nicht weiter. Ich suchte Schutz und drückte mich an die Wand.

Mehrere Leute wurden umgesetzt, größere Kinder nach vorn geschubst, junge Männer von den Gangplätzen entfernt und auf Fensterplätze geschickt. Das zierliche Mädchen, das in meiner Reihe am Gang saß, wurde neben mich befohlen, und auf ihren Platz kam eine ältere Frau, die ihren Körper vor das heruntergeklappte Tischchen zwängen musste.

Die meisten Passagiere waren beim Essen gestört worden, sie hielten nun die Hände weit über die Tabletts hinauf in die Höhe. Die Bestecke der Leute links neben mir in der Reihe 10 lagen griffbereit an den Hühnchenknochen. Das Zellophanpapier über den Nachtischschälchen war noch nicht aufgerissen. Ich hatte das Essen abgelehnt, weil ich nach dem späten Frühstück keinen Hunger hatte und endlich den Brief schreiben wollte. Nun bekam ich plötzlich Appetit auf das Süße, das da unangetastet unter der Plastikverpackung in meiner Reichweite lag. Ich hätte sofort zugegriffen, selbst wenn es der schäbigste Vanillepudding gewesen wäre, hätte am liebsten drei oder vier Schälchen auf einmal geleert, hielt aber weiter, so tapfer wie feige, die Hände hoch, spürte das Süße oder die Einbildung des Süßen in der Nase, auf der Zunge, und dieser Geschmack linderte die Schreie.

Alles geschah blitzschnell. Stimmen, Bewegungen, Blicke kreuzten sich, prallten gegeneinander und zerfielen, neue Bilder schoben alles durcheinander, und leisere Befehle wie *You should be quiet!* oder *Hey, put your hands up!* klangen beinah milde. Nach außen hin wurden die Passagiere immer ruhiger, und Panik, so schien es, zeigten nur die Bewaffneten, schreiend, gestikulierend, es ging ihnen alles zu langsam. Einer rannte durch die Maschine, hielt hier einem die Faust vors Gesicht, dort die Pistole, kommandierte, schlug und keifte, bis er endlich vorn verschwand.

Sechseinhalb Zeilen lässt der Antrag für die Genaue Schilderung des Tathergangs. Mit sechseinhalb Zeilen kann ich nicht einmal das Durcheinander der ersten lärmenden Sekunden schildern, in denen sich die Ereignisse gegenseitig überlagerten, auslöschten, überboten.

Ein Schlag aufs Trommelfell, ich riss den Mund auf, ein

Schrei aus dem Lautsprecher. Eine männliche Stimme, heftig und überraschend nah in unerträglicher Lautstärke. Fast hätte ich die Hände heruntergenommen, um die Ohren zuzuhalten, aber ich streckte sie, erschrocken über meinen Reflex, rasch wieder hoch und ließ geduckt das Gebrüll über mich ergehen wie den Krach eines Tieffliegers. Ein Tieflieger verschwindet, aber dieser Krach blieb über uns und hieb auf das Trommelfell ein, nichts war zu verstehen, nur furchtbares Englisch, in einem rauen, drohenden Akzent. Ich meinte Wortfetzen herauszuhören wie *Follow the instructions, shot, executed.* Endlich schien der Mann zu merken, dass seine Anstrengung umsonst war. Er befahl eine Stewardess zu sich. Von hinten kam Schluchzen. Dann schrie er wieder los und versuchte seine Ansage leiser und verständlicher zu machen. Aber er schaffte es kaum, die erregte Stimme kippte ihm wieder in bellendes Geschrei hinauf.

Er nannte sich Captain und fügte einen unverständlichen Namen an. Er brüllte etwas wie: *This airplane is under my command!* Er sagte: *Whoever refuses to follow my command will be executed immediately!* Er wiederholte: *Will be executed immediately!* Die Stewardess übersetzte: Wer meinen Anweisungen nicht Folge leistet, wird erschossen. Sie übersetzte die Wiederholung nicht und sprach die Ausrufungszeichen nicht mit, sie bemühte sich, den gewohnten Stewardessenton beizubehalten.

– Tun Sie bitte, meine Damen und Herren, was Captain Jassid sagt.

Sogleich ging es weiter, in englischer Brüllsprache: *Wer die Hände nicht über den Kopf hält, wird erschossen!* Wir hielten die Hände schon viele Minuten lang hoch wie befohlen, und ich konnte mir nicht vorstellen, wie wir das noch länger aushalten sollten. Er brüllte: *Wer redet, wird sofort erschossen!* Er machte eine Pause, als wollte er horchen, ob jemand zu widersprechen wagte. *Wer nicht sofort das Rollo am Fenster schließt, wird erschossen!* Ich überlegte einen Augenblick, wie ich mit erhobenen Händen das Rollo herunterziehen sollte. Auch andere auf den Fensterplätzen schienen zu zögern, dann wurde der Mann am Mikrophon deutlicher: *Alle, die am Fenster sitzen, sollen die Rollos schließen und sofort wieder die Hände über den Kopf halten!* Wir warteten auf die Übersetzung und zogen gehorsam die Rollos herunter, und ich nahm nicht einmal die Gelegenheit wahr, noch einen Blick auf ein Wolkengebirge oder hinab auf das Meerblau zu speichern. Ich folgte eilig dem Befehl wie die anderen, war beinah erleichtert, die aufdringliche Helle, den unendlichen, ärgerlich freien Raum hinter dem Guckloch wegschieben zu können und meine geschützte Ecke dunkel zu haben. Der Schreihals schien mit uns zufrieden zu sein, in milderem Ton sagte er: *Wer redet, wer auch nur ein Wort redet, wird erschossen!* Als die Stewardess das übersetzt hatte, klang unser Schweigen anders als in den Pausen vorher. Ich merkte, wie ich nickte, stumm mein Einverständnis gab.

Und jetzt die Bestecke! Wer nicht sofort alle Essbestecke in den Mittelgang wirft, wird erschossen! Ich sah auf das Besteck meiner Nachbarin, das noch auf dem Tablett am Gangplatz über den Knien der älteren Dame lag. Wir fixierten das kurze Messer, den Teelöffel, die schmale Gabel. Die Dame am Gang fühlte sich offenbar nicht zuständig, sie wandte den Blick nach vorn, als gehe von dem fremden Essbesteck eine Gefahr aus oder als wolle sie prüfen, was die anderen Leute taten. Meine Nachbarin zögerte, nach dem Besteck hinüberzugreifen, sie sah ratlos hin, dann fragend zu mir. Erst jetzt entdeckte ich, dass das Plastikmesser und die Plastikgabel schon abgewischt und ordentlich am Tablettrand lagen, als hätte die Benutzerin sie gerade in die Handtasche packen wollen zum Andenken an eine Lufthansareise oder als Mitbringsel für Kinder. Die anderen Passagiere gegenüber hatten Messer und Gabel und Löffel längst in den Gang geworfen, plötzlich griffen beide Frauen neben mir entschlossen zu, vielleicht um die Gelegenheit zu nutzen, einem der Arme für einen kurzen Moment etwas Bewegung zu verschaffen, und die Jüngere war schneller, vielleicht weil sie sich von mir ertappt fühlte. Als ich das Besteck auf dem kotbraunen Läufer im Mittelgang verstreut liegen sah, die spitzen Zinken und geschliffenen Schneiden, begriff ich endlich den Befehl. Es waren Waffen. Es wären Waffen gewesen, wenn irgendeiner der Passagiere imstande gewesen wäre, ein brüchiges kleines Messer, eine Gabel ins Auge oder ins Herz eines Angreifers zu stoßen. Nun lagen diese lächerlichen und unbrauchbaren Waffen da wie achtlos hingeworfenes, billiges Beutegut nach einem verlorenen Feldzug. Wir hatten nicht einmal gekämpft und schon verloren, da lag wieder ein Beweis.

Im Antrag steht etwas von Abwehr. Sind Sie bei der Abwehr des rechtswidrigen Angriffs von anderen Personen unterstützt worden? Ja – nein. Gegebenenfalls von wem? Wer kann, wer will begreifen, dass wir uns nicht einmal gewehrt haben? Ich habe keinen Angriff abgewehrt, es hat mir niemand geholfen. Auch ich habe keiner Person geholfen, nicht einmal meiner Nachbarin, nicht einmal mit ein paar Worten. Stumm haben wir die Gewalt über uns ergehen lassen, reglos, eingerollt, stumm.

Ein Kind weinte, es redete im Weinen. Wird der Kerl das Kind anbrüllen, schlagen, erschießen? Ich hätte ihm alles zugetraut. Er befahl vier älteren Frauen, das Besteck aufzuheben und nach vorn in die Erste Klasse zu bringen. Die Frau, die für den Mittelbereich eingeteilt war, sah niemanden an, blickte verschämt auf den Boden, krümmte den Körper und bückte sich, während hinter ihr eines der Mädchen mit der Handgranate stand, wurfbereit, jede Bewegung kontrollierend. Das Kind weinte leiser. Dann mussten die Esstabletts eingesammelt und nach vorn gebracht werden. Die Hände der Frau, die das Tablett in unserer Reihe wegnahm, zitterten, ich fürchtete, sie werde es nicht festhalten, sie werde nicht mehr als zwei Tabletts tragen können, alles fallen lassen oder stürzen, aber sie ging mit vier oder fünf davon. Ich trauerte den Süßspeisen nach.

Das Kind weinte nicht mehr. Die Stille der Düsengeräusche wurde nur vom Klappern der Tabletts unterbrochen, bis eine ältere männliche Stimme von vorn durch die Kabine krähte:

– Was fällt Ihnen ein! Ich habe noch nicht aufgegessen!

Ich streckte die Arme weiter nach oben, um den Kopf unauffällig höher heben zu können. *Don't talk! Don't talk! Shut up! Don't move!* Eins der Handgranatenmädchen herrschte den Alten an und die Frau, die nicht wusste, ob sie dem Befehl folgen und das Tablett wegnehmen sollte.

Der Alte ließ sich nicht einschüchtern oder verstand nichts, er protestierte sogar heftiger:

– Was fällt Ihnen ein! Ich bin noch nicht fertig! Ich will weiteressen! Lassen Sie mich in Ruhe!

Ein Tumult, ein überraschender Widerstand brach auf,

der Anführer verließ das Mikrophon und brüllte, die dolmetschende Stewardess kam hinzu. Man redete hin und her, und die Stimme des Alten stach immer seltener von den anderen ab. Nach kurzer Verhandlung ging jeder wieder auf seinen Platz, der Alte schwieg.

Sofort waren die Schreie aus dem Bordlautsprecher wieder da, böser und härter als vorher. *Wer Waffen dabeihat, legt sie in den Gang!* Niemand rührte sich. *Alle harten Gegenstände, Messer, Feuerzeuge, Kämme, raus damit!* Pause. *Wer jetzt noch Waffen bei sich hat, wird erschossen!* Die Männer wurden aufgefordert, einer nach dem andern, in den Gang zu treten. Sie wurden durchsucht. Manche geschlagen. Minuten, die nur unterbrochen waren vom klatschenden Geräusch einer Hand, die in ein Gesicht traf. Der Captain schrie *What's that? What's that?* Er hielt eine Nagelfeile hoch. *That's a weapon! Weapon!*, schrie er und schlug wieder zu. Bei jedem Schlag zuckte ich zusammen, als täte es mir weh, und es tat mir weh, ich saß wie gelähmt und versuchte, die hochgestreckten Arme gegen die Ohren zu pressen. Das Mädchen neben mir lehnte seinen Oberarm an meinen. Wir sahen nicht hin, wenn geschlagen wurde, wir hörten nur das hässliche Klatschen von Fleisch und Knochen gegen Fleisch und Knochen, begleitet von Schreien, die nicht die Schreie der Geschlagenen waren, sondern die Schreie der Schläger. Frauen blieben von der Durchsuchung verschont. Uns trauten sie offenbar keine Angriffsabsichten und keine versteckten Taschenmesser zu.

Der selbsternannte Captain war mit seinen Kommandos noch nicht fertig. *Jeder wirft seinen Ausweis auf den Gang! Und alle zionistischen Waren, raus damit!* Ich warf den Ausweis hin und überlegte, was er mit zionistischen Waren meinte. Wir kamen nicht aus Israel. Orangen hatte ich nicht dabei. Ich erinnerte mich nicht, in letzter Zeit Waren mit dem Aufdruck Made in Israel gesehen oder gekauft zu haben. Woher sollte ich plötzlich die Herkunft der Gegenstände kennen, mit denen ich mich umgab? Und warum sagte er nicht israelisch, wenn er israelisch meinte? Oder meinte er Waren, die irgendwo in der Welt von Juden gefertigt oder verkauft wurden?

Schon folgte der nächste Befehl. Das Handgepäck sollte bereitgehalten werden zum Einsammeln. Ich nahm meine rostrote Leinentasche auf den Schoß. Alles tun, was die sagen. Die Zeitung und den Schreibblock mit dem Kugelschreiber im Netz vor mir prüfte ich kurz und entschied, dass das alles nicht zum Handgepäck gehörte. Ich befolgte den Befehl nicht hundertprozentig. Zum ersten Mal in diesen chaotischen, von einer neuen Ordnung diktierten Minuten spürte ich den Wunsch nach einem winzigen Widerstand, und ich wusste, ich würde nur die Dumme spielen können, wenn man mir mit Vorwürfen oder Schlägen käme. Aber der Wunsch war stärker, die wenigen Sachen bei mir zu haben, die ich mir für den dreistündigen Flug zurechtgelegt hatte. Die Bereitschaft zu einem ersten, kleinen Risiko war für einen Augenblick größer als die Angst. Von vorn die Brüllstimme: *We don't want your money, lady! We don't need your jewels! Keep it! Keep it!* Die kleinere der beiden Frauen umklammerte die Handgranate in der einen Hand und nahm meine Tasche in die andere, ich spürte ihren Blick. Du bist also auch dabei! Das war nicht einmal böse gemeint, fast wie der Begrüßungsblick des Flugpersonals beim Betreten der Maschine. Unter der Granate baumelte der herausgezogene Sicherungsstift. Sie ging stumm zur nächsten Reihe vor und ließ sich weiter beladen. Ich dachte, die kennst du doch! Du kennst eine, die so aussieht wie die da!

Captain Jassid schrie durch die Lautsprecher, wir sollten weiter die Arme hochhalten, aber wir dürften sie auch auf die Lehne des Vordersitzes stützen. Nach der Übersetzung folgten keine weiteren Anweisungen. Ich wollte die Arme sofort nach vorn sinken lassen, aber sie waren schon so schwer und wie gebrochen in einen Befehl gegipst, dass sie nur verzögert reagierten, bis sie aus der wackligen Starre fielen. Heftig krallte und spannte ich die Finger, bis das Blut wieder zu kreisen begann und wie eine feine Spur nachlassenden Schmerzes von den Armen aus durch den Körper und bis in den Kopf zog.

Der geordnete Ablauf der einzelnen Etappen dieses Überfalls hielt mich so in Atem, dass die Fragen nach dem Warum immer wieder zurückgedrängt oder von neuen Ereignissen überlagert wurden. Alles, was da geschah, war so irreal wie eine Traumszene, die in einen Albtraum umkippte. Das Irreale aber wurde mit größter Sorgfalt abgewickelt. Wie sie uns plünderten, einschüchterten, wehrlos machten, das hatte eine Ordnung, eine Logik, die sich kaum von der Logik der Anweisungen für Notlandungen unterschied. Eher verblüfft als hilflos war ich meinen Beobachtungen und Empfindungen ausgeliefert. Alles ging zu schnell und zu langsam zugleich. Erst allmählich stellte sich der Begriff für all diese Vorgänge ein, Entführung. Es ist tatsächlich eine Entführung, was hier stattfindet! Und diese Leute da, das also sind Entführer!

Im Magen ein Würgen. Ich wollte die Hand auf den Bauch legen. Etwas essen. Der Magen gab dem Kopf das Signal, endlich Fragen zuzulassen. Der Kopf stellte sich dumm, kam noch nicht darüber hinweg, dass er gefangen gehalten war von Pistolen, Handgranaten und Befehlsschreien. Der Kopf wusste nicht weiter. Alles tun, was die sagen. Niemand wusste, wer die vier Bewaffneten waren, was sie wollten und was sie ausgerechnet von uns wollten. Aus ihrer dunkleren Hautfarbe und aus dem Befehl, zionistische Waren abzugeben, ließ sich schließen, dass es sich um Araber handelte, vielleicht Palästinenser. Auch der Name Jassid wies in diese Richtung. Aber was konnten die vier mit einer Lufthansamaschine voll Urlaubern vorhaben?

Die Angst kam schubweise. Sie rollte mit diesen Fragen heran, die in den ersten Minuten oder Viertelstunden blitzartig, dann immer wuchtiger und nacheinander durch Magen und Kopf schossen. Schnell schoben sie mich auf das Ende zu. Die schöne Sicherheit des Gedankens: Tod, Schluss, Aus.

FASTEN SEAT BELT – bei jeder kleinen Turbulenz in der Luft kommt die Aufforderung zum Anschnallen, aber nun, da wir geradeaus in den Tod fliegen, leuchten die Signale nicht auf! Nicht die schussbereiten Waffen, nicht die turnstundenhafte Ordnung unserer aufgereihten, hilflosen Hände, nicht diese Lähmung war es, die mich an den Tod denken ließ. FASTEN SEAT BELT, das war das höhnische Menetekel, wir werden sterben und sind nicht einmal angeschnallt! Ich war ganz nüchtern, als mir zum ersten Mal der Gedanke kam, wir werden sterben, es dauert ein paar Minuten, und alles ist vorbei. Ich hatte Angst davor, unangeschnallt abzustürzen, aber fürchtete kaum den Tod. Ich rettete mich hin zu der Vorstellung, was ist, wenn ich tot bin, was ist dann? Einfach tot sein und lauter Fehler gemacht. Nicht einmal Stefan den Laufpass gegeben, den Brief viel zu lange hinausgezögert. Schon vor der Reise hätte ich sagen können, mach dir bitte keine Hoffnungen mehr. Nichts als Unordnung werde ich hinterlassen. Ach, es war alles egal. Wenn ich tot bin, wird er weinen? Hätte er geweint, wenn er den Brief bekommen hätte? Nein. Und Rainer, wird der weinen? Beide weinen, die ungleichen Freunde, aber jeder anders, und wie wird das aussehen? Ich dachte kaum an die Eltern, die Kollegen, die Freundinnen. Stefan und Rainer weinten im Wettstreit miteinander, als kämpften sie zum letzten oder zum ersten Mal um mich. Ich wäre gern dabei gewesen. Im schwarzen Anzug Rainer vor dem Spiegel, er rasiert sich, welches Rasierwasser hat er auf der Haut bei meiner Beerdigung? Ich sah im Spiegel mich, ihm über die Schulter blickend, der Spiegel beschlug. So klammerte ich mich an die Vorstellungen vom Ende, an die schmeichelnden Phantasien, andere um mich trauern zu sehen. Nein, ich hatte mich noch nicht aufgegeben, im Gegenteil, der Gedanke an mein Begräbnis hielt mich am Leben. Sonne schien auf dem Friedhof. Ich hielt die Schaufel fest, ich gab sie nicht aus der Hand. Es war die einzige Schaufel, die Zeremonie geriet durcheinander, wurde unterbrochen, die Leute liefen lachend zum Ausgang und warfen sich in die Autos.

Ich könnte sagen, ich bin tot gewesen, viele Male tot in diesen fünf Tagen, das wäre keine Übertreibung. Aber es käme mir übertrieben vor, von Körperschäden viel Aufhebens zu machen. Zwei Zeilen für die Frage Welche Körperschäden haben Sie durch eine Gewalttat erlitten? Habe ich gelitten, und was habe ich erlitten? Zu solchen Wörtern greifen die Herren aus den Ämtern, wenn sie mal nicht bürokratisch sein wollen!

Die schmerzenden Arme erhoben, nicht angeschnallt, ohne Gepäck, im letzten Hemd, rechts das vom Rollo abgedeckte Fenster, nein, kein Sargfenster. Nach links alles offen. Ich war nicht allein, mein Arm berührte den Arm meiner Nachbarin, ein Mädchen von siebzehn oder achtzehn Jahren. Ich traute mich nicht, das Sprechverbot zu übertreten und flüsternd nach ihrem Namen zu fragen. Alles tun, was die sagen. Sie seufzte mehr als ich, sie zitterte mehr, sie war jünger, blonder, hübscher als ich, nichts wusste ich von ihr, aber sie schien mir langsamer im Begreifen, und ich war plötzlich sicher, sie wird vor mir verrückt werden.

Bloß nicht verrückt werden! Du bist nicht persönlich gemeint. Bleib ruhig. Alles tun, was die sagen. Alles tun, was die sagen. Du bist nur ein Objekt für diese Leute. Wenn du eine Chance hast, dann die: Möglichst gelassen bleiben. So tun, als wärst du schon tot. Als wäre alles Schlimme hinter dir. Als könne dir nichts mehr passieren. Schlaf oder schau hin. Bleib die du bist, die Forscherin. Auch wenn es nichts mit deiner Zoologie zu tun hat, ein Experiment ist es auf jeden Fall. Alles tun, was die sagen. Alles beobachten und im Gedächtnis speichern, was du hörst, was du siehst, was du fühlst in deinen Nervenzellen!

Mit der Vernunft immer geradeaus, mit den Beruhigungsformeln allein im Kabinenschlauch, mit dem Forschertrost zwischen die starr nach vorn gerichteten Sessel gepfercht. Alles tun, was die sagen. Die Vernunft ließ mir keine Ruhe und wollte wenigstens die Richtung wissen. Die Fenster zugezogen, es gab nicht den geringsten Hinweis, ob wir über das Meer, über die Alpen, über deutsche Felder hinwegflogen oder längst abgedreht waren nach Süden, nach Osten oder sonstwohin. Mit neunhundert Kilometern in der Stunde schossen wir in eine unbekannte Richtung, gefesselt in einer geräumigen und doch viel zu engen Rakete, aus der Welt herauskatapultiert, abhängig nur von den Treibstoffvorräten, ziellos und abgehoben, vergessen und eingesperrt in der Atmosphäre, im Luftraum irgendwo über Europa. So ist das, in der Luft zu hängen, sagte die Vernunft. Die unermessliche Fallhöhe unter den Füßen, gefangen im unsichersten aller Elemente schwebend, nichts Festes zum Greifen, kein Boden zum Stehen, keine Möglichkeit anzuhalten, zur Schnelligkeit verdammt, und keine Chance zu entkommen. EXIT. Die Tür so nah. EXIT für Fallschirmspringer. Alles tun, was die sagen. Entweder entkamen wir alle oder es entkam keiner. Wir gehörten alle zusammen, Freund und Feind. Wenn wir nicht abstürzen wollten, hatten wir auf die Entführer Rücksicht zu nehmen, und sie auf uns. Die Jungen und Mädchen mit den Handgranaten, sie müssen besonders vorsichtig sein, sagte die Vernunft. Ihre Waffen können sie hier oben gar nicht benutzen. Trotzdem sah ich es genau vor mir, das Loch in der Bordwand, ein Schussloch, ein Granatenloch, die eisige, sauerstoffarme Luft dringt ein, die Maschine taumelt, wir werden im Sturz zerfetzt vom Luftstoß, vom Aufschlag aufs Meer oder auf einen albernen Felsen, ich sah das Loch, spürte den Luftzug, fiel unangeschnallt und stürzte, wieder einmal kopfüber aufs Ende zu. Im Fallen der Trost, die Waffen sind wirklich sinnlos, viel zu gefährlich. Solange wir in der Luft bleiben, kann nicht viel passieren. Alles tun, was die sagen. Alles tun, was die sagen.

Die Arme schmerzten so heftig, dass ich nur auf mich und meinen Körper sah und die vernünftigen Vorsätze wieder vergaß. Kein Blut in den Händen, die immer schwerer wurden. Dann und wann streckte ich die Finger, ballte sie zur Faust, spreizte sie wieder und versuchte so, das Blut besser zirkulieren zu lassen. Es kribbelte nicht mehr in den Armen, sie blieben wie abgestorben. Ich fühlte mich von ihrem Gewicht erschlagen. Zwei oder drei Meter entfernt stand die wachsame Entführerin, die jeden anherrschte, der die erschöpften Arme für einen Augenblick sinken ließ. *Hands up! Put your hands up!* In Reihen geordnet hintereinandersitzend mit leeren, kraftlos gestreckten Gliedern – das Bild kam mir bereits vertraut vor. Wir gaben unseren Körpern den Anschein einer soldatischen Ordnung oder einer Unordnung, wie sie die Geschlagenen, die leicht Verwundeten an den Tag legen, die nicht mehr im Gleichschritt, aber noch in einem einheitlichen Gefüge marschierenden oder schlurfenden Kriegsgefangenen.

Gefangen, aber mit welchen Unterschieden! Wir saßen und durften uns nicht bewegen. Wir hatten nicht geschossen, wir marschierten nicht. Wir hatten an alles andere als an Krieg gedacht, an Gefangenschaft und Bombennächte. Mit der Scheckkarte sind wir in ein Reisebüro geschlendert und nach Mallorca geflogen. Wir wollten Ruhe, Sonne, Abwechslung. Und jetzt auf engstem Raum zusammengepfercht, der nur in

Zentimetern zu messen war. Der Abstand von Rückenlehne zu Rückenlehne, achtzig Zentimeter vielleicht. Auf schmale Polstersitze gezwängt, millimeternah am Sitznachbarn. Von Beinfreiheit keine Rede, die Füße steckten wie in einem Kasten. Wenn ich sie einmal, die Hacken aneinander, nach außen wendete, war die ganze Bewegungsfläche schon ausgefüllt. Unmöglich, die Beine hochzuziehen, anzuwinkeln oder in anderer Weise zu bewegen, und so wurden sie schwerer und schwerer. Wenn ich die Arme ganz hoch reckte, wichen die Schmerzen für einen Moment, und ich erreichte die Deckenverkleidung, tastete die Luftdüse ab, den Lampenschalter, und vermied es, den Rufknopf zu berühren. Leicht war meine Zelle auszumessen, nach links hin offen und begrenzt von zwei Menschen und hinter dem Mittelgang noch einmal drei, bis zur Wand gegenüber also sechs Passagiere auf vielleicht vier Metern aufgereiht. So hockten wir und warteten nach nur einer Stunde Gefangenschaft schon auf nichts anderes als auf eine kleine Erleichterung.

Jede Regung, jedes kleinste Körpergefühl war abhängig von denen, die uns in ihrer Gewalt hatten. Die Schmerzen, die Empfindungen, alles wurde von ihnen diktiert. Alles tun, was die sagen. Ich konnte nichts tun, nichts ändern, ich hatte nur meine vernünftigen Vorsätze. Ich war froh, nicht Stewardess zu sein und nicht die Verantwortung der Piloten zu haben, die versuchen mussten, Einfluss auf die Entführer zu gewinnen. Ich hatte keine Aufgaben, keine Rechte, keine Stimme, ich konnte denken und wünschen, was ich wollte, es war völlig unerheblich.

In der Skinnerbox lief die Ratte herum, eben eingesetzt in den Käfig, eingesperrt zwischen Holz, Metall und Glas, und hinter dem Glas das Kameraauge. Sie tappte, schnupperte, prüfte alle Winkel ihres Kastens ab. Die Ratte brauchte Stunden, um sich an die Enge zu gewöhnen, Stunden, um die Hebel zu entdecken. Wie lange brauchte sie, um herauszufinden, dass beim Drücken eines bestimmten Hebels Futter in den Napf fiel? Wie lange brauchte sie, bis sie gelernt hatte, ihre Entdeckung zu wiederholen und sich mittels Hebeldrücken regelmäßig Nahrung zu verschaffen? Wie lange brauchte sie, um sich heimisch zu fühlen in ihrem Kasten? Die Ratte lief mir schwarzweiß vor die Augen wie in dem Film für Biologiestudenten des ersten Semesters.

Nah vor mir, in der Mitte der Maschine, war eine der beiden jungen Frauen postiert. Mit großen, hündisch wachsamen Augen stand sie da, einsatzbereit mit ihrer Granate, die sie mal in die Rechte, mal in die Linke nahm, immer hochgereckt und wurfbereit, in drohender Haltung. Die schwarzen Haare hingen ihr auf die Schultern. Sie war groß und stämmig, ein mürrisches Wesen, unberechenbar. Ihr Gesicht wirkte fast traurig, trotz aller Aufmerksamkeit nicht verkrampft, und es gelang mir nicht, eine Antwort darin zu finden, was sie mit uns vorhatten. Je länger ich sie beobachtete, desto weniger Hass entdeckte ich in ihren Zügen. In dem jungen Gesicht fielen die dicklichen Wangen auf. Wie ihre Komplizen war sie wenige Jahre jünger als ich. Anfang bis Mitte zwanzig.

Ganz vorn stand der zweite Mann, mit Pistole. Er wirkte weniger aufgeregt als die andern. Er brüllte weniger, er schien fast schüchtern. Er sah auffällig aus, dieser Pirat in seinem pastellgrünen Anzug, eher ein Dressman, mit blitzend blauen Augen, schwarzem Haar. Einer, den jede Gans als gut aussehend bezeichnen würde, mit einem Charme, der auch mir gefiel. Aber je länger ich ihn betrachtete, desto mehr fiel das Routinierte seines Gehabes auf, die gefährliche Glätte eines Filmschauspielers, das unsympathisch Perfekte. Wie er sein Brusthaar vorzeigte, so gekonnt unaufdringlich, das Hemd nur so weit offen, wie es für eine Andeutung erforderlich war, das verriet einen, der es nötig hat anzugeben und der deshalb der Gefährlichste, der Kälteste von allen werden konnte.

Sie redeten sich untereinander mit Nummern an. *Number sixteen, go there! Number thirty-one, wait!* Das passte zu ihrer Befehlssprache, aber es beunruhigte mich mehr und mehr. Der Verzicht auf Namen bedeutete etwas, das mit den Regeln der Konspiration allein nicht zu erklären war. Sie hätten sich ja auch mit Decknamen anreden können oder mit den Nummern eins bis vier. Aber sie gebrauchten so undurchschaubare Zahlen wie 16, 22, 28 und 31. Was für Personen sind das, die auf ihre Namen verzichten?

Teile eines fernen Apparats, dem sie gehorchten? Waren wir gar nicht vom Wohlwollen oder den finsteren Plänen dieser vier Entführer abhängig, sondern von ganz anderen Hintermännern, die ihre Nummern 16, 22, 28, 31 auf uns losließen?

Eine ganze Weile hatte ich gehofft, die Entführer wollten nichts anderes als Geld, etliche Millionen Mark oder Dollar. Nun landet endlich und lasst euch von irgendwem die Millionen auszahlen, damit wir bald wieder frei sind! Ich gönn euch die Millionen, ihr seid so jung, ihr habt etwas erreicht, haut endlich ab und verjubelt eure Millionen! Ich wünschte ihnen alles Gute, nur um nicht über das Naheliegende spekulieren zu müssen, einen Überfall von Palästinensern. Aber die Nummern störten, sie verrieten einen politischen Hintergrund, sie passten zu der drohenden Frage nach den sogenannten zionistischen Waren. Die Ahnung, in ein politisches Drama hineingezogen zu werden, war nicht länger zu verdrängen. Von vorn, aus dem Cockpit oder der ersten Klasse, war hin und wieder die Schreistimme des Anführers zu hören. Vielleicht diktierte er unserem Kapitän das Ziel oder verhandelte mit Flughafenleuten über die Route, die Forderungen, die Landung. Ich war froh, ihn wenigstens nicht zu sehen, diesen Schreihals mit dem irren Blick.

Nur sekundenlang half mir der Vorsatz, alles wie aus der Ferne gelassen zu betrachten. Ich wehrte mich dagegen, meine Beobachtungen für wahr zu nehmen. Vier junge Leute hielten achtzig oder neunzig Passagiere in Schach. Und wir, wir hatten die uns aufgezwungenen Regeln von einer Minute auf die andere anerkannt. Alles tun, was die sagen. Alles tun, was die sagen. Sie hielten uns passiv, keine Bewegung!, kein Gespräch!, wir reckten die Hände hoch und parierten. Nicht einmal Eltern und Kinder hatten protestiert, als sie voneinander getrennt wurden. Jedes Tier hätte aufbegehrt, gebissen, getreten, gewimmert. Wir parierten und wussten schon nicht mehr, ob das Zittern in den Armen von der allmählichen Versteifung der Glieder kam oder aus Angst. Alles tun, was die sagen. Was blieb uns anderes übrig? Was Waffen hätten werden können, hatten sie weggenommen, nicht einmal eine Handtasche war uns geblieben, die wir einem der vier auf den Kopf hätten schlagen können. Nur die Fäuste waren noch da, Hände, die blutleer, unbrauchbar, nutzlos in der Luft hingen. Und doch musterten uns die Entführer, als seien wir zu heftigem Widerstand bereit oder fähig, als lauerten wir, die nicht einmal die Namen voneinander wussten, auf ein Zeichen zur Gegenwehr, als schlummerten in uns noch unerwartete, explosive Kräfte. Die Entführer hatten keine Ahnung, wie schwach und willenlos wir schon waren. Keine Ahnung, welch lähmende Wirkung von dem Schock ausging, dass die gefürchteten Fernsehstars, die Terroristen, so plötzlich Realität geworden waren, hautnah, mit Stimme, Ton, Grimassen, und allen Requisiten. Mir fehlte der Rahmen zu dem, was ich sah, der Kasten, die hellere Beleuchtung, der Abschaltknopf. Die Bilder wurden immer größer, lebensgroßes Bildschirmformat, die Geräusche quadrophon, und kein Schnitt, kein Abspann erlöste uns. Wir waren weder Statisten noch Zuschauer, wir wussten nicht, was wir mit dieser Erfahrung anstellen sollten, die nicht von einem Regisseur gelenkt wurde. Niemand wollte mit dem Terror etwas zu tun haben, niemand wollte in die Geschichte mit den Palästinensern hineingezogen werden, auch ich versteckte mich vor der Gefahr und schloss die Augen.

Lenk dich ab, denk an die Arbeit der nächsten Wochen! Am Montag soll das neue Versuchsprogramm starten, wir setzen die Untersuchung der Ultraschallsinne der schädlichen Schmetterlinge fort, wir mischen uns in den Ultraschallkrieg zwischen Fledermäusen und Nachtfaltern ein, wir untersuchen, wie der Kiefernspanner mit seinem Flügelschlag Hörorgan und Schallorgan verdeckt und freilegt. Seit Jahren, ab Montag wieder hat der Professor den Ehrgeiz, mit Ultraschalllautsprechern, künstlichen Fledermäusen, die Schädlinge zu bekämpfen, und nun wird es darauf ankommen, Frau Boländer, die an den Beinen sitzende Schallmembran aus Chitin so zum Zittern zu bringen, dass die Tiere auch im Labor die richtigen hochfrequenten Schwingungen erreichen. Ehrgeizig sind wir, wie alle in Tübingen ehrgeizig sind! Ab Montag wieder, ab Montag wieder, am Montag hast du alles längst überstanden!

Schlafen, schlafen, bis alles vorbei ist! Bloß nicht sehen, was ist. Vergessen, wegdenken, abtauchen, fallen! Ich floh zu Rainer, in sein Büro, das er immer zu eng findet, ein riesiger Raum, so kommt es mir vor, von hinten schleich ich heran, will ihm die Hände vor die Brille halten. Er ist zu weit entfernt. Er schielt auf die Uhr. Ich öffnete die Augen, Viertel nach drei. Vorne der Schönling in seinem grünen Anzug nahm die Pistole aus der rechten Hand in die linke. Augen zu! Rainer schiebt die Entwürfe nicht beiseite, er starrt aus dem Fenster, sieht mich an, macht sich ein Bild von mir, dösend im Flugzeug, ein Getränk nippend und ganz entspannt ihm entgegenfliegend. Er traut mir ein bisschen kribbelnde Flugangst zu, mehr nicht. Er trommelt mit den Fingern unter der Herzgegend, es knistert, er trägt das Telegramm in der Jackentasche, ERWARTE NUR DICH STOP DONNERSTAG 18.51 UHR HAUPTBAHNHOF NON-STOP ANDREA. Er hat noch über drei Stunden Zeit. Ich habe ihn nicht nach Frankfurt bestellt, ich wollte nicht in dieser riesigen, glitzernden Menschensortieranlage abgeholt werden, lieber zwei Stunden im Intercity langsam nach Stuttgart mich tragen lassen. Erwarte nur dich, damit war alles entschieden, auch für ihn, den ich vor vierzehn

Tagen verlassen hatte mit der Begründung, ich müsse mich endgültig entscheiden zwischen ihm und dem andern.

Aus welchen Gründen hielten Sie sich am Tatort auf? Wenn ich den Antragsbogen ausfülle, müsste ich hier wahrheitsgemäß antworten: Weil ich mir nach dem wochenlangen Durcheinander mit den Herren Stefan E. und Rainer M. diesen Alleinurlaub verordnet habe. Weil ich vierzehn Tage Ruhe haben wollte vor den beiden. Weil ich nicht mir nichts dir nichts vom einen zum andern springen wollte. Oder war es die Jahreszeit, die mich an den Tatort brachte? Denn wohin im Oktober, wenn nicht Mallorca? Oder doch die Liebe? Denn ich flog zwei Tage früher zurück, weil es mich zu Rainer zog, weil ich die Nase voll hatte vom Alleinsein. Und dann die Maschine erwischt, die zum Tatort wurde, so einfach war das. Aus wie vielen Gründen hielt ich mich am Tatort auf?

Nicht länger als zwei, drei Minuten konnte ich die Augen geschlossen halten. Immer wieder musste ich überprüfen, ob das alles wahr war, ob die andern Leute ebenso grotesk die Arme ausstreckten, ob sie sich tatsächlich von der bloßen Anwesenheit der vier Bewaffneten fesseln, krümmen und zum Schweigen bringen ließen. Ob die Augen geschlossen oder offen waren, es machte keinen Unterschied für das aufgeregt schlagende Herz, den bohrend leeren Magen und das Blut, das aus den Armen durch den immer schwerer werdenden Körper in die Beine sackte.

Am schlimmsten die Enge. Ständig die Beine, die Schultern, die Arme einer Fremden berühren zu müssen oder den Berührungen auszuweichen war schon lästig genug. Gesteigert wurde meine Nervosität durch das hautnahe, säuselnde Stöhnen des Mädchens neben mir. Auch die Frau auf dem Gangplatz bewegte sich unruhig, als sei ihr alles zu eng, und sie verengte damit unsere Zelle noch mehr. Ich wollte von den beiden nichts wissen, sie störten, sie behinderten mich und vergrößerten meine Qual, und ich wusste, dass sie beide Ähnliches dachten, dass sie den gleichen Hass gegen mich entwickelten, dass sie mich beneideten um den Fensterplatz, etwas abseits von den gefährlichen Leuten und mit einer schützenden Wand zur Seite statt eines Menschen, der drängelt, schiebt, schwitzt. Es war mir egal, ob sie mehr litten als ich und was sie empfanden. Ich wollte sie nicht sehen. Ich weigerte mich, die Passagiere in meinem Umkreis genauer zu betrachten. Ich wünschte sie alle fort. Aber ich brauchte sie, brauchte die vielen Leute als Schutz, damit die Waffen, die Schreie, die tötenden Blicke nicht auf mich allein gerichtet blieben.

Rainer, er wird noch eine Stunde über seinen Entwürfen sitzen, dann heimfahren, die Wohnung herrichten und dann viel zu früh am Bahnsteig stehen und warten, nichts ahnen von dem Ungeheuerlichen, das seiner Freundin zugestoßen ist. Sicher gab es noch keine Nachrichten, es wurden noch keine Wörter bereitgestellt für das, was uns geschah. Selbst für mich setzten sich die Bruchstücke der Beobachtungen noch nicht zusammen zu einem großen umwerfenden Ereignis, ja, es war noch gar kein Ereignis, sondern es gab nur Einzelteile eines

Schreckbildes, das ich nicht übersah, weil ich mitten darin saß und dadurch blind den Abläufen, die ich nicht bestimmen konnte, ausgeliefert war. Blind, weil ich, wenn ich die Augen öffnete, nichts weiter sah als lauter unbekannte Menschen mit erhobenen Armen und die jungen Leute mit den Waffen. Nur das Verrückte, das Theaterhafte dieses Überfalls begann ich zu verstehen, aber nichts von dem Sinn des Stücks, in dem wir eine solch beschämende Rolle spielten. Eine stumme Rolle überdies, die uns nicht einmal erlaubte, das zu unserer Körperhaltung passende Geheul und Geschrei anzustimmen, sondern im Gegenteil, die Schmerzschreie unserer verkrampften, beengten Körper zu unterdrücken. Ich wünschte mir, dass man uns draußen so sähe, so kläglich, erniedrigt. Es war kein Ende abzusehen – und wir stießen ins Leere vor, immer weiter, immer geradeaus durch die Luft, und was uns eben überwältigt hatte, das war für die Zuschauer auf der Erde, zu Hause noch nicht einmal das Billigste und Schäbigste, was die Medien aus Tod und Leiden herausschlagen, eine Nachricht. Ich fühlte mich in ein Vakuum gezogen, ich wusste, es gibt uns noch nicht für die da unten, es wird uns nicht geben, wir verschwinden in aller Stille und mit höchster Geschwindigkeit, es wird viel zu lange dauern, bis man da unten merkt, dass hier oben nichts mehr planmäßig läuft, dass wir aus allen Zeitplänen und Lebensplänen hinausgestoßen werden.

Der einzige Trost waren die Entführer selbst. Sie mussten ein Ziel haben, sie mussten ihrem Unternehmen einen Sinn, eine Lösung geben. Alle Hoffnung setzte ich in den widerlichsten Kerl, den Anführer, der sehr geschäftig war und sich meistens vorn aufhielt. Die Tür zwischen Cockpit und erster Klasse schien er offen zu lassen. Man hörte ihn manchmal reden, zum Kapitän oder in das Funkmikrophon. Vielleicht hatte er seine Sprüche und Forderungen längst durchgegeben, und die Angestellten der Flughäfen, die Politiker, Polizisten, Presseleute wussten viel mehr über den Zweck dieser Aktion als wir. Vielleicht täuschten mich meine Befürchtungen, und sie alle rotierten da unten schon um eine Sensation, eine Herausforderung, hingen aufgeregt um Telefone, Kameras, Fernschreiber herum, arbeiteten hektisch an unserer Rettung, während wir, im Zentrum des Sturms, unbeweglich, still und ermüdet saßen und warteten, nur warteten.

Die Triebwerkgeräusche schienen lauter zu werden, die Maschine neigte sich, flog eine Kurve. Als sei die Schwerkraft wieder zu fühlen. Die Lähmung schwand. Endlich, endlich geht es runter! Und wenn es nur die leeren Tanks sind, die uns zum Landen zwingen, das ist immerhin eine Aussicht! Je mehr wir uns senkten, desto leichter wurde mir. Als die Aufforderung zum Anschnallen kam, in der vertrauten, freundlich-routinierten und wie seit ewigen Zeiten nicht mehr gehörten Stewardessen-Stimme, da war ich nahe daran zu klatschen, so begeistert war ich über die Rückkehr zum Gewohnten. Das Glück der klickenden Gurtverschlüsse! Ich wusste nicht, wo wir landeten. Doch es reichte schon diese winzige Veränderung, dass ich mich angeschnallt befreit fühlte. Die Gewissheit der Landung wehte alle Ängste fort. Na bitte, jetzt komm ich wieder, etwas verspätet, aber ich komme, der Spuk wird gleich aufhören, und alles wird gut werden jetzt, jetzt gleich.

Die Maschine war noch nicht ausgerollt, da wurde wieder geschrien *Hands up! Don't move! Hands up!* Ich gehorchte zögernd, widerspenstiger, wie von einer dummen Anweisung belästigt, und ließ die zum Überdruss bekannten Befehle unwillig über mich ergehen, *Don't talk! Leave your windows closed! Don't talk!* Der Anführer stellte sich in den Gang, fuhr mit der Pistole durch die Luft, setzte sie einem Passagier an die Stirn und schrie *Don't move! Don't move! You are not allowed to move!*

Das Flugzeug stand, Triebwerke abgeschaltet. Besser, als ziellos in der Luft herumzujagen, zwischen den Wolken herumzuwackeln. Ich saß lockerer. Die Spannung drückte auf die Schläfen. Du musst Geduld haben, Geduld! Der Spuk wird gleich aufhören, und alles wird gut werden, jetzt, jetzt gleich. Eine Erfrischung wenigstens, bitte eine kleine Erfrischung, Stewardessen mit dem Servicewagen. Was möchten Sie trinken? Leise reibend pfiffen die Luftdüsen auf uns hinab. Mit Soda oder mit Eis?

Ruhig atmen, tief durchatmen. Das Warten, das Warten musst du lernen. Der Aschenbecher mit Namen PUSH. Stewardess, haben Sie Feuer? Die Tür heißt EXIT. Wer hat sie erfunden, die hochklappbaren Tische mit den dürren Stützen und dem einfachen Kipphebel? Das Warten musst du aushalten, das Warten ist das Geringste, was du zu deiner Befreiung beitragen kannst. Stewardess, wo bleibt der Kaffee? Wo bleiben die Informationen, Herr Kapitän? Wo bleibt der Trost? Ja, mit Milch und Zucker, bitte. Ja, ich habe verstanden, es wird alles gut enden. Ja, es ist mir nicht entgangen, wir sind auf die Erde zurückgekehrt und nicht mehr mit unsern Entführern allein. Auf welcher Rollbahn, auf welchem Standplatz wir warten, das soll mir gleichgültig sein, ja, wir werden gesehen, ja, es tröstet mich, Herr Kapitän, es sind Menschen um uns herum,

Helfer vielleicht, Verhandlungspartner und andere Augenzeugen, die filmen und fotografieren. Es wird alles für uns getan, ganz bestimmt, Herr Kapitän, ich werde weiter geduldig sein und Sie nicht mehr belästigen, Sie haben genug zu tun. Was ich trinken möchte? Vielen Dank, ich warte.

Aus dem Cockpit drang trotz Tür und Vorhang das Geschrei des selbsternannten Captains. Jassid, der Diktator der Maschine, war auch der Befehlshaber, der mit den Leuten draußen im Flughafengebäude die Verhandlungen führte. Ich wollte wissen, ob der Tower vor oder hinter uns, rechts oder links von mir lag, und richtete das Gehör ganz nach vorn. Ich versuchte, die englisch verzerrten Brülllaute und Befehlsschreie zu verstehen, die Wörter darin zu identifizieren und zu übersetzen. Es gelang mir nicht, Hinweise auf unsere Situation zu ermitteln. Sicher war nur, dass es dem Mann bitterernst war. So wie er uns überfallen und traktiert hatte, schien er nun mit den Leuten draußen zu verfahren, und sein zunehmendes Geschrei ließ darauf schließen, dass die nicht so widerstandslos gehorchten wie wir.

Solange verhandelt wird, wird nicht geschossen. Der Satz, von einem pausbäckigen Politiker gesprochen, schepperte mir durch den Kopf. Mit solchen Sprüchen kann man Reden schmücken, vielleicht Politik machen, aber er reichte nicht aus, mich zu beruhigen, im Gegenteil. Zwar wurde nicht geschossen, es waren alle Passagiere noch am Leben, gut, aber wenn ich den Kopf reckte, sah ich die Leute um mich herum zittern, als stehe eine Erschießung unmittelbar bevor. Ob geschossen wird oder verhandelt, das schien auf das Gleiche hinzulaufen, es waren die beiden Möglichkeiten eines Zustands: eine Art Kriegszustand. Es wird verhandelt und nicht geschossen, dieser Trost war zu dürftig. Das Zittern ging auch ohne Schüsse weiter. Der Krieg, dachte ich plötzlich, besteht ja nicht nur aus Schüssen und Bomben, aus dem albernen Gezappel und Gebrüll und Geknalle der Uniformierten, nein, viel eher aus dem bangen Warten auf das Unabänderliche, aus der schamvoll verborgenen Furcht vor dem unberechenbaren, Leben und Tod zuteilenden Ritual, und aus den immer heftigeren Wunden, die von nie gesehenen Waffen herrühren, erwartet und überraschend zugleich, und aus der Ahnung, dass der Feind an ganz anderen Orten sitzt als da, wo er bekämpft wird. Im Krieg, da kann man nichts tun, außer aufs Glück hoffen oder desertieren.

Die Frau am Gang bewegte unaufhörlich die Lippen, es war nicht deutlich, ob sie betete oder sich etwas erzählte oder Gedichte memorierte, der ganze Körper hilflos, angewidert, halb hängend, halb sitzend, stumm und allein – zum ersten Mal brannte sich das Wort Geisel in meinen Kopf. Nicht erschossen, beinah wie erschossen, bedroht vom Erschossenwerden, wie dreckig es uns jetzt gehen mag, wir sind Geiseln! Wir sind etwas wert, wir sind etwas Besonderes, wir sind viel mehr als unsre Namen, als unsre Körper! Wir Geiseln, wir müssen nur an unsern Wert denken, unser Kurswert steigt vielleicht von Minute zu Minute, während wir uns immer schwächer, ärmer, müder fühlen und uns nicht bewegen dürfen, nicht einmal zur Toilette, und nichts zu trinken kriegen! Geiseln sind wir, Verhandlungsobjekte, jeder von uns einzeln und wir alle zusammen, mit uns wird jetzt gepokert und geschachert. Mit uns wird Politik gemacht, Geschäfte, wir werden abgerichtet für ein Tauschgeschäft, je dreckiger es uns geht, desto wertvoller sind wir, desto eher werden wir ausgetauscht und befreit! Der Spuk wird bald aufhören, es wird alles gut enden, bald, bald!

Oder könnten wir irgendwo in der Wüste gelandet sein, weit weg von allen Diplomaten und Fotografen, in irgendeinem Versteck in Nordafrika? Die Frage ließ mich nicht los, und als die junge Frau, die meistens in der Mitte der Maschine nah an unserer Reihe postiert war, einmal weiter nach hinten ging, schob ich kurz entschlossen mit dem Ellbogen des erhobenen rechten Arms die Jalousie hoch und duckte den Kopf. Ein Stück Betonbahn und Grasfläche daneben. Ich war enttäuscht, dann dachte ich: das Gras! Also nicht in der Wüste gelandet! Das Gras war nicht saftig regengrün, eher dünn und ausgebrannt, weggewelktes Oktobergras, also mussten wir irgendwo in Südeuropa sein, Frankreich, Italien, Spanien. Gras, wie man es von Flughäfen am Mittelmeer kennt, das schüttere Gras, das man beim ersten Blick nach der Landung neben der Piste zu sehen bekommt und das schon im frühen Sommer tot und trostlos aussieht.

Ja, das Gras hätte auch das Gras von Palma sein können. Palma! Waren wir nur im Kreis geflogen? Alles nur ein Spaß oder ein Test, und dieser schreiende Captain Jassid wird gleich den Vorhang zur ersten Klasse beiseiteschieben und strahlen und uns zu einer bestandenen Prüfung gratulieren, seine schwarze Perücke abnehmen, sich blond als ein Lufthansamanager oder Psychologe vorstellen und für die Schrecken und

Schreie entschuldigen, alles nur ein Test!, nur ein Test!, und jedem von uns einen Freiflugschein nach Wahl oder fünftausend Mark als Entschädigung anbieten und immer wieder, um Beifall kämpfend wie ein Samstagabendunterhalter, rufen: Es ist vorbei! Alles nur ein Test! Sie haben gewonnen! Sie haben fünftausend Mark gewonnen!

Das Mädchen neben mir war nahe daran zu weinen. Sie sah mich fragend an, als hätte sie meinen Blick nach draußen bemerkt. Die Tusche krümelte an ihren Wimpern. Gerötet und müde die braunen, ängstlich eingezogenen Augen. Ich zuckte mit den Schultern. Wenn ich hätte reden dürfen, hätte ich sagen können: Weder Deutschland noch Wüste, sondern irgendwo dazwischen. Nur einmal lautlos flüstern, sagte ich mir, selbst wenn du erwischt wirst, das wird dich das Leben nicht kosten! Und als unsere Wächterin sich ein wenig entfernte, versuchte ich es:

– Keine Ahnung.

Sie schien erleichtert über die Mitteilung, die keine war. Wahrscheinlich fühlte sie sich gar nicht von der Information, sondern vom Flüstern getröstet. Ich hatte sie immerhin angesprochen, ernst genommen, etwas für sie gewagt. Dabei hatte ich es eher für mich getan, mir selbst wollte ich beweisen, dass ich mich nicht völlig einschüchtern ließ und zu einem hauchdünnen, nur uns beiden wahrnehmbaren Widerstand imstande war. Gern hätte ich ihren Namen gewusst, aber ich wollte nicht zu viel auf einmal riskieren.

Noch einmal wurden einige Leute umgesetzt. Soweit ich sehen konnte, wurden alle Männer auf Fensterplätze verteilt. Das schien mir richtig so. Falls einer von ihnen noch an Rebellion dachte, hätte er erst aufstehen und sich an den Knien der andern vorbeidrängeln müssen. Wir Frauen waren in der Überzahl, und ich konnte, ich musste auf meinem Platz bleiben. Gern hätte ich gewechselt, nur um ein paar Sekunden lang Bewegung in den Körper zu bringen. Einige Kinder durften zu ihren Eltern zurück.

Die beiden Bewacherinnen tauschten ihre Plätze. Die kleinere, vielleicht die Jüngste der Gruppe, die mir das Handgepäck weggenommen hatte, war nun für die Mitte zuständig und verschaffte sich sogleich Respekt. Sie herrschte einige Leute an, weil sie die Arme nicht hoch genug reckten. Auch sie war gut trainiert, die Hand mit der Granate darin immer wurfbereit zu halten. Kurze Haare, die halbe Stirnseite frei, die andere hinter einer Locke, und ein Gesicht, das mir zuerst besser gefiel als das ihrer Kollegin. Wieder musste ich überlegen, wem sie ähnlich sah. Die Augen wirkten gefährlich, wach, flink und gnadenlos. Hinter dem Gefälligen dieses Gesichts lag etwas Gehässiges, eine Bereitschaft zur Gemeinheit, die ich an der anderen Frau nicht entdeckt hatte. Sie spielte nicht nur die Rolle einer perfiden Aufseherin, sie war es auch. Vielleicht war an dieser Einschätzung mein Vorurteil gegen die kleinen, schwarzhaarigen Frauen beteiligt. Ich traute ihr noch weniger Verständnis oder Mitleid zu als der anderen. Heidrun! Plötzlich wusste ich, woher ich sie kannte. Sie sah aus wie Heidrun, die jahrelang hinter mir gesessen hatte in der Schule. Heidrun mit dem giftigen Blick in der Tanzstunde, weil sie länger auf die Jungen warten musste als ich, Heidrun, die angab mit ihrem französischen Brieffreund, der in Wirklichkeit eine Freundin war. Heidrun, jetzt hab ich dich!, dachte ich.

Sogleich regte sich der Wunsch, ihr ein Schnippchen zu schlagen, mit irgendeiner Geste mich gegen sie zu behaupten. Noch einmal winkelte ich den Ellbogen so, dass er an den schmalen Rollogriff herankam, und schob ihn, als sie einige Reihen vor uns beschäftigt war, in die Höhe und lehnte den Körper zurück. Ich spähte in die Richtung, die ich beim ersten Mal nicht beachtet hatte, nach vorn, über die Tragfläche hinweg. Diesmal ließ ich den Ellbogen langsamer herunter.

Drei graugrüne gepanzerte Fahrzeuge, auf dem vorderen die Aufschrift POLIZIA. Dahinter und daneben mehr Fahrzeuge ähnlicher Art. Wir waren umstellt, die Geschütze auf uns gerichtet. Gab es Befehl, gegen die Maschine vorzugehen, sie zu beschießen, zu stürmen? Standen wir schon vor dem feurigen Finale? Nein, es sah eher nach Stillstand aus, ein bedrohlicher Stillstand der Waffen. Der Mann im Cockpit tat mir ein bisschen leid, der seine Verhandlungen führte im Angesicht der Panzer, die auf ihn gerichtet waren.

POLIZIA, das war ein Hinweis: Italien. So viel Urlaubs-Italienisch hatte ich im Kopf, aber ich war verwirrt und wollte ganz sicher sein. Französisch war das nicht, Spanisch nicht, im Serbokroatischen hätten andere Konsonanten das Wort für Polizei verlängert, im Griechischen andere Buchstaben. Italien, kein Zweifel, wir sind in Italien! Mailand, Rom, Neapel oder Sizilien vielleicht? Ich hätte es gern genauer gewusst, obwohl es an unserer Lage nichts geändert hätte. Das wäre ein besseres Futter für die Phantasie gewesen als die graugrünen Fahrzeuge. Eine Postkartenerinnerung an Rom oder lieber Neapel mit Vesuv und blauem, blauem Mittelmeer, das wäre doch eine traumhafte Ablenkung wert gewesen, oder noch lieber Mailand, der Bahnhof von Mailand, das Anrollen und langsame Beschleunigen eines Zuges aus dem Bahnhof heraus, nichts ersehnte ich in diesen Augenblicken mehr als ein Eisenbahnabteil für mich allein nordwärts, die Alpen hinauf, und immer die festen Gleise unter den Rädern und laufen, endlich laufen können in den langen Gängen der ratternden, schaukelnden Waggons hin zum Speisewagen, dann ein Schluck Wein oder erst ein Schluck Wasser, was möchten Sie?, ein Schluck nur, gegen den Durst, was möchten Sie trinken?, bitte, ja bitte, mein Durst, nein, ich durfte nicht weiterdenken, beherrsch dich, Andrea, beherrsch dich!

Italien! Ich gab meine Information an die Nachbarin weiter, aber das Land schien ihr so gleichgültig zu sein wie alles andere. Selbst mein Flüstern nahm sie ohne einen dankbaren Blick hin, als sei es selbstverständlich, dass ich ihretwegen ein Verbot zu übertreten wagte. Das ärgerte mich. Aber dann, in einem neuen Anfall von Vernünftigkeit, nahm ich mir vor, freundlich zu bleiben. Freundlichkeit könnte eine bessere Investition für die nächsten Stunden sein als Ärger.

Was hatten sie mit uns vor? Immer wieder ging ich die Möglichkeiten durch, die mir einfielen. Ich bedauerte, nicht die Phantasie der Entführer zu haben. Geld oder die Einreise in ein bestimmtes Land oder politische Forderungen, alles war vorstellbar. Die Forderungen könnten mit Deutschland zu tun haben, da wir in einer Lufthansamaschine saßen, mit Israel, da sie nach zionistischen Waren gefragt hatten, mit Spanien, da wir von dort abgeflogen waren, oder mit Italien. Da es keine deutschen Entführer waren, schied ein Zusammenhang mit der Entführung des Industriepräsidenten aus. Wenn es schlimm kommt, dachte ich, werden sie uns gegen andere Palästinenser eintauschen wollen, die, wenn es noch schlimmer kommt, in Israel sitzen.

Keine dieser Spekulationen half, sie verwirrten, sie ängstigten nur. Immer wieder, mit Unterbrechungen, drang die Stimme des Jassid durch, aber kein Wort, keine Abkürzung, und auch von unseren Piloten oder Stewardessen nichts, was Aufschluss gegeben hätte. Es schien mir allmählich vernünftiger, nichts zu wissen, nicht nach dem Sinn dieses Unternehmens zu suchen. Misch dich nicht immer mit dummen Gedanken in die Verhandlungen ein! Es steigert nur deine Angst, wenn du Bescheid weißt, wofür wir als Pfand dienen sollen. Sei vernünftig, du bist eine Geisel und sonst nichts, stumm, blind, ein stillgelegter Körper im Wartezustand Krieg, und wenn du nicht desertieren kannst, dann hoff auf dein Glück!

<u>Worin sehen Sie den Anlass für das zur Schädigung führende Ereignis?</u> Ich sehe keinen <u>Anlass</u>, ich sehe am hochgereckten Arm meine Uhr. Ein Bleigewicht am Gelenk. Ich schüttle den Unterarm, es fällt nicht ab. Besser so, ich kann die Zeiger anstarren. Steht die Uhr? Tatsächlich, sie steht. Ich versuche, den Kopf an den Arm zu legen, den Arm anzuwinkeln und das Ohr so nah wie möglich an das Gehäuse zu halten. Gleich ist der Arm unten, pass auf. Ich reiß ihn wieder hoch und bilde mir ein, das Ticken gehört zu haben. Schau zwei Minuten nur auf den großen Zeiger. Die Uhr geht doch. Jetzt erst nehme

ich die Uhr des Mannes vor mir wahr, eine Digitaluhr, und die winzige Uhr meiner Nachbarin, fast an jedem gestreckten linken Arm eine Uhr. Überall Uhren, an all den leicht gebräunten, schlaffen Handgelenken arbeiten diese kleinen Maschinchen vor sich hin, als hätten sie sich bereits von uns getrennt und selbständig gemacht, nein, mehr als das, sie arbeiten für die andere Seite. Sie nehmen uns die Sekunden weg, eine Sekunde, wieder eine, noch eine Sekunde, eine Sekunde nach der andern. Sie machen jede Minute, in der nichts passiert, zu einem Punktgewinn für unsre Entführer. Ich überlege, was ich tun könne gegen die Uhren, diese Verräter. Aber es fällt mir nichts anderes ein, als mir die Uhrzeit zu merken, fünf vor fünf, merk dir wenigstens das, gelandet und ausgerollt vor etwa einer Stunde, kurz vor vier, und die Uhren entdeckt, nein, entlarvt um fünf vor fünf. Ich lenke mich ab mit einer genaueren Betrachtung aller Uhren, keine Uhr kann ich schön finden, alle unnötig, ärgerlich, kalt, das abstoßende Gold. Sie zählen unsere Zeit ab. Herzlos! Sie kümmern sich nicht um uns, sie zittern nicht mit, es ist ihnen alles egal. Sie hätten auch an den Gelenken der Entführer hängen können. Wir hängen schon an ihren Gelenken. Ich zähle, zähle alle Uhren an den schlapp gestreckten Armen. Achtzehn, beim zweiten Zählen siebzehn. Siebzehn Uhren allein in meinem Gesichtsfeld. Fragen Sie lieber die Uhren nach dem Anlass für das zur Schädigung führende Ereignis!

Die Entführer gaben sich gefasst und überlegen, locker mit ihren Granaten und Pistolen in der Hand, aber sie schienen nervöser zu werden. Sie tigerten immer öfter durch die Reihen und musterten die Passagiere einzeln. Nummer 31, die wie Heidrun aussah, tat sich besonders hervor, indem sie manchen Leuten lange in die Augen starrte und, wenn die ihrem Blick nicht standhielten und wie schuldbewusst wegsahen, triumphierend weiterging. Ich versuchte, ihr auszuweichen und unauffällig eine andere Blickrichtung zu wählen, wenn sie in unsere Nähe kam. Die Bewacher schienen vom langen Warten überfordert. Sie wussten, dass wir von Panzern umstellt waren. Sie hörten das Gebrüll von vorn, sie verstanden mehr als wir und kannten die Ziele, den Plan, die Schwierigkeiten. Alles hing jetzt vom Geschick ihres Chefs ab.

Es häuften sich die bellenden Befehle. Die 31 schrie eine Frau in der Reihe vor mir an, *You must not talk! Don't talk! Shut up! I tell you, shut up!* Vielleicht hatte die Frau geflüstert, gehört hatte ich nichts, vielleicht hatte sie eine verdächtige Bewegung mit den Lippen gezeigt, vielleicht nicht einmal das, und die Belllaute waren wie die Blicke nichts weiter als Einschüchterungsmanöver. Sie hörte nicht auf zu schreien, zwei Minuten, vier Minuten, und schleuderte, während sie im Gang ein paar Schritte vor und ein paar Schritte zurück lief, wie ein Raubtier, ein junger Panther im Käfig, und mit dem gleichen, eleganten Schwung den Körper an den beiden Endpunkten wendete, die immer wiederholten, längst bekannten Befehle auf die Frau, die nun zu schluchzen anfing. Ich dachte, ich kenne dich, Heidrun, du bist immer zu kurz gekommen, du Biest, wenn du dich so aufführst, dann musst du schon sehr nervös sein, da erwartest du nichts Gutes heute, hattest du nicht oft Schläge von deinem Alten bekommen und Stubenarrest am Wochenende?

Unten am Boden kam es mir immer gefährlicher vor als in

der Luft. Hier konnten die Bewacher, nervös vom Schluchzen der Passagiere oder vom Gebrüll aus dem Cockpit, schießen oder ihre Handgranaten explodieren lassen, ohne befürchten zu müssen, mit uns abzustürzen und spurlos zu verschwinden. Denn eine Spur wollten sie ja mindestens hinterlassen, und wenn es keine politische Aktion wurde, dann wenigstens ein Spektakel. Hier unten konnten sie von Polizisten, von Soldaten oder einem Sprecher im Tower gereizt werden und ihre Wut an uns auslassen. Wenn die Uniformierten draußen den Befehl erhielten, in die Reifen des Flugzeugs zu schießen und uns festzunageln auf diesem Platz, werden sich die Entführer nicht sofort rächen an uns? Hier unten hatten sie Zuschauer, und auf nichts waren sie so angewiesen wie auf Zuschauer. Hier waren gewiss nicht nur die Geschütze, sondern auch die Kameras auf uns gerichtet. Hier unten konnten sie, unberechenbar und in die Enge getrieben, wie sie waren, aus Ärger, aus Verzweiflung oder des Showeffekts wegen sich mit uns oder uns allein in die Luft sprengen.

Ja, wir waren auf eine Bühne gezerrt worden. Das Stück war noch nicht geschrieben, aber die Rollen waren schon verteilt. Die Sicherungsstifte baumelten unter den Granaten, es konnte in jeder Minute losgehen. Mal hielten die Helden uns mit drohendem, mal mit lächelndem Blick fest, als wüssten sie die Fortsetzung selber nicht. Als fehlten ihnen noch die passenden Zuschauer, die gefügigen Kamerateams für die Live-Übertragung in alle Welt. Gewiss kam es nicht auf den Ablauf des Stückes an, sondern auf ein möglichst großes Publikum. Ohne die Zuschauer an den Bildschirmen, vor denen unsere Stars sich in Szene setzen wollten, ohne Zuschauer wären wir sicherer. Wenn niemand zuschaut, reagiert, niemand Beifall gibt oder sich gruselnd abwendet, dann lohnte die ganze Inszenierung nicht!

So verschob sich allmählich die Perspektive meines Entsetzens. Ich bekam mehr Angst vor denen draußen. Ich wünschte uns in die Luft. Es schien mir viel sicherer da oben. Das ewige Sitzen und Warten wollte ich nicht länger ertragen, anderthalb Stunden waren es nach der Uhrzeit, aber es kam mir schon wie ein halber Tag vor. In einer Maschine zu hocken, die für die schnellste Bewegung gebaut war, auf engstem Raum mit blutleeren, vom Körper weit entfernten Armen, und nicht vorwärtszukommen, ich wusste nicht, wie ich das noch länger als ein paar Minuten aushalten sollte. Der taube Schmerz aus den Beinen kam hinzu, sie waren schwer und steif geworden, immer öfter geriet ein Muskel außer Kontrolle und ließ den Oberschenkel zucken. Der auseinanderfallende Körper suchte Bewegung, Abwechslung, leichten Trab und schrumpfte stattdessen immer mehr ein in dem engen, sich weiter verengenden Raum.

Ein Motorengeräusch, dann ein härterer Schlag, ein Rumpeln von Metall gegen Metall an irgendeiner Stelle der Maschine, die mit einem sanften, winzigen Schlingern antwortete. Es waren technische Geräusche, kein Angriff. Dann folgte ein leichtes Pfeifen, das dem Pfeifen der Luftdüsen ähnlich war, nur dunkler, von einem starken Motor getrieben. Das Flugzeug wurde aufgetankt. Ein wohltuendes Geräusch, das mir die Ängste und die Fragen nahm und lange anhielt. Mein Wunsch war in Erfüllung gegangen. Es geht weiter, es geht endlich weiter, es ist nicht das Ende hier irgendwo in Italien!

Der Anführer lief durch die Maschine, mit schnellem, hektischem Schritt, der das Signal gab: Vorsicht, jetzt passiert wieder etwas! Es war weniger die Angst vor neuen Schlägen als das Unberechenbare dieses Mannes, das mich still und zurückgezogen machte. Eine junge Frau, zwei Reihen vor mir, wagte es, ihn zu fragen, *Toilet, please, toilet, please.* Jassid blieb vor ihr stehen, drehte seinen Kopf ruckartig nach rechts, nach links und starrte die Frau an. Seine schwarzen, gelockten Haare, der kräftige Schnurrbart im Halbprofil. Rote Flecken im dunklen Gesicht. Er konzentrierte sich, er arbeitete mit den Augen, es war, als pumpe er alle seine Kraft in die Augen hinein. Er war nicht groß, dieser Mann, aber er strengte sich an, mit seiner bloßen Erscheinung wie ein Ungeheuer zu wirken – in einer anderen Lage wäre er mir wie die Karikatur eines Monsterdarstellers erschienen. Es gelang ihm, den Blick eines Irren zu simulieren, der gefährlich nur seiner Unberechenbarkeit wegen war. Ich saß in der Gefahrenzone, die bösen, hässlichen Augen in dem kleinen, dunklen Gesicht gingen hin und her, und aus den Winkeln fixierten sie auch mich. Plötzlich machte er eine zackige Bewegung, riss die Pistole hoch in die Luft, nahm sie mit einer kreisenden Geste herunter, legte den Lauf an die eigne Stirn und tat so, als wolle er abdrücken. Dann senkte er die Waffe und zielte auf die Frau, die das Gesicht wegdrehte.

You are not allowed to move! Sit down! Everybody has to be quiet!

Danach ging er, weiter vorn, auf ein Kind zu, lachte es an und strich ihm über den Kopf. Die Mutter fuhr erschrocken zur Seite. Jassid sagte etwas wie *You will be home soon, my dear!* Seine Freundlichkeit wirkte nicht gestellt.

Die Aufforderung zum Anschnallen kam, ich versuchte,

mir die Uhrzeit einzuprägen. Die Uhrzeit! Immer habe ich versucht, mir irgendwelche sinnlosen Uhrzeiten zu merken. Trotzdem kann ich die Frage des Antrags nicht beantworten, Tatzeit (Wochentag), den (Datum), um ______ Uhr ______ Min. Wären es doch nur Minuten gewesen!

Nach ungefähr zwei Stunden am Boden rollte die Maschine wieder, sie rollte schneller und dröhnender, hob ab und stieg auf. Der Druck in den Ohren war leicht auszuhalten. Die Ungewissheit über die Pläne der Entführer, die Ungewissheit über das nächste Ziel belastete mich nicht. Der unerträgliche Stillstand war vorbei, das Fliegen war ein Stück Normalität, das Fliegen gab der ganzen sinnlosen und rätselhaften Unternehmung immerhin den einen Sinn, vorwärtszukommen, als Flugzeuginsassin befördert zu werden, zu fliegen, zu fliegen.

Zwei

Wir durften die Rollos hochziehen. Die Sonne streifte von hinten auf die Tragflächen. Kein Zweifel an der Flugrichtung. Graue Wolkengebilde vor der Himmelsfläche aus tiefem, immer blauer werdendem Blau. Vor uns im Osten die Wand der Nacht mit rasch wechselnden Farben, blausilbergrau, lilagrau, über allem für einige Minuten der letzte rötliche Schimmer. Erst jetzt wurde mir klar, dass ich in dieser Nacht nicht mehr nach Hause kommen würde, nicht einmal bis Frankfurt.

Eine Stimme im Lautsprecher, der Kapitän nannte seinen Namen, Lothar Krüger, und bat darum, die Gurte anzulegen. Im gleichen Moment blitzte es hinter den Fenstern. Wie angenehm, die Arme bewegen zu dürfen! Wie angenehm, eine väterliche, deutsch sprechende Stimme zu hören! Genüsslich langsam tat ich die vorgeschriebenen Handgriffe. Ein zweiter Blitz erhellte das Fensteroval. Ohne spürbare Abweichung flog die Maschine, immer geradeaus. Die Blitze kamen häufiger, ich meinte, den Donner zu hören, der sich gegen den Triebwerklärm freundlich grummelnd abhob. Wir streifen eine Gewitterfront, die Stimme des Kapitäns beruhigte eine Weile. Doch dann begann die Maschine zu schlingern, sie wackelte, taumelte durch den Sturm. Obwohl ich wusste oder mir einbildete zu wissen, dass Flugzeuge und ihre Insassen vor Gewittern sicher sind, kroch ein neues Gefühl durch den Körper, das aus dem Rhythmus der Flugzeugbewegungen kam, aus dem kurzzeitigen Absacken, dem trügerischen Aufgefangenwerden, dem Vibrieren der Verschalung der Handgepäckfächer über den Köpfen und dem Knistern in den angeblich festen Stahlgelenken: der Absturz wird ganz plötzlich kommen. Die überraschende, nicht wegzuschiebende Gegenwart dieser Gefahr machte die Frauen und Männer, die uns in Gewalt hielten, immer unwichtiger, puppenhafter, sosehr sie sich anstrengten, ihre Heldenrolle durchzuhalten und sogar während des Gewitters aufrecht im Gang stehend eine imposante Figur abzugeben. Ein verrücktes Ende wird das, im Gewitter hinabstürzen ins Meer samt den Entführern, so wird es ausgehen, es wird keine Sieger geben und keine Verlierer, wir werden einfach aufs Meer schlagen, banal und eklig wird es enden! Ersoffen und aufgefressen wir alle, Freund und Feind, Mann und Frau und Kinder als Fischfutter vereint! Ich klammerte die Augen an das Schild LIFE JACKET UNDER YOUR SEAT, es schien mir ganz unglaublich, dass es noch LIFE JACKETS geben sollte. Die Entführer werden so dumm sein, uns, wenn wir in die Tiefe rauschen, nicht einmal die Schwimmwesten anlegen zu lassen, sie werden lieber mit uns untergehen, bis zur letzten Sekunde mit ausgestreckten Handgranatenfäusten, und wir mit den leeren, zu keiner Schwimmbewegung mehr fähigen Armen!

Wie legt man diese Westen an? Wieder hatte ich beim Start nicht aufgepasst. Wann muss man an welcher Schnur ziehen, nicht zu früh, nicht zu fest in diesem gelben Ding zappeln? Ungeschickt und hastig machte ich die falschen Handgriffe im falschen Moment, alle hatten die Weste schon an, nur ich nicht, alle warteten auf mich, endlich lag mir das kalte Gummi an Hals und Brust, ich wurde getragen und sah mich im Wasser schaukelnd und gleichzeitig Rainer auf dem Bahnsteig in Stuttgart. Der Zug lief pünktlich ein, Rainer suchte und sortierte die Frauen schon von weitem, die Figuren, die Haare. Ich schnappte mühsam nach Luft, unfähig zu schreien. Er rannte ein paar Schritte, meinte mich weit vorn zu sehen, aber es war doch eine andre. Die Wellen nahmen mir immer wieder die Sicht. Alle Leute, die sich begrüßten und küssten, waren ihm im Weg, der Bahnsteig wurde allmählich überschaubar, und Rainer dachte zum ersten Mal, keine Andrea, sie hat den Zug verpasst, wo ist Andrea? Ich schwamm durch den Bahnhof, erreichte ihn fast, sah ihn zur Halle zurücklaufen, und an der Stelle, wo früher die Sperren waren, hielt er Ausschau, in alle Richtungen. Ich schwamm ihm nach, die Weste erlaubte keine zügigen Bewegungen, Rainer fuhr sich aufgeregt über die Stirn, er wollte es nicht wahrhaben, dass ich nicht aus dem angekündigten Zug gestiegen bin. Erwarte nur dich, 18 Uhr 51, so stand es im Telegramm, Erwarte nur dich. Salzwasser spuckte ich weg und merkte, wie er nach Gründen suchte: Sie hat den Zug verpasst, das Flugzeug hatte Verspätung, oder sie hat beim Zoll lange warten müssen. Eine neue Welle über den Kopf, und Rainer vor der Ankunftstafel, der nächste Zug aus Frankfurt in einer guten Dreiviertelstunde. Die Wellen trieben mich hinter ihm her, unruhig und unauffällig schlenderte er durch den Bahnhof, achtete mehr auf die Auslagen der Geschäfte als auf die Leute, ging die Treppen hinab und wieder hinauf. Das Salz brannte in den Augen, meine Arme erstarrten, die Beine sanken ab, ich sah den Geliebten auf den steinernen Treppen ohne Geländer immer auf und ab steigen, ich ans Wasser gefesselt, er auf den Treppen des Bahnhofs ungeduldig, und ich wurde mir zu schwer, sank, kippte, ersoff im Meer, wer hält mich fest, wenn ich falle, halt mich fest, wenn ich falle.

Als ich die Augen öffnete, sah ich den Anführer Jassid, wie er durch den Mittelgang näher kam mit langsamen Schritten, die er dem Schlingern anzupassen versuchte. Doch es wirkte so, als sacke unter seinem Gewicht das Flugzeug jedes Mal weg, als trete er mit der Gewalt seines Körpers oder im Zorn über das Gewitter, das stärker war als er und ihn lächerlich machte, die Maschine nach unten, die sich mühsam wieder hob, aber nur, um ihm wieder und wieder die Gelegenheit zu geben, alles noch weiter nach unten zu treten bis auf den Grund. In diesem Augenblick hasste ich ihn, diesen jungen Kerl mit seinen unruhigen Gesten, der so gebieterisch daherkam mit seinem herrischen Schnurrbart und seinem Einschüchterungsblick, diesen schwarzhaarigen Wicht, der ohne seine Pistole gar nichts war, diesen Schreihals, der Angst vorm Gewitter zeigte und vielleicht sogar ein Verrückter war, jedenfalls unberechenbar wie ein Verrückter, der das Kommando hatte und die Kommandostimme dazu, und der sich anmaßte, in mein Leben einzugreifen und nicht nur in meins, der uns entführte aus all unsern Verbindungen und Gewohnheiten, durch die Gewitterhölle schaukeln ließ und in einen ungewissen Krieg hineinzog. Der Herrscher über meine Gefühle, der Diktator meiner Ängste! Ich wusste mich nicht mehr zu beherrschen und weinte, den Kopf zwischen den Armen verborgen und auf den Sitz vor mir gelehnt, so still ich nur weinen konnte.

Rainer auf dem Bahnsteig, suchend, ratlos, verärgert, ich sah ihn auch am zweiten Zug vergeblich warten, ins Bahnhofsrestaurant gehen, ein Bier trinken gegen die Fragen, mit dem Vorsatz, noch den dritten Zug abzuwarten. Ein Fernseher war eingeschaltet, und Rainer sprang plötzlich auf und stürmte nah an den Apparat, Lufthansamaschine von Mallorca nach Frankfurt entführt, soundso viele Passagiere und fünf Besatzungsmitglieder, Ziel unbekannt, Forderungen noch nicht gestellt, Sondersitzung in Bonn – und Rainer, was wird Rainer machen, plötzlich hatte ich kein Bild mehr von ihm, eine Störung, ich konnte mir keine Einzelheiten vorstellen, wie er aussieht, wenn die Nachricht auf ihn knallt und ihn umwirft oder schwitzen lässt oder elektrisiert, welche Bewegung er machen wird, wenn sein Gehirn die Fernsehnachricht mit seinem langen Warten am Bahnhof verbindet. Rainer verlor seine Kontur, er verschwamm und verschwand, je mehr ich sein Bild zu fassen versuchte. Nonstop Andrea hatte ich auf der Post in Palma Nova ins Telegramm geschrieben, nonstop Andrea hatten die Fernschreiber in Stuttgart auf das Telegrammpapier gedruckt, das kam mir nun wie eine hämische Ironie vor, nonstop flog ich fort von ihm, immer weiter fort, nonstop Andrea, und ärgerte mich über meinen billigen Telegrammwitz, ich hätte es wissen müssen, ich hätte mich nicht so selbstsicher geben dürfen, nun hatte ich die Quittung, nun hatte er die Quittung. Ich machte mir Vorwürfe, als hätte ich mich selbst in diese Lage begeben, als hätte ich die Entführung selbst angezettelt, als hinge alles an meinen beiden läppischen, übermütigen Telegrammsätzen.

Nach zwei oder drei Stunden eine neue Landung, aber keine Veränderungen: die Arme hoch, Redeverbot, kein Schritt, wieder nur warten und das Geschrei gedämpft aus dem Cockpit. Wieder der Versuch, ganz still zu sitzen und an nichts zu denken. Wie in der Schule, du musst dringend aufs Klo und wartest stundenlang auf das Klingeln. Wenigstens das Schminktäschchen, wenigstens ein Spiegel! Ich stellte immer noch Ansprüche und merkte, dass das ein Fehler war. Gleichgültig muss dir alles werden! Ich redete mir ein, es sei gleichgültig, wo wir gelandet waren, es sei völlig nutzlos, über eine schnelle Befreiung zu spekulieren, und noch nutzloser, mich in jeder Viertelstunde von neuen Ängsten und Hoffnungen beuteln zu lassen und immer wieder in alten Enttäuschungen zu versinken. Alle schon gedachten Gedanken wollte ich vergessen und jedes Gefühl so klein wie möglich halten. Abschalten, alle Sinne abschalten. Meditieren müsste man können, ein Yogi sein, jetzt wie Freundin H. hinhocken und aufs Innerste des Körpers konzentrieren und die Welt vergessen! Oder wenigstens das stöhnende Mädchen neben mir und die vier Leute mit ihren Pistolen und Granaten!

Ich kannte mich nicht aus in dieser Kunst, ich musste üben. Zuerst starrte ich auf die blassgelb und orangedünn gemusterten Sitzpolster, ich sah die Farben und Muster zum ersten Mal genau an, hässlich und lieblos hingezirkelte Streifen, denen noch nicht einmal die Designer einen genauen Blick gegönnt hatten. Schräg gestellt, sollten sie Dynamik vortäuschen, die Farben so schwach, weil sie niemanden ärgern oder anregen sollten. Das war nun mein Gegenüber, meine Polsterbezüge in meinem Flugzeug, und ich ließ sie vor den Augen verschwimmen und brachte sie in Schwingung, ich wünschte das Hässliche fort und ließ sie durch den Raum tanzen, gab frische Farben hinzu, tapezierte mir die Enge mit immer kräftigeren Rotfarben und Gelbtönen aus, ließ mir Rhythmen und dann Melodien dazu einfallen, phantasierte Bilder, Kreise, Strudel aus immer neuen Mischungen von Rot und Gelb zusammen und brach ab, als sich alles zu Wolkenbildern verfestigte und ich mich in diesen Wolken, wieder im Flugzeug, gefangen sah. Ich hatte mich gezwungen, auf die Uhr keinen Blick zu werfen, setzte alle Hoffnung in die schnell verrinnende Zeit und meinte, seit Beginn meiner Meditation über die Farben und Muster könnte eine halbe Stunde vergangen sein. Aber nur neun Minuten waren vorüber, nicht einmal neun Minuten!

Als Nächstes die Plastikwand an meiner Rechten. Ich fixierte das Weiß, das bei der matten Beleuchtung mal elfenbeinfarben, mal schwach gelblich wirkte. Minutenlang zwang ich den Blick auf einen winzigen Punkt. Der Punkt wurde dunkel, schwarz, füllte sich mit Bildern auf. So, dachte ich, wird es den Irren in ihren weiß gekalkten Anstalten ergehen. Die Irren als Vorbild nehmen! Immer gefügig lächeln und tun, was die Ärzte sagen, damit die nicht noch gefährlicher werden, immer die Augen aufs Weiß pflanzen und die Welt im eignen Kopf aufblühen lassen! Alles tun, was die sagen, die Ärzte, die dich in der Zwangsjacke haben und jede Regung, jede Bemerkung, jeden Protest mit neuen Schmerzen beantworten, die mit Instrumenten und Fingern und bösen Medikamenten bewaffneten Ärzte, die nicht einmal verraten, welches Experiment sie mit dir anstellen, was sie dir wegschneiden, was sie dir austreiben wollen. Ich versuchte, die Irre zu spielen, ich konzentrierte mich. Ich übte, Abwechslung in die zweckdienlich gepresste Kunststoffverkleidung zu bringen. Öl, es ist alles Öl, schon sah ich das dreckige Öl sprudeln, den Bohrturm, die Pipeline, die Tanker, die Tanks, sah meinen Kunststoff in der Fabrik, das Öl gemischt mit anderen Chemikalien und gefärbt, verdünnt und in Pressmaschinen gegossen, von Greifmaschinen ins Wasserbad getaucht und dann gestapelt, verladen und wieder ausgepackt in einer Flugzeughalle irgendwo in den USA, von Hilfsarbeitern an diese Maschine herangekarrt, von Mechanikern gegriffen, gewogen, angepasst und geschraubt oder genietet, meine Wand, meine Stütze, weich und von meinem erschöpften Körper gewärmt. Ich fasste Zuneigung zu diesem Stück Kunststoff. Es war für mich geschaffen, das gehärtete Öl, mein Kissen. Ich versenkte mich in das Weiß, spielte die verschiedenen Weißtöne durch, und färbte es in Gelb um, in Braun, und nach einigem Training gelang es, eine rote Wand neben mich zu zaubern, eine blaue, eine violette. Schwarz wollte ich nicht, doch je mehr ich mich dagegen wehrte, die Wand nur schwarz und immer schwärzer zu sehen, desto schwerer ließ sich die Nachtfarbe wegwischen, und ich hatte mich bereits so weit auf den Farbentrip gewagt, dass ich einige Augenblicke lang wirklich nicht wusste, wie ich diesen Versuch abbrechen sollte.

Die Nachbarin klappte ihr Tischchen herunter.

– Es gibt zu trinken, flüsterte sie.

Im ersten Moment sah ich das Kunststoffweiß zu Milch werden, die Milch wurde in Gläser geschüttet, ein Glas frische, kalte Milch wurde mir entgegengestreckt.

Plötzlich war die Maschine voll von emsigen, halblauten Bewegungen, Arme wurden heruntergenommen, Tischchen zurechtgerückt. Die Stewardessen, die seit Stunden zwischen den Passagieren untergetaucht und wie verschwunden schienen, waren aufgestanden und begannen Getränke auszuteilen. Die Entführermädchen erstickten mit ihrem Gebelle *Don't talk! You are not allowed to talk! Shut up!* das Flüstern, das da und dort aufkam. Wir hatten die Wahl zwischen Cola und Orangensaft, in halbvollen Plastikbechern. Ich ließ mir Cola geben. Nach dem ersten hastigen Schluck wusste ich, dass das ein Fehler war. Damit verstärkte ich nur den Durst, den Hunger, die Wachheit. Ein halber Becher des süßen Zeugs genügte, den Durst erst richtig bewusst zu machen. Es ging auf halb zehn, und ich hatte seit dem ausgiebigen Frühstück im Hotel, seit zwölf Stunden nichts gegessen und nichts getrunken. Seit neun Stunden nicht auf dem Klo gewesen. Die andern auch nicht, selbst die Kinder nicht.

Die Plastikbecher wurden eingesammelt. Die Stewardessen mussten schweigen wie wir, sie bemühten sich, gefasst und freundlich auszusehen, es schien nicht so, als wüssten sie mehr als wir. Dennoch wurden die Bewegungen und Gesten der drei Frauen im Lufthansakostüm von den Aufpassern misstrauisch verfolgt, als fürchteten sie, die Stewardessen hätten geheime Botschaften weiterzugeben oder könnten uns zu einem Aufstand anstiften.

Auf das Geschrei im Cockpit folgten Tankgeräusche. Ich nahm alles gleichgültig hin, ich hatte nichts anderes erwartet. Immer stärker der Druck in der Blase. Die anderen Passagiere mussten den Druck ebenso spüren, aber niemand regte sich. Ich darf die andern nicht ansehen, dachte ich, dann platzen sie los, oder ich muss heulen oder kichern und kann es nicht mehr halten. Ich verbot mir, auf meine Nachbarinnen einzugehen, mit ihnen zu flüstern und in ihren Mienen zu lesen. Sogar die Gesichter der entfernter sitzenden Passagiere schienen mir gefährlich, ich fürchtete, darin nur mich selbst wie in einem Spiegel zu entdecken, verkrampft, mutlos, stumm. Endlich fand ich einen Trick zur Ablenkung, eine neue Übung. Ich visierte die Haare aller Leute, die in meinem Blickfeld saßen, die Haare ohne die dazugehörenden Köpfe, ohne die Gesichter. Die hässlichen, wulstigen Männernacken waren zum Glück hinter den Lehnen versteckt. Zuerst registrierte ich die Verschiedenheit der Farben, sortierte und zählte und hielt mich lange mit der Klassifizierung der Blondtöne auf. Dann die Formen, ich schied die natürlichen Locken von den Dauerwellen, die kleinen von den größeren Wellen, und fixierte abschätzig die glatten, die auffällig gepflegten und die lieblos gekappten Herrenhaare. Was grau war, blieb grau. Wie eine Friseuse suchte ich weitere Unterschiede, dünnes und dickes Haar, trocken und strapaziert, fettglänzend und frisch gewaschen, strähnig und verschuppt. Ich nahm die Haare wie Perücken und setzte sie von einem Haupt zum andern, bis möglichst viele komische Kombinationen zustande kamen. Sah mich mit Skalpellen hantieren, wie auf einem Markt Skalpelle hochhalten und anbieten für Sammler, Touristen, die wie ich ihre Witze darüber machten, und der Gedanke schoss weiter bis zu dem Bild von den Haarbergen der in den Lagern Ermordeten. Die Haare abgeschoren und zusammengekehrt, gehäuft, eine halbe Baracke voll Haaren, bereit zur Verwertung, sah uns alle kahl und wehrlos zur Vernichtung und Verwertung bereitgestellt, sitzend zwar, aber ebenso stumm, willenlos und gefügig gemacht. Sogleich sträubte sich alles in mir gegen den Vergleich, ich versuchte ihn mit hundert

Argumenten wegzuschieben, griff mir ins Haar, riss an meinen Haaren und gab allen Leuten die gewohnte Haartracht zurück, und brauchte doch viele Minuten, bis mein Herzschlag wieder ruhiger war und ich mich an der Überlegung festklammern konnte, dass wir nicht die Objekte einer Vernichtungspolitik seien, sondern nur Tauschobjekte. Nur. Zum Tausch konditioniert. Aber wofür? Warum verrieten sie uns nicht, wofür?

Die Kehle wurde trocken und trockner, gleichzeitig der Schmerz in der Blase stärker. Den Gedanken an Durst konnte ich mir nicht leisten und wurde ihn doch nicht los. Unter dem Zwang der Bewegungslosigkeit, in der Haltung einer an den Armen erhängten Frau, und unter dem Druck der nutzlos, ereignislos verrinnenden Zeit redete ich mir immer wieder zu, ich hätte es bald gelernt, geduldig zu sein. Doch als die Maschine aufgetankt war, die Vorbereitungen für einen neuen Start angeordnet wurden und die Triebwerke aufdröhnten, da fiel plötzlich alle Beherrschung von mir ab, mein Panzer, den ich mir hatte aufzwingen lassen, mein Panzer, in dem ich mich eingerichtet hatte, brach auf, riss mir in allen Muskeln, und ich schrie, ich hörte mich schreien, lauter und durchdringender als alle Schreie der Entführer zuvor gellte mein Schrei: ES REICHT JETZT, IHR SCHWEINE! ICH MACH DAS NICHT MEHR MIT! ERSCHIESST MICH ODER LASST MICH NACH HAUSE, IHR SCHWEINE!

Die Stille nach dem Schrei war so laut wie der Schrei. Alle anderen Geräusche, alle fremden Bewegungen wie beiseitegeworfen. Völlig erschöpft hörte ich den Echos nach, den Partikeln meines Schreis, die sich verteilten und zerstoben und jedes Ohr treffen mussten. Endlich hatte ich etwas getan. Endlich musste sich etwas ändern!

Es geschah nichts. Niemand trat auf mich zu. Niemand brüllte mich an. Niemand drehte sich nach mir um, nicht einmal meine Nachbarin. Die Frau mit der Handgranate, es war die größere, Nummer 28, schien beschäftigt, als hätte sie zu prüfen, ob bestimmte Passagiere angeschnallt waren. Ich hob den Kopf und versuchte, so weit wie möglich nach vorn und nach hinten zu spähen, vielleicht hatte eine andere Frau diesen Schrei getan, und ich hatte ihn nur als meinen gehört, weil er genau meinen Gedanken in dieser Sekunde entsprach. Nichts rührte sich. Niemand wollte für den Schrei verantwortlich sein. Niemand wurde bestraft. Waren wir alle schon durchgedreht? Oder nur ich? Oder keiner?

Die Maschine begann zu rollen, und ich sann darüber nach, warum wir alle so passiv blieben und nicht aufsprangen auf einen Schlag und losschrien, wie ich eben geschrien hatte. Wenn alle schreien, kreischen und nicht mehr aufhören, den Entführern die Nerven zersägen, sie kleinsingen und die Waffen wegbrüllen! Irgendwann mussten wir unsere Überlegenheit doch einsetzen, in Kraft und in List verwandeln, hundert oder achtzig Leute gegen vier, also zwanzig zu eins, worauf warteten wir denn noch? Wenn sich je zwanzig von uns einen oder eine von denen vornehmen, in die Enge treiben, festhalten, mit Judo oder einfach mit mehreren Körpern zu Boden werfen, entwaffnen, k. o. schlagen, fesseln, auch auf die Gefahr hin, dass zwei oder drei von uns verletzt werden! Einmal muss doch jemand das Zeichen geben, einmal müssen wir doch anfangen, den Spuk wegzuwischen!

Das Flugzeug raste, in seinen Verstrebungen knisternd,

über die Piste und hob ab, wackelnd, unwillig, zögernd Höhe gewinnend, vorwärts zur nächsten Station. Ich sah keine Antwort in den Gesichtern der andern Passagiere, und sie sahen gewiss keine Aufforderung in meinem Gesicht. Alles tun, was die sagen. Alles tun, was die sagen. Es ist zu spät, es ist nicht der richtige Zeitpunkt, es ist unklug, den Helden zu spielen, es wird sowieso bald friedlich zu Ende gehn – mit solchen Gedanken oder Ausreden versuchten wahrscheinlich alle den lästigen Zustand zu überdauern. Angeschnallt und die bleischweren Arme schon wieder in die Höhe gestreckt, ließen wir uns weiter ins Abseits treiben. Es ging steil nach oben, ich fiel nach hinten, musste schlucken und schrie noch einmal, so laut ich konnte GENUG! ES IST GENUG! Diesmal wusste ich, dass keiner mich hörte. Auch ich hörte mich nicht, ich hörte diesen Schrei, isoliert von menschlichen Kehlen, und dann wie das Echo eines Echos sich immer weiter entfernen.

Es wurde ganz still in mir, und auch die Triebwerke klangen wie ausgeschaltet. Als liege die Maschine im luftleeren Raum.

Ein Knacken im Bordlautsprecher. Captain Jassid brüllte. Nach seinem ersten Wort duckte ich mich und erwartete den nächsten Tiefschlag.

– Sie dürfen die Arme jetzt herunternehmen! Sie können schlafen, aber der Sitz bleibt aufrecht! Verstanden?

Schon wieder eine Halluzination, dachte ich. Aber die Stewardess wiederholte die Mitteilung tatsächlich in unserer Sprache und freundlicheren Worten. Selbst die Anweisung, die uns Erleichterung verschaffen sollte, pflegte Jassid wie ein Todesurteil auszusprechen.

Ich ließ die Arme sofort fallen, aber im Fallen spürte ich den Schmerz der Sehnen am Ellbogen viel stärker als vorher. Mein linker Arm stieß mit dem rechten der Nachbarin zusammen, wir blickten uns einen Moment in die Augen, ein erschöpftes Lächeln. Ich sagte meinen Vornamen.

– Petra, flüsterte sie.

Wenn ich wenigstens reden dürfte mit ihr!, dachte ich.

– Es bleibt dabei, keine Gespräche, keine Bewegung! Ich habe Ihnen noch eine wichtige Mitteilung zu machen. Morgen früh wird das Kommando Ihnen bekanntgeben, wann Sie frei sein werden.

Am Schluss sagte er *ladies and gentlemen*, und ich meinte, danach etwas zu hören wie *imperialists*, aber es hätten auch andere, ähnliche Wörter sein können. Die Stewardess übersetzte nur: meine Damen und Herren.

<u>Wann und von wem ist Erste Hilfe geleistet worden?</u> Das war die <u>Erste Hilfe</u>, als wir zum ersten Mal die Körperhaltung verändern durften und der Krampf und die Schwere allmählich aus den Armen wichen. Ich winkelte und streckte sie, soweit die Enge es zuließ, zur Seite, nach vorn, nach unten, massierte, schüttelte die Handgelenke und spreizte die Finger. Die Arme bewegten sich aufeinander zu, schmiegten, rieben, schlängelten, verknoteten sich fast. Ich drückte sie, unter der Brust verschränkt, fest an die Rippen, an den Bauch, um mich ihrer Rückkehr zu vergewissern. Im Glücksgefühl, wieder vollständig zu sein, fing der Körper behutsam zu schaukeln an, neigte

sich, wie vom Gewicht der verschränkten Arme gezogen, nach vorn und fiel sanft zurück in den Sitz, und so hin und her, als müsse der erschöpfte Leib eine neue Balance finden oder als suchte er, aus eigener Kraft sich selbst in den Schlaf zu wiegen.

Morgen früh! Elf Uhr. Nach neun Stunden Gefangenschaft konnte ich mir nicht vorstellen, noch eine ganze Nacht durchzuhalten. Morgen früh! Der böse Gutenachtwunsch gellte durch den Kopf. Morgen früh, hatte der Kerl gebrüllt, dann alles inspiziert, seine Komplizen für die Nachtwachen eingeteilt und war wieder im Cockpit verschwunden. Das Kommando, er war doch selbst das Kommando, warum konnte er nicht wenigstens ich sagen, der Feigling! Frei sein, frei sein werden, das versprach nichts Gutes, wenn diese Aussicht von Wörtern wie Kommando und Imperialisten eingerahmt war. Oder hatte er doch nicht Imperialisten gesagt? Das ist die entscheidende Frage, dachte ich. Wer uns Imperialisten nennt, wird uns eher umbringen als einer, der es bei Damen und Herren belässt. Oder gerade andersherum? Welche Täuschungen gehörten zum Handwerk? Morgen früh! Er träufelte uns eine winzige Dosis Hoffnung ein, aber auf solch eine höhnische Art, dass die Aussicht auf eine mögliche Befreiung noch unerträglicher wurde als die Angstgefühle vorher. Eine Nacht lang konnten wir nun spekulieren, auf welche Art sie uns am Morgen den Kopf abschlagen oder uns freilassen werden, wo und wie und wann.

Die Kinder, wie sollten die Kinder das aushalten, die ganze Nacht, und die Alten! Es war erstaunlich ruhig, nur selten drang eine helle Stimme von vorn oder hinten bis zu mir. Vielleicht haben sie alle schon in die Hosen gepinkelt, sitzen im Nassen und schweigen aus Scham! Bald wird es stinken, überall stinken, und ich werde mir die Nase zuhalten müssen oder stinken wie alle!

Die Frau mit Nummer 31 war mit Jassid nach vorn gegangen, die andere und der Schönling patrouillierten abwechselnd durch den Gang. Auch ihren Gesichtern war nicht abzulesen, was uns bevorstand. Sie blickten verbissen und kalt auf die Damen und Herren Imperialisten hinab. Die Handgranaten zu halten schien ihnen immer noch nicht lästig zu werden. Wenn ihr mich Imperialistin nennt, dann werde ich euch auch Namen geben! Deutsche Namen! Nazi-Namen, ja! Du bist Sieglinde, sagte ich zu der jungen Frau, die mit Nummer 28 angeredet wurde. Schon entspannten sich ihre Gesichtszüge, es lag ein eher schüchternes als hämisches Lächeln darin. Und du, Nummer 22, dich werde ich Reinhold taufen, nein, Gerold ist besser, oder Gunther! Und Jassid, dein Name ist viel zu schön für dich, Joseph sollst du heißen oder Adolf, Adolf, Adolf!

<u>Sind Sie mit dem Schädiger verwandt oder verschwägert? ja – nein.</u> Ich habe sie mir zu Verwandten gemacht, zu Bekannten, zu Schulfreundinnen, Heidrun, Sieglinde, Gerold. Damit ich sie richtig hassen, damit ich sie besser verstehen konnte. <u>In welchem Verhältnis stehen Sie zu dem Schädiger (Verlobter, Lebensgefährte etc.)?</u> Ich habe sie wiedererkannt, ich musste mit ihnen auskommen, ich habe sie geduzt, meine <u>Lebensgefährten</u>.

Die Leute verstanden den Satz: Sie können jetzt schlafen! als Befehl und versuchten, auf dem schmalen Sitz eine bequemere Lage zu finden. Nur die Dame auf dem Gangplatz, die fast immer die Lider zugeklappt hielt, blieb starr wie immer. Von der anderen Seite unserer Reihe war das heftige Atmen des älteren Mannes zu hören. Es klang nach Asthma. Petra wünschte leise gute Nacht. Immer die Handgranaten im Visier und die Gesichter dazu. Ich schloss die Augen, versuchte den Schlaf langsam über die Haut in den Körper hineinkriechen zu lassen.

Jede Erinnerung, fürchtete ich, jede nach draußen gerichtete Phantasie werde mich nur empfindlicher für die Bedrohungen drinnen machen. Als müssten mich alle Ablenkungsversuche nur heftiger in die Situation hineinstoßen, der ich entfliehen wollte. Aus Angst kein Schlaf. Ich konnte nicht ausweichen, nicht einmal in Träumen aus meinem Gefängnis ausbrechen. Eingemauert, alle ließen mich allein. Petra schien zu schlafen. Die Stewardessen brachten nicht einmal Wassersuppe. Der Kapitän, der Kopilot waren unerreichbar. Die Entführer würdigten mich nicht der Aufmerksamkeit. Die anderen Gefangenen stöhnten oder schliefen. Von ihnen war nichts zu erwarten. Ich lehnte mich zurück und hörte dem Dröhnen der Triebwerke zu. Das gleichmäßige Geräusch erschien mir zeitweise sehr laut, dann war es beinah verschwunden. Ich versuchte, auf den Wellen dieses Geräuschs zu schwimmen, mich forttragen zu lassen weit hinaus.

Ein Kind lachte hell auf, weit hinten. Der Schlaf ließ sich nicht zwingen. Die Ungewissheit riss mich immer wieder in den Wachzustand zurück. Der Speichel klebte im Mund. Ich spürte den schneidend leeren Magen. Der Druck in der Blase war so stark, dass ich Angst hatte, in die Hosen zu machen und im eignen Urin sitzend aufzuwachen. Am meisten quälte mich, warum sie uns nicht verrieten, was sie mit uns vorhatten, warum sie uns als Geisel nahmen und gegen wen, warum sie uns zu allen Leiden noch mit Ungewissheit bestraften.

Was mir noch blieb, war die Wut gegen mich selbst. Du hättest dein Mittagessen nehmen sollen, dann wärst du nicht so hungrig wie jetzt! Wie überlegen kamst du dir vor, eine Frau von Welt, die es sich leisten kann, die kleinen Gaben zurückzuweisen, nach denen jeder Tourist grapscht, ängstlich darauf bedacht, nichts zu verschenken! Als wäre dein Verzicht eine besondere Leistung gewesen, nach dem späten und ausführlichen Frühstück! Du wolltest deinen Brief schreiben, deine kleinen Privatturbulenzen ordnen, ausgerechnet im Flugzeug! Geschäftig, überlegen, snobistisch, aus achttausend Meter Höhe dem gekündigten Freund Lebewohl sagen! Nun hast du nicht einmal das geschafft und den Hunger obendrein! Wenn du gewusst hättest! Wenn du, ja, wenn! Und als ich bei diesen Vorwürfen angelangt war, du hättest, du hast, du hättest, du hast, fiel mir wieder der größere Zufall, die größere Dummheit ein. Du sitzt im falschen Flugzeug! Nicht in dem, das du zuerst gebucht hattest! Dein Rückflug, eigentlich war er für den Samstag vorgesehen, nach Ablauf der Zweiwochentour! Aber du wolltest es anders! Nach einer guten Woche hattest du schon genug vom Alleinurlaub, wolltest schnell zurück zu ihm, und am Montag entschieden, noch drei Tage zuzulegen, und umgebucht auf Donnerstag, Donnerstagmittag! Wolltest es bequem haben, dich morgens nicht hetzen beim Packen und abends zum Essen bei Rainer sein, nein, nicht zum Essen, ins Bett zu ihm! Bei ihm in Echterdingen bleiben übers Wochenende und am Montag nach Tübingen, nach Hause! Die Bahnverbindung von Frankfurt nach Stuttgart notiert, gleich auf die Post gerannt, das Telegramm aufgegeben, damit er dir rechtzeitig das Bett bezieht!

So quälte ich mich auf dem Sitz herum, sehnte ich mich zurück in mein Hotelbett in Palma Nova, das ich bezahlt hatte für diese Nacht und für die kommende. Es stand mir zu, jetzt, genau jetzt hätte ich darin schlafen können, ich hatte es verschenkt. Ich sah es vor mir, griff immerzu danach, aber das Bett entfernte sich von mir oder ich entfernte mich von ihm. Endlich gelang es mir, das Holzgestell zu packen, festzuhalten, die Kleider abzuwerfen, mich hinzulegen und mir auszumalen, wie ich mich streckte auf der dünnen Matratze und drehte und die Beine anzog ganz nach Belieben, wie ich die Spülung aus dem Bad im Nebenzimmer hörte, das Quietschen von Autoreifen vor dem Fenster und eine Tür im Gang.

Mallorca, die Pirateninsel. Was sind Piraten? Die Seeleute Mallorcas, mehr als hundert Jahre lang waren sie die gefürchtetsten Piraten im Mittelmeer, etliche Generationen lebten sie gut von ihrem Terrorismus. Aber dann wurden sie zu ehrgeizig, zu erfolgreich und forderten die anderen Seefahrerstaaten zum Gegenangriff heraus. Die Piraten wurden heftiger bekämpft und schließlich geschlagen – dann kehrte sich alles um, die Piraten aus anderen Ländern fielen über Mallorca her. Die Mallorquiner wurden brave Bauern und Fischer und endlich so schlau, an den Küsten breite Gürtel mit Kiefernwäldern wachsen zu lassen, sodass die Piraten kaum mehr bis ins reiche Innere der Insel vordringen konnten.

Aber die, was waren das für seltsame Piraten! Sie hatten versichert, sie wollten nicht unser Geld und den Schmuck. Petras Goldkettchen, es lag verrutscht, ein Widder hing daran, vom Brustkorb sanft gehoben und gesenkt. Wäre er aus Gold, hier wäre eine kleine Beute gewesen. Aber die Piraten hielten sich zurück, sie wollten keine Räuber sein, nicht einmal Robin Hood spielen. Die Piraten wollten keine richtigen Piraten sein. Wenn sie es doch wären, dann hätten sie uns ordentlich ausgeraubt und dann nach Hause fahren lassen! Was für eine erstaunlich moralische Truppe war das! Die edlen Räuber standen nur herum, krümmten uns, bis jetzt jedenfalls, kein Haar, wechselten hin und wieder die Wache, und einer dirigierte unser Schiff vorn im Cockpit. Vielleicht fürchteten sie sich sogar mehr vor uns als wir uns vor ihnen, sie fürchteten sich ja schon vor unsern Worten, vor ein paar Bewegungen im Gang und sogar vor einem unbewachten Verschwinden ihrer Geiseln in der Toilette!

In einem Großraumbüro, oben an einer kahlen Wand, fast unter der Decke steht ein Fernsehapparat mit hölzernem Biedermeier-Rahmen. Mein Chef deutet darauf: Das ist meiner! Ich steige auf eine Leiter, versuche ihn abzumontieren. Er hilft, aber der Apparat fällt, nach hinten durch die Wand. Durch das Loch kann ich ihn sehen, unten im Gestrüpp, er fängt an zu brennen. Explosionsgefahr, ich renne zu den Feuerwehrschläuchen, bin vor dem Chef da, schleppe sie nach draußen zu dem brennenden Apparat und beginne zu löschen. Das

Wasser aus dem Neckar. Der Chef hilft, aber dadurch wird alles nur schwieriger. Muss ich denn immer alles machen?, frage ich ihn. Darf ich Sie küssen?, fragt er zurück. Schon liegt der Professor nackt auf mir, ich will ihn kratzen, kneifen, wegschieben, aber ich habe keine Arme mehr. Eine männliche, fast zärtliche Stimme rettet mich. Rainer ist da, kickt den Alten wie einen Fußball fort und will sich zu mir legen.

Eine männliche Stimme in einem fast zärtlichen Ton forderte sie zum Anschnallen auf.

– Anschnallen, hat er gesagt, es geht wieder runter!, murmelte Petra neben mir.

Die Aussicht, zum dritten Mal zu landen, ließ mich gleichgültig. Ich versuchte, meinen Traum weiterzuträumen, war angenehm entfernt von allem. Mattes Wohlbehagen breitete sich im Körper aus, je mehr das Flugzeug sich senkte. Ich hielt die Augen geschlossen und spürte das gemächliche Sinken, langsam wie mit Schwingen, schwebend auf Kissen und aufgefangen in der Luft, ein Gleichgewicht zwischen der Schwere des Körpers und der Stärke der federnden Luftmassen. Es war, als hätten der Hunger und der Durst oder die lange Schlaflosigkeit den Körper endlich von mir und meinen Ängsten abgetrennt, losgelöst und sanft sah ich ihn, einige Meter entfernt und doch spürbar nah, zur Erde gleiten und hüpfend aufsetzen und gelassen ausrollen und stehen bleiben, zufrieden, gleichgültig, unbeteiligt.

Als ich den Gurt ablegte, die beiden kalten Metallstücke auseinanderzog und rechts und links in den Händen hielt, da wusste ich auf einmal nicht weiter, wusste nicht, wie diese

Stücke zusammenpassen könnten und wozu der Gurt gut sein sollte. Es erschreckte mich, was ich da tat und willenlos tat, alle zwei, drei Stunden wieder. Es erschreckten mich meine Hände, die auf den immer gleichen Befehl, der etwas sinnlos Militärisches hatte, mechanisch reagierten und immer die gleiche Bewegung, deren Zweck ich nicht wissen wollte, an dem Gurtverschluss stumpfsinnig wiederholten, auf und zu, auf und zu, und wieder auf.

You will be executed! You will be executed immediately! Ich konnte nicht sehen, wen Jassid anbrüllte.

Der Zustand der Entspannung war verflogen. Es passte nichts mehr zusammen. Es war gegen zwei. Morgen früh wird, der Satz war wieder da, Morgen früh wird das Kommando Ihnen bekanntgeben, wann Sie frei sein werden. Hinter den Rollos war alles finster. Es war mir völlig unklar, nach welcher Zeit wir uns richteten. Könnte es nicht sein, dass wir weit aus dem Bereich der mitteleuropäischen Zeit herausgeflogen waren, weit nach Osten, Libanon, Irak, Iran? Sind sie da nicht zwei oder drei Stunden weiter? Dann könnte es hier, wo wir gelandet waren, schon fünf Uhr sein? Bald wird es hell werden, dann wird die Sonne aufgehen, dann wird etwas passieren! Eine greifbare Information, ein Austausch, die Freilassung von Alten und Frauen und Kindern. Morgen früh wird das Kommando – irgendetwas tun, das den Zustand der Lähmung, der Versteinerung endlich verändert!

Frei sein werden, frei sein werden, ich klammerte mich an diese Formulierung und achtete auf jede Bewegung und jedes Zeichen in der Kabine, das eine Veränderung verraten könnte. Die Bewacher waren wieder zu dritt, als sei die Arbeit schwieriger geworden, wehrlose, mutlose, stumme und übernächtigte

Menschen in Schach zu halten, die nur das eine Interesse hatten, so schnell wie möglich die Blase und den Darm zu leeren. Vereinzelt meldeten sich Leute und flehten die Entführer an, endlich auf die Toilette gehen zu dürfen, aber es wurde jedes Mal abgelehnt. Ein Zeichen für die bevorstehende Entlassung. Der ständige Druck im Unterleib schob die Hungergefühle weg und ließ sogar den Durst vergessen. Schon sah ich das Geschiebe im Mittelgang, alle auf einmal werden aufstehen und zu den Ausgängen drängeln oder direkt durch den Notausgang ins Freie! EXIT, weniger als ein Meter bis EXIT!

Eine der Stewardessen lief durch den Gang. Ich meinte, sie noch nie gesehen zu haben, jedenfalls nicht mehr seit dem Überfall. Wie ein außerirdisches, ein nicht entführtes Wesen kam sie daher, in ihrer dunkelblauen Uniform und mit entschlossenem Blick. Noch ferner unserer Wirklichkeit schien sie mir, als sie auf die Nummer 28 zuging und mit ihr sprach, als wäre es eine selbstverständliche Sache, mit einer schwerbewaffneten jungen Frau einen kleinen Plausch zu halten.

Die Entführerin nickte, winkte eine ältere Frau aus der Reihe 8 zu sich und ging mit ihr nach vorn in die erste Klasse. Nach einer Weile kamen beide wieder, die Ältere hielt ein Fläschchen in der Hand und setzte sich. Dann rief sie nach der Stewardess, aber die Araberin, die ich Sieglinde nennen wollte, kam auf sie zu und fragte in ärgerlichem Englisch, was denn nun noch fehle.

– *Stewardess, I need the stewardess, please*, sagte die Ältere. Sie könne sich die Tropfen nicht allein in die Augen geben, sie habe keinen Spiegel dabei, sagte sie, *and my hands, look at my hands.* Sie machte den Versuch, über ihre Hände zu reden, brach den Satz schnell wieder ab. Vielleicht wollte sie mit dem Zittern ihrer Hände argumentieren, und das Wort für Zittern fiel ihr nicht ein oder sie wusste es nicht. Sie bat noch einmal um die Hilfe einer Stewardess.

Nummer 28 legte die Handgranate nach unten, auf den Boden, dann sicherte sie die Pistole, die sie nur selten vorzeigte, und steckte sie in ihre Kleidung. Die Sitze nahmen mir die halbe Sicht, aber die Bewegungen der Entführerin waren eindeutig.

– *Five, only five,* sagte die Sitzende.

Die jüngere Frau bog mit der linken Hand den Kopf der älteren zurück und tropfte ihr mit der Rechten das Medikament in die Augen.

– *Thank you!*

Das Mädchen nickte und hob, ohne ein Wort zu sagen, die Handgranate wieder auf, holte die Pistole hervor und entsicherte sie. Sie schien mit sich zufrieden und wandte mit einer fast priesterlichen, leicht geneigten Drehung, beide Waffen drohend den Zuschauern entgegengestreckt, den Oberkörper erst der rechten, dann der linken Kabinenseite zu, als müsse sie sofort wieder ihre Gefährlichkeit vorführen.

Die Stewardessen gingen mit Tabletts durch die Reihen. Sie krümmten den Rücken für die Passagiere, boten etwas an. Nach den stundenlangen Befehlen und Qualen, nach dem trostlosen Schluck Cola verneigte man sich endlich wieder, tat uns die Ehre an, bedient zu werden. Ein Imbiss, eine halbe Scheibe Brot mit Wurst für jeden. Ich spürte den Hunger nicht mehr, als ich endlich das Stückchen Brot in der Hand hielt, der Magen war mir wie zugenäht, ich merkte nur, wie die Zunge, wie die Geschmacksnerven sich regten, wie im trocknen Mund Speichel sich sammelte, sodass ich das Brot mit der Salamischeibe nicht länger zurückhalten konnte und langsam den ersten Biss tat und noch langsamer kaute, Krümel für Krümel kostend durchkaute und ebenso den zweiten, den dritten, den vierten Happen, meine Langsamkeit noch steigernd, ohne Genuss, mit feierlichem Ernst verzehrte.

Das Essen beruhigte. Die Minuten liefen ab wie halbe Stunden, halbe Stunden wie Minuten. Alle Leute schienen beherrscht und hatten vielleicht die gleichen Vorstellungen wie ich: Noch eine, noch zwei Stunden durchhalten, dann wird alles überstanden sein! Hell wird es werden, und wir werden frei sein, die haben ja nun lange genug verhandelt. Ich wusste genau, wie die Befreiung ablaufen wird. Erst die Kranken und die Alten, dann die Frauen mit Kindern, dann die anderen Frauen, ich sah mich mitten im Pulk, alle unauffällig drängelnd, begierig, ihren Körpern voranzufliegen und nicht die Letzte zu sein, die das rettende Ufer, den waffenlosen Raum, die frische Luft, die freie Sicht erreicht, und doch alle unruhig geduldig, diszipliniert mit letzter Kraft, über die Köpfe der Männer blickend, die noch länger zu warten haben, die Männer, die ausnahmsweise mal in der Minderheit sind, die ausnahmsweise mal länger zu dulden haben als wir und beleidigt und von trotziger Hoffnung gefüttert zum ersten Mal bedauern, keine Frau zu sein, während wir, wankend in den Beinen, mit zitternden Knien der Tür entgegenschieben, und auch ich werde drängeln, ohne mich als Dränglerin ertappen zu lassen, werde vielleicht in dem Augenblick, in dem ich den frischen Luftzug von der Tür her spüre, einer andern den Vortritt lassen, und dann die Gangway hinunterstolpern ohne einen Blick zurück auf die Männer, die nach uns kommen werden. Nur zögernd wird sich die Gewissheit einstellen, gerettet zu sein, in einer kalten, weiß getünchten, von Werbeplakaten geschmückten Flughafenhalle, da werden wir wagen, uns zu umarmen, da werden wir, vielleicht schon wieder kichernd vor Begeisterung über die kommende Erleichterung, vor den Klos Schlange stehen und dann endlich etwas trinken und essen, werden lange Zeit nicht sitzen wollen, sondern wie auf einer Party im Stehen den Imbiss verzehren, Kaffee, Cola, Cognac und Bier durcheinandertrinken und uns zuprosten, und nur die Frauen, deren Männer noch in der Maschine gefangen sind, werden sich zurückhalten, aber wir, die vielen einzeln reisenden Frauen, werden endlich wieder laut werden, endlich wieder zu den eigenen Stimmen zurückfinden und endlich zu schimpfen anfangen und zu fluchen und die erste Schicht unseres Hasses auf die Entführer abtragen, einige werden ihre Erschöpfung im Liegen ausklingen lassen und sich von Rotkreuzhelfern bemuttern lassen, und irgendwann wird man uns endlich die Ankunft einer Maschine melden, die uns nach Hause tragen wird, endlich nach Hause!

Sehr langsam kam mir ein Geräusch zu Bewusstsein, mit dem ich aber nichts anzufangen wusste. Es musste zum Flugzeug gehören und von einem kleineren Motor stammen. Es passte nicht zu der bevorstehenden Freilassung, es passte nicht in meine Tagträume. Das Tanken schloss ich aus, es konnte nicht schon wieder gestartet werden! Viele Sekunden lang wollte ich nicht akzeptieren, dass es das vertraute Tankgeräusch war. Unmöglich, das ist doch ganz unmöglich! So nahe sind wir daran auszusteigen, so kurz vor dem glimpflichen Ende! Sie haben uns die Freiheit versprochen, da können sie uns doch nicht wieder in die Luft schicken! Die Maschine wurde tatsächlich aufgetankt, und ich zuckte wieder vor Unruhe, alle mühsam eingedämmten Ängste brachen hervor. Der Herzschlag am Hals.

– Das ist doch ein Witz! Ein Witz ist das doch!, flüsterte ich Petra zu, wieder das gleiche Spielchen!

Sie seufzte nur, zuckte mit den Achseln. Sie verriet nicht, aus welchen Träumen ich sie aufgestört hatte. Ihr Gesicht zeigte nur Abscheu vor allem, vielleicht sogar einen Abscheu vor meiner Erregung, als hätte sie sich gerade zur Gleichgültigkeit entschlossen.

Spielchen, ja, was für ein grausames Spiel! Fliegen, landen, warten, starten, fliegen, landen, warten, starten, und wieder und wieder, das dauerte nun schon mehrere Ewigkeiten. Ich musste nachrechnen, wie oft wir in den letzten Stunden gelandet und gestartet waren, einmal, zweimal, dreimal, ja, dreimal. Es kam mir vor wie dreißig Mal, jede Runde war schon eine zu viel gewesen.

Es tat mir weh, ständig das gleiche, brummende, bohrende Geräusch im Ohr zu haben. Jeder Liter Kerosin, den sie in die Tanks pumpten, wird die Gefangenschaft verlängern! Den Durst und den Hunger verstärken, den Körper noch mehr lähmen und die Nervenbündel endgültig durcheinanderwirbeln! Weghören half nicht. Es gelang zwar, das Tankgeräusch vorübergehend aus der Wahrnehmung zu streichen, aber es blieb das schmerzende Gefühl, als spritze mir jemand ein Serum in die Venen, eine dickflüssige, widerlich stinkende Petroleumsubstanz, die nicht für mich, nicht für den menschlichen Körper bestimmt ist und nur unter Zwang verabreicht wird, die mir die grässlichsten Schmerzen zufügt, in allen Nischen und Zentren des Körpers, und die dann von innen her alles anfrisst, wegätzt, aushöhlt und das ganze funktionierende Gefüge der inneren Organe lahmlegt, bis ich eine Puppe sein werde, unter der Schale tot und leer, bis es nur noch meine Knochen und Kleider sind, die mich zusammenhalten!

– Ich halt das nicht mehr aus, flüsterte Petra, ich halt das nicht mehr aus!

Ich wusste nicht, ob das eine späte Antwort sein sollte auf meinen geflüsterten Fluch oder ob sie endlich den Mut gefunden hatte zu einer Äußerung.

Mit meiner linken griff ich nach ihrer rechten Hand. Nicht die Kälte war es, die mich erschreckte. Eher die blitzartige Freude, dass es diesen Körper neben mir wirklich gab und er unter meiner vorsichtigen Berührung nicht zusammenfiel, dass Fleisch und Knochen standhielten. Ich zog die Hand nicht zurück und wartete, bis die Kälte aus der anderen Hand wich und in den fremden Adern das warme Pulsen des Blutes zu spüren war. In jeder anderen Situation wäre es mir peinlich gewesen, einer unbekannten Frau die Hand zu halten, aber nun waren die Schamgesetze des Alltags außer Kraft gesetzt.

Die Hand ließ ich los, als das Anschnallen befohlen wurde. Erst in diesem Augenblick wagten wir, uns richtig ins Gesicht zu sehen. Petra lächelte, und auch ich versuchte, meine Verlegenheit zu überspielen. Wir hatten die Befehle befolgt, nicht geredet, uns nicht vom Platz gerührt, die Jalousie nicht hochgeschoben, und trotzdem eine Gelegenheit zum Widerstand gefunden. Festgeschnallt, wagten wir nicht, die Berührung fortzusetzen. Wir wurden in die Luft gehoben, legten die Gurte ab und trieben dahin.

Ich ließ die Augen zufallen und gab mir keine Mühe zu schlafen. Es wäre zwecklos gewesen. Ich meinte das Wimmern eines Kindes zu hören, aber die pfeifenden Fluggeräusche und das stetige Dröhnen der Triebwerke deckten es ab. Ich drückte den Rücken in das Polster. Ein Platz am Strand. Grelles Kindergeschrei, ich schlenderte weiter und suchte eine wenig belebte Ecke für mich. Es war heiß, ich hörte weg. Das Badetuch rollte ich auf dem vor Hitze stinkenden Sand aus, zupfte es gerade und streckte mich hin wie fast an jedem der letzten zehn Tage. Ich tauchte zurück, tauchte unter die Sonne, und der von der langen Schlaflosigkeit gereizte Körper suchte Schutz in der samtenen Wärme. Ich streckte die Beine so weit nach vorn wie möglich. Ich war nur eine von Tausenden am Strand. Es kam auf mich nicht an. Nichts wäre hier anders, wenn ich nicht hier wäre. Ich grub mich tiefer in den Sand. Die Sonne und ich. Sie blendete, sie hatte es auf mich abgesehen, auf alle andern auch, aber auf mich besonders. Die Haut war ausreichend mit Öl versorgt, die Beine schmierig, wenn ich sie übereinanderschlug. Die Sonne brannte durch den Stoff des Bikinis, trieb mir den Schweiß durch die Poren, ließ mich geduldig auf dem Rücken liegen. Die Hitze strömte durch alle Glieder, machte mich ergeben, stumm, lahm, satt und stopfte mir die Ohren, als sei eine Schallschutzwand aufgebaut zwischen mir und dem Gekreisch der Badenden, dem fröhlichen Gezeter der Strandfamilien. Ich trieb auf den Hitzewellen, immer weiter fort. Als ich nicht mehr wusste, wo ich war, blinzelte ich, erst mit dem einen, dann mit beiden Augen. Sofort musste ich sie zukneifen, so stark war die Helligkeit. Ich tauchte in die Wärme zurück, fiel in den wohligen Zustand der Gleichgültigkeit. Befreit von der Anstrengung, in jeder Sekunde meines ungewissen Zustands Hoffnungen züchten, nähren und durchbringen zu müssen, ließ ich mich treiben, aufheizen von der Sonne und den Kopf leerbrennen von allen Gedanken an die hautnahe Gefahr, bis die vorausgeahnten Schreckbilder endlich schrumpften oder mich nicht mehr störten, minutenlang.

Es wurde heiß in den Kleidern. Mit Jeanshosen, T-Shirt und Pullover hatte ich mich schon auf die deutschen Oktobertemperaturen eingerichtet. Nun konnte ich nicht unterscheiden, ob es wirklich immer heißer in der Maschine wurde oder ob meine Kleidung nur unpassend und lästig war. Ich zog den Pullover aus. Das half kaum. Ich fand nicht mehr zurück in die Strandillusion, und bald erschien es mir ganz verrückt, mich zurück unter die Sonne zu wünschen.

Den Pullover stopfte ich ins Netz vor mir, hinter Schreibblock und Zeitung. Das war alles, was mir geblieben war. Wenn du wenigstens lesen könntest! Dann erst fiel mir ein, dass ich mich an ein Leseverbot gar nicht erinnern konnte. Hatten sie dies Verbot nur vergessen oder hielten sie die Zahl der lesenden Leute für belanglos oder den Vorgang des Lesens für harmlos oder rechneten sie damit, dass in dieser Situation sich niemand hinter einer Zeitung, hinter einem Buch verkriechen würde? Ich meinte den Widerhall der Brüllstimme im

Ohr zu haben, *You are not allowed to read! You are not allowed to read!*, aber ich wusste immer weniger, ob der Befehl vom Anführer Jassid oder, nach all den Verboten, schon von mir selber kam.

Die schwache Kabinenbeleuchtung hätte ohnehin nicht zum Lesen gereicht. So versuchte ich, in neue Träume, in angenehme Vergangenheiten zu fliehen. Das gelang nicht. Die Zeitung ließ mir keine Ruhe. Es war eine Zeitung, die ich sonst kaum las, aber es war neben der Bildzeitung und einer österreichischen das einzige Blatt, das beim Einsteigen in Palma angeboten wurde. Die nicht gelesene, fremdartige Zeitung machte mich immer neugieriger. Erst jetzt merkte ich, wie wertvoll dies eine Exemplar werden könnte, zum Ablenken, zum Zeittotschlagen, und vielleicht gab es sogar etwas zu entdecken darin, irgendwo versteckt einen winzigen Hinweis auf uns, auf unsere Lage oder das Ziel der Entführung! Wenigstens die Überschriften lesen!

Welche Überschriften lesen sie jetzt, in den Morgenzeitungen? Sind da immer noch welche, die warten? In der Ankunftshalle in Frankfurt, die Verwandten, die Freunde? Was erzählt man ihnen, den Angehörigen? Wie werden sie informiert, brauchen sie die Zeitungen? Setzen sie schon die Anzeigen auf, die trauernden Hinterbliebenen? Trauern sie? Schlafen sie?

Schlafen, schlafen, Winterschlaf. Die Temperatur deines Körpers sinkt, dein Herz schlägt weniger, der Stoffwechsel wie in Zeitlupe, du brauchst weniger Sauerstoff, der Kreislauf darf beinah stillstehen, du bleibst immun gegen Krankheiten, du ruhst wie der Bär, du schlummerst wie der Hamster, du schläfst wie das Erdhörnchen und verschläfst die kalten bösen Zeiten, du machst deine Augen zu vor den Gefahren und erholst dich noch dabei! Was für ein Wirkstoff ist das, welches Hormon, welcher Eiweißstoff? Wie können wir den isolieren? Wie synthetisch herstellen? Wann endlich anwenden auf den Menschen? Du solltest dein Forschungsgebiet ändern! Gleich, sofort, ab Montag!

Ein paar Minuten oder zwei, drei Viertelstunden schlief ich. Die Landung wurde angekündigt, und wieder blieben Nummer 28 und Nummer 22 stehen. Er lehnte sich an die Bordwand zur ersten Klasse, sie stand aufrecht, mit gespreizten Beinen die Balance haltend, die Granate in der einen Hand und mit der andern an eine Rückenlehne geklammert. Vielleicht hatten sie bei den ersten Landungen noch an einen möglichen Überraschungsangriff geglaubt und sich deshalb nicht angeschnallt, nicht einmal hingesetzt. Jetzt war nur die Pose davon übrig, ein billiges Heldenspiel. Ich wünschte ein hartes, stoßartiges Aufsetzen, damit sie beide hinknallten, sich den Kopf rammten oder ein paar Glieder verrenkten. Aber die Piloten taten uns nicht den Gefallen, sie brachten die Maschine sanft auf die Piste.

Die Helligkeit hinter den Rollos war stärker geworden. Die Uhr zeigte sechs. Wenn ich mich nicht völlig getäuscht hatte, waren wir der Sonne entgegengeflogen. Wir hatten Zeit verloren, Zeit gewonnen. Meine Uhrzeit galt nicht mehr, es musste zwei oder drei Stunden später sein an diesem unbekannten Ort. Hier werden wir die Maschine verlassen, also fass dich in Geduld! Es kann das gefährlichste Land der Welt sein, Hauptsache, sie verhandeln jetzt nicht mehr lange und lassen uns endlich laufen!

Die Kabinenbeleuchtung wurde ausgeschaltet, wir saßen dösend im Schummerlicht. Ich bildete mir ein, die Luft, die auf unsere Köpfe strich, rieche nach Meer.

Durch den Mittelgang schritt der Kapitän. Er erschien zum ersten Mal unter seinen Passagieren. Ich erkannte ihn eher an seinen bedächtigen, aufmerksamen Bewegungen als an seiner Uniform. Lothar Krüger. Er blickte in die Gesichter der Leute, versuchte möglichst viel von unserem Zustand zu erfahren und uns gleichzeitig zu verstehen zu geben, dass auch er nicht reden dürfe und trotzdem alles tue für uns. Ernst, müde und blass warf er noch einen Blick zum Heck hin und ließ sich dann auf einen freien Platz in der Reihe 7 fallen. Nach ihm tauchte der zweite Pilot auf, der als Herr Fuchs vorgestellt war. Auch er versuchte ein paar hilflose Ermunterungsblicke und setzte sich im hinteren Teil der Maschine.

Drei

Geweckt von der Mikrophonstimme, vom erregten Englisch des Anführers, vom sanften Deutsch der Stewardess.

– Wir haben der imperialistischen deutschen Regierung unsere Forderungen übermittelt. Wir fordern, dass neun deutsche Genossen aus den faschistischen deutschen Gefängnissen entlassen werden und zwei unserer palästinensischen Genossen aus der Türkei ebenfalls. Sobald diese Genossen befreit sind, werden Sie, Damen und Herren, das Flugzeug verlassen können. Es hängt also jetzt allein von der imperialistischen deutschen Regierung ab, wann dieser Austausch durchgeführt wird. Wenn die deutsche Regierung unsere Forderungen nicht erfüllt, werden wir das Flugzeug mit allen Passagieren in die Luft sprengen. Wir hoffen, dass Ihre Regierung sich beeilt. Das ist alles, was das Kommando Ihnen im Augenblick mitzuteilen hat.

Es war, als kippe Jassid seine Sätze über uns aus wie einen Eimer Putzwasser und als versuche die Übersetzerin, gleich wieder alles wegzuwischen. Mit den Ohren allein war das nicht zu fassen, ich brauchte alle Fasern meines Körpers, um irgendetwas in diesen Sätzen zu begreifen. Am heftigsten polterten die Wörter imperialistisch und faschistisch im Kopf herum, sie waren so ungewohnt, ja abstoßend, dass sie das Verstehen der ganzen Mitteilung behinderten. Im heiseren Englisch klangen diese Fremdwörter hart und stachlig, aber auch in der Übersetzung und von der weiblichen Stimme gesprochen hörten sie sich sperrig und feindselig an. Mein Gehirn wollte die beiden Wörter nicht annehmen, nun blockierten sie alles Übrige, legten einen Stacheldraht um die ganze Mitteilung.

Langsam rückte ein anderes Wort in den Vordergrund, *exchange*. Eine ganze Weile musste ich an Wechselstuben denken, bis ich endlich das Schlüsselwort erkannt hatte, Austausch! Austausch von Gefangenen!

Jetzt wurde ausgetauscht! Verhandelt, gespielt, gereizt, gepokert! Endlich passiert etwas! Leben gegen Leben! Wir selbst die Trumpfkarten! Wir konnten endgültig die Hoffnung fahren lassen, dass wir einiger Millionen Dollar wegen als Geiseln genommen waren oder dass unsere Entführer in einem ihrer Traumländer Asyl begehrten. Jetzt war von Gefangenen die Rede, von Genossen und von der deutschen Regierung! Jetzt ging es um die Baader-Leute, andere Genossen konnten ja kaum gemeint sein! Plötzlich waren wir Objekte der Regierung, plötzlich in die hohe Politik hinaufkatapultiert.

Austausch! Der Überfall hatte also doch einen Sinn! Es war nicht nur die Tat von vier Verrückten. Es steckte ein Plan dahinter, immerhin. Austausch! Nach siebzehn, achtzehn Stunden mit wechselnden, von Unwissenheit geschürten Ängsten hatten wir endlich eine Information. Sie nahmen uns ernst, sie hielten uns für würdig, angesprochen und aufgeklärt zu werden. Erst nach und nach begriff ich, auf welch infame Weise wir, die Insassen dieser Maschine, aufgewertet waren. Mit ihrer Forderung hatten die Entführer uns zu bedeutenden Leuten gemacht und uns gleichzeitig versichert, es gehe nicht gegen uns persönlich. Aber das war nicht alles. Werden wir das Flugzeug mit allen Passagieren in die Luft sprengen. Kein

Grund zur Beunruhigung. Mit allen Passagieren, unmöglich! Das brauchen sie als Drohung, das hat nichts zu bedeuten!

Petra stieß mich an.

– Guck mal, die gehn ja aufs Klo!

Tatsächlich, vorne gab es Bewegung unter den Passagieren. Ein glatzköpfiger junger Mann verschwand eilig in Richtung erste Klasse, während eine ältere Dame umständlich sich auf ihrem Platz niederließ. Nach so vielen Stunden Passagiere aufrecht zu sehen schien ganz unglaublich. Sie setzen die Leute nur um, dachte ich.

– Hinten gehn sie auch, flüsterte Petra.

Nach zwei, drei Minuten tauchte der junge Mann wieder auf, warf lässig seinen Blick in unsere Richtung, zuckte mit den Mundwinkeln und konnte schließlich sein glückliches Grinsen nicht unterdrücken. Im gleichen Augenblick ging eine Schwarzhaarige nach vorn. Der Schöne, Nummer 22, dirigierte die Leute mit seiner Pistole, er achtete darauf, dass sie einzeln gingen und keine Warteschlangen sich bildeten. Wie ein englischer Polizist regelte er, gleichmütig lächelnd und streng, Reihe für Reihe, den Zugang zur vorderen Toilette.

Wir konnten uns ausrechnen, wann wir dran waren, eine halbe Stunde, zwanzig Minuten. Viel zu lange, unmöglich, weiter zu warten und ständig Leute zu sehen, die die Erleichterung schon hinter sich hatten. Plötzlich verstärkte sich der Druck in der Blase und im Darm noch einmal, ich fühlte Risse, immer mehr Risse im Unterleib, ich vergaß meinen Durst, meine Lähmung, meine festgewachsene Zunge und war nahe daran aufzuspringen, aufzuschreien oder mir in die Hose zu machen. Ich rutschte auf meinem Sessel hin und her, hob mich ein wenig und setzte mich wieder, in jeder Sekunde erwartete ich das Platzen der Blase und war in jeder Sekunde fünfmal empört über die Mitgefangenen, die so viel Zeit brauchten, und ließ keine Nachsicht gelten gegenüber denen, die nach relativ kurzer Zeit wiederkamen. Zum ersten Mal war Gelegenheit, die Gesichter der entfernteren Passagiere zu sehen, zum ersten Mal andere Gesichter als die der Entführer, der direkten Nachbarn, der Besatzung. Zufrieden und entspannt sahen die Zurückkehrenden aus, zeigten sich trotz der Pistolen angstlos, ja beinah leutselig. Trotzdem wuchs in mir der Hass gegen all diese Leute. Es waren zu viele, sie waren mir im Weg. Schon längst wäre ich dran gewesen, wenn das Flugzeug nur halb besetzt gewesen wäre! Was sind wir für ein armseliger Haufen, dachte ich, was werden die Politiker mit uns anfangen? Nicht einmal hundert Wähler, das können sie doch verschmerzen, nicht einmal hundert einfache Leute, ein Haufen müder, matter Menschen, die man vergessen kann, abschreiben unter dem Stichwort Herausforderung des Rechtsstaats oder wie sie das nannten, Bewährungsprobe, Handlungsfähigkeit oder was immer sie für Wörter parat hatten, um unsere Lage zu beschönigen, diese dicken Wortplatten, Grabplatten. Der Unterleib brannte vor Schmerz, und wieder meinte ich, die inneren Häute lösten sich auf oder seien schon geplatzt, und die Ausscheidungen drängten und flössen mir durch den Leib, ätzten mir bereits die Magenwände, die Gewebe, die Knochen, und ich müsste mich schnellstens verbinden lassen, eine Operation. Es muss sofort eine Operation gemacht werden, wenn sie mich retten wollen, ich will mich retten, ja, das wäre die Rettung, wenn sie dich als Schwerkranke rauslassen auf einer Rotkreuzliege und sofort in ein Krankenhaus schaffen! Alles brannte mir, und noch immer war ich nicht an der Reihe, alles drückte sich in mir und gegen mich zusammen, ich gab auf, mir blieb nur noch der Hass, ich hasste sie alle, meine Nachbarinnen, die Entführer, die Politiker und die Passagiere, die nun lauter wurden, jedes Flüstern wie ein halblauter Scherz, sie verhöhnten mich alle, sie machten mich alle kaputt, alle waren beteiligt, sie waren alle gegen mich, und ich war allein gegen alle.

Der Kerl in der hellgrünen Jacke schickte endlich unsere Reihe los, zuerst die Dame auf dem Gangplatz, dann Petra. Als die Ältere wieder erschien, da gab er endlich mir den Wink, auf den ich so lange gewartet hatte, mit einer lässigen Drehung seines rechten Unterarms, während er die Pistole in der anderen Hand wog. Schieß nur, du Schwein, dachte ich, es ist sowieso alles zu spät, schieß nur, es macht mir gar nichts aus!

Meine Beine wussten nicht mehr, was ein Schritt ist, ich taumelte, hielt mich an den Kopfstützen fest, tappte mit der Hand daneben, an den Dutt einer älteren Frau, entschuldigte mich nicht, taumelte weiter mit Beinen steif und schwer, die mich nach unten zogen, und was mich vorwärtsschob, war eher der Druck im Unterleib als die Gehwerkzeuge. In der ersten Klasse die Berge des Handgepäcks, Plastiktüten aus dem Duty-free-Shop, Fotoapparate, der ganze Müllhaufen kümmerte mich nicht. Endlich vor der WC-Tür, vor der Nummer 28 Wache hielt und den Weg ins Cockpit versperrte. Ich versuchte, Augenkontakt mit ihr herzustellen, und sagte ihr mit meinem Blick: Was macht ihr nur mit uns! Sie gähnte bloß, und ich dachte, ich wollte dich Sieglinde nennen, du Flintenweib! Sieglinde, du verdienst nicht einmal den scheußlichen Namen Sieglinde! Nummer 28, du sollst eine Nummer bleiben! Ihr behandelt uns wie Kinder, ihr wollt, dass wir uns selbst beschmutzen, noch wehrloser in der eignen Scheiße sitzen, und dann bestraft ihr uns dafür, ihr Schweine, die ihr die Klotüren zusperrt einen ganzen Tag!

Noch einmal musste ich warten, ein letztes Mal warten, bis Petra öffnete. Ich schob sie zur Seite, fiel auf den Klositz und schloss dann erst die Tür. Die im Schmerz verkrampften Schließmuskeln lösten sich auf einen Schlag, die Pisse stürzte aus mir heraus und so schnell von mir weg, dass ich meinte, nun ganz leicht oder vom Gegendruck in die Luft gehoben zu werden. Als der Darm geleert war, starrte ich lange auf das Türschloss, war nicht sicher, ob ich wirklich abgeschlossen hatte, und erst da kam mir zu Bewusstsein, dass ich mich in einem geschützten Raum befand, keine Pistole und keine Handgranate im Nacken oder vor den Augen. Trotz der Enge und des Gestanks von Urin, Kot und Desinfektionsmitteln hätte ich mich gern für längere Zeit eingesperrt, aber schon polterte die Stimme der Entführerin vor der Tür, *Hurry up! Hurry up!* Ehe ich den Slip hochzog, warf ich einen Blick auf den feuchten Fleck darin, der jedoch kleiner war als erwartet. Dem Gesicht im Spiegel wich ich aus, wollte nichts wissen von den Falten des Schreckens, den verwischten Schminkkrümeln, wundgebissenen Lippen und geröteten, verquollenen Augen. Der Spiegel war so erschreckend groß. Aus der Wasserdüse fielen nur einzelne Tropfen heraus, die ich mit der linken Handmulde auffing und dann zwischen beiden Händen zerrieb. Einen Moment lang dachte ich daran, eine Hand unter den Seifenspender zu halten und ein paar Seifenkrümel mitzunehmen für einen späteren Augenblick, in dem ich angewiesen sein könnte auf einen anderen Geruch, auf etwas wie Parfüm. Das Gesicht wischte ich mehr mit dem Papiertuch als mit Wasser ab.

Hurry up! Hurry up!, rief Nummer 28 wieder, als ich die Tür öffnete und ein älterer, fast schneidiger Mann sich vorbeidrängte. Du hast zu viel Nudeln gefressen, Mädchen, dachte ich nur. Meine Lust zum Widerspruch war auf einmal wieder da, und ich konnte nur lachen über den unverschämten Ton, mit dem sie nun zur Eile antrieb, nachdem sie uns vorher fast einen Tag lang zum Stillsitzen gezwungen hatte. Es kam mir vor, als ginge ich mit ausgebreiteten Armen durch die Kabine zurück, sehr langsam, entspannt, noch nicht frei von Schmerzen, aber schon ihres Verschwindens gewiss. Ich versuchte, mir die unbekannten Gesichter einzuprägen, nicht als Vorsichtsmaßnahme, sondern weil ich nach der langen Isolation von meinen Mitgefangenen endlich etwas anderes sehen wollte als behaarte Hinterköpfe oder schwitzende Glatzen und fettige Nacken. Die meisten Menschen blickten weg, sie wollten nicht auffallen, sondern verschwinden, einer hinter dem andern untertauchen. So viele Gesichter, jedes für sich, und auch in sich noch weiter isoliert, und ich sah all diese Nasen und Brillen und Augen, die Falten, die Blässe, die Angst und bei einigen das hoffnungssüchtige Lächeln um den Mund.

Als der ältere Herr aus der Reihe hinter uns wiederkam, dachte ich: Sieht der nicht aus wie ein bekannter Politiker, wie dieser F., der hin und wieder im Fernsehen auftaucht? Ein Prominenter, das macht den Austausch einfacher!

– Wasser, es gibt Wasser!

Die blonde Stewardess und Nummer 31 begannen in der

ersten Reihe. Die Entführerin hielt drei Flaschen im Arm, die Stewardess goss das Wasser in die Plastikbecher und reichte sie den Passagieren entgegen. Nur langsam kamen die beiden näher, sie murmelten den Leuten etwas zu. Die Bewaffnete, so schien es verabredet, hätte das Wasser mit ihrer Granate verteidigt, wenn ein Durstiger die Nerven verloren und nach den Flaschen gegriffen hätte. Ich fürchtete, das Wasser werde weg sein, ehe sie uns erreichten. Wieder einmal kam mir der Platz in der Mitte besonders ungünstig vor. Als sie endlich vor unserer Reihe waren, ließ der Mann auf der anderen Seite sein Asthmastöhnen hören und wurde zuerst bedient.

– Nur die Kehle anfeuchten, sagte die Stewardess, wir haben nichts mehr zu trinken. Wir wissen nicht, wann wir wieder was bekommen. Und die Becher, hebt die bitte auf.

Sie sprach leise, sie sprach es nur für unsere Reihe, so wie sie vorher zu den jeweils fünf oder sechs Menschen in einer Reihe gesprochen hatte. Die Mahnung klang wie eine Formel, eine Beschwörung. Wie für jeden Passagier wurden ein paar Kubikzentimeter Wasser auch für mich in einen Plastikbecher gegossen, der Becher mit einer langsamen, feierlichen Bewegung übergeben. Ich griff, begierig, aber beherrscht, um ja nichts zu verschütten, den Becher, führte ihn vorsichtig an die Lippen und kippte ihn, ließ das Wasser in den Mund laufen und versuchte, zuerst nur den Mundraum zu spülen und die Kehle anzufeuchten, wie die Empfehlung lautete, und schluckte dann doch viel zu schnell alles hinunter, weil ich es nicht fassen wollte, dass diese paar Tropfen Wasser wirklich alles waren, was man mir zugestand, und wurde die Einbildung nicht los, nun noch stärkeren Durst zu haben als vorher. Ich schluckte und schluckte noch einmal, als hätte ich eine neue Ration bekommen oder als könnte ich das Wasser mittrinken, das die anderen getrunken hatten.

Die Stewardess trug die leeren Flaschen nach vorn, kam mit vollen Flaschen zurück, und die beiden Frauen entfernten sich in den hinteren Teil der Maschine, mit dem gleichen priesterlichen Murmeln wie vorher. Es fehlte nur, dass wir uns hinknieten und zum Wasser noch ein Stückchen Weißbrot bekamen, dann wäre das Abendmahl perfekt gewesen. Still und ergeben fügten wir uns der sakralen Zeremonie. Das Wasser wirkte wie der Wein auf mich, als ich vierzehn war, Konfirmandin, und aufstand nach dem zittrigen Schluck und das Weiche in den Knien spürte und nicht wusste, ob das vom Alkohol kam oder von dem drückend feierlichen Brimborium und den tief im Körper vibrierenden Orgelklängen. Der kleine Schluck Wasser hinterließ eine ähnliche Benommenheit, die plötzlich aufriss und das Groteske, das Parodistische dieses Vorgangs zeigte: Die Priesterinnen reichen den Plastikkelch von Mund zu Mund! Teufel und Engel einträchtig bei der Verteilung des Sakraments!

Ich wagte nicht, laut aufzulachen. Aber meine Laune wechselte schlagartig. Sie sollen mich lachen sehen, die Politiker, dachte ich, wenn ich mich den Entführern schon nicht lachend zeigen kann. Oder wir müssten alle lachen, immer wieder lachen, den Entführern den furchtbaren Ernst weglachen, sie totlachen, alle vier totlachen!

Immer optimistischer wurden meine Spekulationen. Bonn, was ist jetzt in Bonn? Alles geheim. Wahrscheinlich hat unsere Geschichte doch mit dem entführten Präsidenten der Industrie zu tun. Um seine Freilassung wurden ähnliche Forderungen gestellt. Geheime Verhandlungen, große und kleine Krisenstäbe, allbekannte Gerüchte. Nun wir, und wieder ein Krisenstab. Nein, über uns wird man ebenfalls in der seit Wochen amtierenden Runde verhandeln. Wie geht das vor sich? Sie sitzen an großen Tischen. Sie tun etwas, sie beraten, sie machen Pläne. Telefone, Fernschreiber, alles klingelt, rattert, spricht, bewegt sich für uns. Gut, dass die Politiker über uns entscheiden und nicht die Entführer! Die Politiker sind besser einzuschätzen, sind berechenbarer, sie müssten zumindest so etwas wie Fürsorgepflicht für uns haben. Sie werden nicht hundert Touristen opfern für elf Terroristen. Oder waren es neun, hatte er nicht neun gesagt? Ja, neun. Dass sie für einen Industriepräsidenten nicht zehn Gefangene freigeben, das ließ sich verstehen, aber jetzt hat sich das Verhältnis umgekehrt, von 1:10 auf 10:1. Es gibt keinen Grund mehr, diese Forderung abzulehnen. Und zugleich mit uns werden sie auch den Entführten endlich freikriegen. Niemals werden sie hundert Urlauber, und selbst wenn wir nur achtzig sind, achtzig Deutsche, niemals werden sie so viele Menschen den Terroristen ausliefern! Wir sind sogar mehr als achtzig oder hundert Wähler, wir haben Familien und Freunde, wir sind so etwas wie ein beliebiger Querschnitt durch die Bevölkerung, wir sind Mallorca-Urlauber, wie jede Bundesbürgerin, jeder Bundesbürger ein Mallorca-Urlauber oder ein potenzieller Mallorca-Urlauber ist. Wir sind das Volk, wir sind die Mehrheit, uns können sie nicht einfach in die Luft sprengen lassen! Wenn diese Geschichte zu Ende geht, dann kann es nur ein gutes Ende geben. Wir werden uns um den Staat verdient machen, um die Demokratie, und ich hörte schon die Reden und sah die Orden und kalten Buffets. Du darfst wirklich lachen, es wird dir nichts geschehen, Andrea! Auch der Anführer Jassid, dachte ich, muss an einem guten Ende interessiert sein. Er brüllt wie ein Brüllaffe, aber auch er will kein Blut sehen und keine Leichen!

So etwa trieb ich meine Gedanken voran, zu beruhigenden Schlüssen hin. Jassid hielt sich die meiste Zeit im Cockpit auf, und seine Abwesenheit förderte das allgemeine Gefühl der Entspannung. Er hatte zu verhandeln, wir hörten ihn brüllen, das Sprechen schien ihm nur in der Form des Brüllens möglich zu sein. Auch seine Komplizen wirkten weniger nervös. Sie waren geübter in ihrer Tätigkeit, und sie hatten endlich verstanden, dass von uns keine Gefahr ausging. Sie drohten nicht mehr so häufig mit den Pistolen. Sie hoben nicht sofort die Granaten, um irgendein Getuschel oder eine vermeintliche Bewegung zu ersticken. Alle drei sahen übernächtigt und überfordert aus, nun zeigte sogar Nummer 31 einmal ein Lächeln. Sie hatte die Handgranate in die Hosentasche gesteckt und die Pistole in den Gürtel geklemmt. So wirkte sie mädchenhafter, lässiger und gleichzeitig wie amputiert, als fehle ihr etwas – bis dahin hatte ich sie nur verwachsen mit ihren Waffen gesehen.

– Guck mal, ihre Jeans, flüsterte Petra.

– Was denn?

– Na, das Schild.

JESUS stand über dem Hintern der Piratin, auf dem Markenschildchen.

– Gehst du in die Kirche?, fragte ich.

– Ja.
– Katholisch?
– Ja.

Immer öfter war jetzt Flüstern zu hören, vor und hinter uns, leises, ängstliches Sprechen. Die unauffälligen Unterhaltungen wurden geduldet. Aber die Entführer ließen uns im Ungewissen, ob das Verbot noch galt oder nur vorübergehend oder aus Nachlässigkeit aufgehoben war. Also blieben wir vorsichtig, tasteten mit den Wörtern aus der Deckung des allgemeinen Flüsterns heraus, immer zum schnellen Rückzug bereit.

In unserer Reihe, auf der anderen Seite, sah ich die Lippen der älteren Frau sich bewegen.

– Wenn ich wenigstens wüsste, wenn ich wenigstens wüsste, sagte sie.

Der heftig atmende Mann neben ihr neigte sich herüber zu uns und stellte sich als Herr Schmidt vor und wiederholte immer wieder den Namen Schmidt, wie eine Beschwörung, Schmidt wirds schon packen, wir werdens schon packen.

Ich wollte mit Petra ein Gespräch anfangen, wenigstens den einen oder anderen Gedanken aussprechen und loswerden, schnell die Gelegenheit nutzen, bevor sie uns wieder zum Schweigen verurteilten für unzählige Stunden. Doch unter dem Druck, plötzlich reden zu dürfen, reden zu müssen, sperrte sich alles. Die Gedanken verdichteten sich nicht auf Sätze hin oder auf Fragen. Es wurde wärmer und stickiger in der Maschine. Ich wollte vermeiden, direkt über unsere Lage zu sprechen, und diese Anstrengung verschloss mir den Mund noch mehr. Petra saß stumm neben mir, und ich sah ihr an, dass es ihr ähnlich ging. In diesem Moment erst kam mir unser verdrücktes Schweigen komisch vor, und sofort war die erste Frage da.

– An wen denkst du, an deinen Freund?

– Ja.

– Wie heißt er?

– Jürgen.

– Wo wohnt ihr denn?

– Unna, sagte sie und rückte den Körper auf dem Sitz zurecht, als wehre sie sich gegen meine betulichen Sozialarbeiterfragen, und begann zu erzählen.

– Weißt du, es ist so verrückt, ich hab nämlich die Nacht vorher auch nicht geschlafen, zwei Stunden nur. Zwei Nächte hintereinander ohne Schlaf, das ist mir noch nie passiert, und jetzt ist mir so, jetzt ist mir alles so egal, ich will nur meine Pillen wiederhaben. Weißt du, wie ich wieder an die Pillen kommen kann?

– Wenn sie uns jetzt schon reden lassen, dann kriegen wir auch bald die Taschen wieder, sagte ich.

In raschen Sätzen erzählte sie ihre Geschichte, die anfing mit ihrem ersten Urlaub mit Jürgen im Sommer in einem der großen Hotels von Arenal und die weiterging mit den Besuchen in einer Discothek, unter deutscher Leitung, wie Petra betonte, und den wöchentlichen Schönheitswettbewerben dort. Die Geschichte biss sich fest an Jürgen, der an allem schuld sei, weil er sie gedrängt hatte, daran teilzunehmen, und fand ihren Höhepunkt mit Petras Krönung als Disco-Miss vom Juni und dem ersten Preis, eine Woche im Oktober kostenlos Mallorca inklusive Teilnahme am Endkampf um den Miss-Titel der Discothek.

– Und das war gestern, schloss sie ihre Erzählung, nein, vorgestern.

– Hast du gewonnen?

– Nein, fünfte. Aber dann, wir haben die ganze Nacht durchgemacht bis um sieben und dann noch weiter im Hotel, wir hätten fast die Maschine hier verpasst.

– Stimmt, ich hab euch gesehn, als wir schon alle drin saßen, da kamt ihr. Alles deine Miss-Kolleginnen?

– Ja, so zehn, zwölf waren wir. Wenn ich denke, dass dieser Disco-Typ uns nur noch mit Gewalt hier reingekriegt hat …

– So darfst du nicht denken.

– Ich will ja nur, dass ich an meine Pillen komme. Aus dieser Scheiße, da komm ich schon raus, das weiß ich. Aber wenn ich meine Pillen nicht bald habe, der Jürgen wird mir den Kopf abreißen, wenn er das rauskriegt … Der war sowieso schon dagegen, dass ich fahre. Der hat mir immer gesagt, ich weiß schon, was die mit dir vorhaben. Ich hab ihm gesagt, das weiß ich auch, aber ich kann auf mich selbst aufpassen. Am Ende hatte ich gar keine Lust mehr auf die Reise und bin nur noch geflogen, um ihm zu zeigen, dass er nicht über mich bestimmen kann. So war das. Ja, und ich bin standhaft geblieben, nur am letzten Morgen und voll mit Sekt … er war nicht schlecht, der Junge … na, vergiss es … macht nichts, wenn ich nur meine Pillen wiederkriege …

– Frag doch mal die Stewardess.

– Und du?

– Ich hab Glück, Spirale.

Nun wollte ich zu reden anfangen, fragen nach ihrer Arbeit und wo der Freund sie erwarte, in Frankfurt oder Unna. Noch lieber hätte ich von mir erzählt, irgendetwas, es sollte nur mit meiner Person zu tun haben, ich suchte Boden unter den Füßen, meinen Boden, einen Punkt meiner Vergangenheit, auf den ich mich berufen und festlegen könnte, um wieder freier zu sein für die Situation jetzt. Ich brauchte nur irgendwo anzufangen, mit den Gärten in Alfabia vor drei Tagen, mit der Flucht aus Bad Nauheim oder mit dem Institut in Tübingen oder einfach zu reden von dem Zufall, der mich in diese Maschine gebracht hatte, von Rainer und meinen Gründen, von ihm wegzufahren, um ihm näher zu kommen. Mein Plan wurde immer anspruchsvoller, bis mir kein Satz mehr über die Lippen kam. Außerdem klebten die Kleider auf der Haut, es wurde heißer, und es war bequemer, sich dem Stöhnen über die Hitze zu überlassen und den neuen Wellen der Müdigkeit.

Kapitän Krüger, der drei Reihen vor uns gesessen und offenbar geschlafen hatte, stand auf und ging nach vorn. Gleich darauf kam ein kühlerer Luftstrom aus den Düsen. Der Kapitän blieb im Cockpit. Die Hitze wurde fortgeweht, aber die Müdigkeit konnte ich nicht mehr abwehren. Nach den langen, schmerzenden Wachzuständen wurden die Augenlider immer schwerer. Ohne Kraft zu reden döste ich vor mich hin, starrte auf die Zeitung von gestern. Die Nachrichten von vorgestern. Ich wartete auf die Nachrichten von morgen. Oder die von heute, das wäre auch schon was! Ich beneidete alle, die eine aktuelle Zeitung vor sich hatten. Alle zu Hause starren die Zeitungsbuchstaben an. Man spricht über uns, man spricht über mich. Nur Rainer weiß, dass ich in der Maschine sitze, die jetzt Schlagzeilen macht. Die anderen erwarten mich erst am Montag zurück, und doch werden sie an mich denken, ich als eine von achtzig oder neunzig Leuten. Eine deutsche Maschine voll mit deutschen Urlaubern, das kann die Deutschen nicht ganz kaltlassen, da werden sie hastiger nach den Zeitungen greifen, da werden sie öfter die Nachrichten im Radio einschalten, und sie werden viel mehr wissen als ich, wahrscheinlich kennen sie die genaue Zahl der Passagiere und den Namen unserer Maschine, sie kennen die Orte unserer Landungen am Abend und während der Nacht und den Namen des Flugfelds, auf dem wir gelandet sind, man diskutiert über die Forderungen der Entführer, und vielleicht haben flinke Journalisten schon herausgefunden, wie und wann die Regierung den Austausch plant. Es gibt wirklich keinen Grund zur Unruhe, alle denken an uns, alle kümmern sich um uns! Wenn wir nur mehr Platz hätten, leichtere Kleider und endlich etwas zu trinken, zu essen!

Von heftigen, polternden Schritten wachte ich auf, eine Frau in rotem Hemd eilte durch den Gang, die feurig leuchtende Farbe signalisierte so etwas wie einen Angriff, es schien, als versuche jemand, gestärkt vom rebellischen Rot, einen Aufstand anzuzetteln. Wer spinnt denn da! Ausgerechnet jetzt, wo sich alles beruhigt hat!

Im gleichen roten T-Shirt kam Nummer 22 daher, und nun war mir klar, dass die Frau vorher Nummer 28 gewesen war. Auf dem Hemd war schwarz ein Kopf abgebildet, mit Baskenmütze und Schnurrbart, das bekannte Gesicht von Bildern oder Plakaten, Studenten hatten es vor einigen Jahren auf Demonstrationen mit sich herumgetragen – aber der Name wollte mir nicht einfallen. Die drei Bewacher und ihr Anführer waren nun schon von weitem an ihren roten Hemden zu erkennen, mit artigen weißen Kragen, alle trugen diesen jesusähnlichen Männerkopf vor sich her. Petra erklärte, sie hätten sich, einer nach dem andern, umgezogen, während ich geschlafen hatte.

– Wie lange?

– Stunde vielleicht.

Der Anführer gab mit einer Stimme, die mehr triumphierte als drohte, den Befehl, die Tischchen herunterzuklappen, und behauptete, es werde gleich etwas zu essen geben. Wieder hieß das: warten. Wieder konnten sie uns mit einem Trick quälen.

Die Stewardessen schwärmten aus und verteilten Tabletts, auf denen Imbissschachteln lagen.

– Zu trinken gibt es auch gleich, sagte die Blonde.

Ich wollte zuerst trinken, vor dem Essen den Mund anfeuchten und etwas Frisches auf der Zunge spüren, aber ich öffnete ohne zu zögern den Plastikdeckel, fand Hühnchen, Brot, Wurst, Butter, Käse, Pudding. Ich wusste nicht, wo anfangen, riss zuerst den Deckel der Puddingschale ab und schlang die Hälfte des süßen Zeugs in mich hinein. Mit dem Schokoladengeschmack auf der Zunge biss ich in das Hühnerbein. Dann erst zwang ich mich zur Langsamkeit und wartete auf das Wasser. Sorgfältig, mit zitternder Hand, strich ich die Butter über das Brot.

Da fielen mir die Buchstaben auf der Verpackung auf, AIRPORT DUBAI. Dubai, das war nur ein Klang, zwei Silben eines fremden, leeren Worts, von dem mir noch nicht einmal klar war, dass es ein Ort war, eine Stadt, ein Land. Dubai, diese erste Information über unseren Aufenthaltsort hatte nichts Sensationelles, der Ort war mir in diesem Augenblick völlig gleichgültig. Zu sehr war ich damit beschäftigt, auf das Wasser zu warten, und beim Warten meinte ich zu spüren, wie der Magen das Hühnerfleisch annahm, misstrauisch oder feindselig nach dem vierundzwanzigstündigen Hunger, wie die Fleischfasern gierig von der Magenstraße aufgefangen und den Schleimhäuten gepackt wurden, wie sie in den Schokoladenpudding gezogen und mit den Magensäften vermischt wurden. Ich hatte die Bissen zu schnell heruntergeschlungen, fürchtete zu erbrechen. Endlich kam das Wasser, ein ganzer Becher voll mit prickelndem Mineralwasser, das ich wegnippte mit kleinen Schlucken. Nun erst aß ich das Brot, kaute jeden Bissen mehrfach durch, so langsam wie möglich, und sagte mir, du weißt nicht, wann du wieder was zu essen kriegst. Es kostete nicht viel Mühe, den süßlichen, plastikdurchsetzten Geschmack des Schmelzkäses zu einer Köstlichkeit zu verzaubern.

– Airport Dubai, sagte Petra, weißt du, wo Dubai liegt?
– Keine Ahnung.
– Dubai, Dubai, das kenn ich doch irgendwoher.
– Hört sich afrikanisch an oder arabisch.

Auch in der Reihe hinter uns sprachen sie über Dubai, wir drehten uns um und ließen uns informieren. Der Herr, der dem Politiker ähnlich sah, beugte sich vor und sprach durch den schmalen Spalt zwischen den Sitzen. Dubai gehöre zu den Golfstaaten, den Arabischen Emiraten.

– Wo das Öl herkommt, fügte er nach einer Pause hinzu. Die sind hier westlich orientiert, von denen haben wir nichts zu fürchten.

Ich wusste nicht, ob er diesen Zusatz machte, um uns zu ermuntern oder zu imponieren mit seinen politischen Kenntnissen. Er hatte eine erstaunlich helle, krächzende Stimme, er war nicht der Politiker, für den ich ihn gehalten hatte.

Die neue Information passte zu den Ereignissen der letzten Stunden, zu den Informationen, zur Toilettenerlaubnis, zu den Gesprächen, zum Essen und Trinken. So viel Entgegenkommen auf einmal! Das war schon die halbe Befreiung!

– Aber sonst wars ein toller Urlaub, sagte Petra, ich hab sogar Wasserski probiert.

Ich hatte den Wunsch, mehr von ihr zu erfahren und von ihren Erfahrungen als Miss, wollte wissen, was sie zu tun, was sie vorzuführen hatten und in welcher Kostümierung.

– Bikini natürlich, sagte sie. Nur drei Aufgaben hatten wir. Zuerst einen Hula-Hoop-Reifen um die Taille schwingen. Dann unter einer niedrigen Stange durchtanzen, so Füße vor und breitbeinig zum Publikum hin, verstehst du, und dann nach den Hobbys sich ausfragen lassen.

– Wer hat euch ausgefragt?

– Der Discjockey.

– Und der hat entschieden, wer gewinnt?

– Nein, das Publikum, mit dem Beifall. Der wurde gemessen, verstehst du?

– Und was sind deine Hobbys?

– Tanzen und Kino und John Lennon.

– Und warum hast du nicht gewonnen?

– Eine hat als Hobby gesagt: Reiten. Reiten und schlafen. Da haben die Kerle natürlich geklatscht wie wild.

Sie schien immer noch eifersüchtig auf die Gewinnerin zu sein. Oder war sie, wie die anderen Verliererinnen, enttäuscht von dem ganzen Schauspiel, für das sie sich hergegeben hatte und einfliegen lassen aus Unna? Nein, sie wirkte nicht so, als hätte es ihr keinen Spaß gemacht, die Hüften kreisen und die Brüste wippen zu lassen, die Beine breit zu öffnen und den Jungens zu zeigen, was sie hinter dem Slip hatte. Sie schien eher enttäuscht, nicht so clever gewesen zu sein.

– Gabs denn was zu gewinnen?

– Fünfhundert für die Erste.

– Mark oder Peseten?

– Für Peseten wär ich nicht angetreten.

Die Imbissschachteln wurden eingesammelt.

– Die heißt Jutta übrigens, sagte Petra und deutete auf die blonde Stewardess, die Zigaretten verteilte, und die Schwarzhaarige, das ist Anita, und die andere Erika.

– Woher weißt du das?

– Vorhin, als du geschlafen hast, da haben sie uns ihre Namen gesagt, und wir können sie ruhig duzen, wenn wir wollen.

Ich nahm die zwei Zigaretten an, die mir die blonde Jutta hinstreckte, obwohl ich mir im Sommer erst das Rauchen abgewöhnt hatte. Ich roch am Tabak und gab das Geschenk an Petra weiter. Wegen dieser blöden Entführer fang ich doch nicht wieder das Rauchen an!, dachte ich.

Überall stiegen Rauchwölkchen auf. Ein friedliches Bild, wenn nicht die Araberin im Gang mit dem Bügel der Handgranate die Asche von ihrer Zigarette gewischt hätte.

Plötzlich schrie Jassid, seine Schreie wurden übersetzt:

– Es geht nicht, dass die Nichtraucher im Qualm ersticken!

Alle Raucher gehen in den hinteren Teil der Maschine! Die Nichtraucher nach vorn!

Viele Leute standen auf und drängten in die befohlene Richtung. Ein allgemeines Geschiebe und Durcheinander, bis die Entführer allen zu sitzen befahlen und dann, Reihe für Reihe, die Raucher von den Nichtrauchern trennten.

– Darf ich?

Zuerst ein braungebackenes Gesicht, und dann sah ich die Frau dahinter. Ich nickte. Sie, in einem roten Hosenanzug, blieb stehen, blickte prüfend nach vorn, aber kein Platz in dem nun für Nichtraucher bestimmten Bereich schien ihr besser als der Mittelplatz in der Reihe 10. Umständlich ließ sie sich nieder.

– Sie rauchen nicht?, fragte sie.

– Nein.

– Alle Laster dieser Welt, aber Rauchen nie. Sie lachte. Ich versuchte mitzulachen.

– Ach, wie gut, dass man mal neue Gesichter sieht, sagte sie.

Ich stimmte ihr zu, obwohl ich ihr lieber widersprochen hätte. Im gleichen Augenblick war mir klar, dass ich einen Fehler gemacht hatte. Ich hätte Petra folgen sollen. Unsere kleine Freundschaft war mir wichtig geworden. Außerdem hätte ich den Körper wieder einmal bewegen, die Beine vertreten können. Was für eine Dummheit, die Zigaretten zu verschenken!

– Ich hab, sagte die neue Nachbarin, neben einem Herrn gesessen, einem älteren Herrn, der die ganze Zeit nach seinem Schnaps jammerte, nach Whisky. Der litt schon unter Entzugserscheinungen, glaube ich. Übrigens, Ingeborg Wendland mein Name.

Ich murmelte meinen Namen, sie fragte nach meinem Wohnort, ich fragte zurück.

– Heusenstamm. Heusenstamm bei Frankfurt. Da hab ich mein Studio. Kosmetik, Sonnenbank, Maniküre und so weiter.

Ich schwieg, obwohl es jetzt an mir gewesen wäre, die Vorstellung mit meinen Berufsangaben fortzusetzen oder ein Geplauder über Sonnenbänke zu beginnen. Sie wandte sich an die Frau links neben ihr, die noch immer steif und sprachlos auf dem Gangplatz hockte und vor sich hin brütete.

Die neue Nachbarin war mir schon im Flughafen aufgefallen, im Duty-free-Shop in der Kosmetikecke, eine braungebrannte, vor Schminke glänzende, silberblond getönte Vierzigerin vor den Schachteln mit Tuben, Dosen und Flakons, die sie einzeln durchmusterte, als fehle ihr noch etwas zur Vervollkommnung ihres Äußeren. An der Kasse hatte sie hinter mir gewartet, im Korb zwei Flaschen, aber keine Kosmetika. Nun hatte ich die Erklärung, sie kriegt ihre Waren im Großhandel!

Als sie die Konversation mit der einsilbigen Frau beendet hatte, sprach ich sie auf die Szene im Duty-free-Shop an. Es war ihr ein bisschen peinlich, aber, ganz souveräne Geschäftsfrau, antwortete sie:

– Ich hab nur mal die Preise vergleichen wollen. Ich muss meinen Kundinnen ja sagen, dass es sich gar nicht lohnt, auf den nächsten Flug zu warten oder auf den Mann, der meistens auch noch das Falsche mitbringt von der Geschäftsreise. Übrigens, wissen Sie schon, es gibt ein Ultimatum, und es läuft bis übermorgen.

Im ersten Moment dachte ich, dir glaub ich gar nichts. Und dann: was, zwei Tage neben dir?

– Woher wissen Sie das?

– Die Stewardess, die Jutta, die hat es gesagt. Und wir sollen es weitersagen, hat sie gesagt. Und wir sollen uns nicht beunruhigen, es wird alles gut. Es wird nur noch ein bisschen dauern, zwei Tage. Die brauchen ja auch eine Weile, bis sie die Terroristen zusammengetrieben haben und bis die hier sind und so weiter.

– Sprechen Sie das Wort Terroristen lieber nicht aus, sagte ich.

– Sie haben recht, Sie haben recht! Man weiß ja nie, man weiß ja nicht, ob die uns nicht doch den Hals umdrehn am Ende!

Während sie davon sprach, dass nun alles halbwegs erträglich geworden sei, wenn wir nur etwas zu essen und trinken bekämen und aufs Klo dürften und ein bisschen reden, betrachtete ich ihren Hals und die Falten in der Halshaut. Irgendetwas Masochistisches lag in ihrer Formulierung vom Halsumdrehn, sie musste etwas gegen ihren Hals haben und nicht nur gegen die Falten. Die Haut am Hals schien schneller gealtert als alles andere und passte schlecht zu den auffälligen Wimpern und den langen, mildroten Fingernägeln. Ihr Gesicht hatte den feuchten Glanz unter der Bräune behalten, nur die Rougetöne, die sie über ihre goldbraune Haut geschminkt hatte, waren verlaufen, und die silberblaue Augentusche verwischt. Auch ihr war die Handtasche geraubt, nun konnte sie nicht nachschminken, sie sah aus, als hätte sie auf der Toilette nur kurz die gröbsten Verwischungen mit den Fingern korrigiert. Ich dachte, du wirst auch bald unter Entzugserscheinungen leiden. Sie soff offenbar nicht, sie rauchte nicht, aber sie brauchte die Farbe, die Schminke, um ihren Körper zusammenzuhalten und die Fassung zu bewahren.

– Ich will jetzt in den Garten!, krähte es von vorn. Wieder der Greis, der plötzlich im Gang stand und seine stattliche Figur zeigte. Aber er konnte sich nicht entscheiden, ob der Weg in den Garten über den Ausgang vorn oder hinten führte. Schon war ein Passagier bei ihm und versuchte ihn auf den Sitz zu zwingen.

– Lassen Sie mich! Ich bin den ganzen Tag noch nicht im Garten gewesen! Die Äpfel, ich muss dringend nach den Äpfeln sehn! Was fällt Ihnen ein, sich an einem Offizier zu vergreifen, Sie!

So schimpfte er, immer leiser. Zu dritt schafften sie es, den Alten zur Ruhe zu bringen.

Zwei Tage noch. Die Alten werden es nicht aushalten. Die Kinder nicht. Ingeborg Wendland nicht. Und ob ich es packen werde, ob ich die Fassung bewahren konnte, und wie lange, wusste ich noch weniger. Ich versuchte, diese Fragen wegzuschieben und mir Mut einzureden. Zwei Tage, das ist doch vernünftig, da hat die Regierung Zeit, alles zu überlegen, da können sie die Leute aus den Gefängnissen zusammenholen und den Austausch ohne Hektik organisieren, es ist alles in Ordnung, es wird alles wieder in Ordnung kommen, besser zwei Tage als ein Tag, an einem Tag schaffen sie das nie. Also stell dich ein auf zwei Tage, Stunden zwei mal vierundzwanzig, Minuten nicht zu zählen, Sekunden vergehen sowieso von allein, eine nach der andern, schon wieder rauschen die Sekunden weg, zähl die Sekunden ab, wenns dir zu lang dauert, irgendwann werden die Sekunden abgelaufen sein, irgendwann ist das Ultimatum erfüllt, irgendwann wirst du endlich raus können. Halte dich an die Sekunden, wenn du sonst nichts findest, schiebe die Sekunden weg, bis sie zu Minuten werden, häufe dir die Minuten zusammen, die Stunden, irgendwann wird es ein halber Tag, dann ein Tag, dann zwei Tage, und du bist frei – und kannst wieder in den Garten gehn, wie gestern, vorgestern, am Tag vor gestern, wie viele Jahrzehnte lag das zurück? Die berühmten Gärten von Alfabia, am zweitletzten Tag, bei eher wolkigem Wetter die Fahrt mit dem Bus über Land, durch die Berge, ich finde mich auf schmalen Alleen laufend, die scheckige Schale an den Stämmen der Ahornbäume betrachtend, die Erholung vom stumpfsinnigen Hotel- und Strandleben ist sofort zu spüren, ich wandere unter dem altgewordenen, herbstlich braundunklen Grün, tauche durch flockige Schatten. Im alten Torbogen die auffälligen arabischen Schriftzeichen, der Reiseführer liefert sogar eine Übersetzung, immer wieder Allah, im Sinne von Allah ist groß, alles kommt von Allah und Allah sei Dank für alles.

Vor drei Tagen, jederzeit, ja, ich kann jetzt zwei, drei Stunden durch den Park schlendern, mich abseits von den Wegen halten, auf denen die meisten Besucher flanieren, habe die Wahl zwischen breit ausladenden und kleineren Treppen, zwischen exotischen und weniger exotischen Pflanzen. Was ist dir lieber, die Olivenbäume oder die Eukalyptusbäume oder die Palmen, ziehst du die Rasenflächen vor oder die Lauben mit Brünnchen? Und da, die Entdeckung von Alfabia, zwischen den Sträuchern, in der unscheinbarsten Ecke, eine Abart des ordinären mitteleuropäischen Springkrauts, mein Springkraut, die erste Proseminararbeit in Biologie über das Springkraut, eine Untersuchung über die Schleuderbewegungen seiner Früchte, die bei leichter Berührung an den vorgebildeten Nahtstellen aufreißen und ihre Samen in die Umgebung werfen, eins der lustigsten Gewächse, beliebt seit Kinderzeiten, vor sechs Jahren hat es mein Interesse für die Reiz-, Sinnes- und Nervenphysiologie bei Pflanzen und Tieren angestiftet. Und was tut die Biologin, die Zoologin Andrea Boländer nach ihrer glücklichen Entdeckung? Sie legt sich einfach ins Gras unter die Akazien und vergisst ihr Interesse für Gärten, Pflanzen und die Reizphysiologie, sie denkt nicht einmal an die Kiefernspanner, die in Tübingen warten, sie träumt, bis ein Wärter sie hochscheucht, sie möchte das riesige Areal der Gärten für sich allein haben oder für sich und den Freund, die vielen Menschen stören, die beflissen neugierig herumlaufen und grobe deutsche Laute, manchmal auch Englisches ausstoßen. Dabei ist sie gar nicht auf Einsamkeit aus, sie fühlt sich einfach wohl in diesen kunstvollen Gärten, sie will sie nicht bewundern müssen oder an die Gesten der Bewunderung erinnert werden. Ein letztes Bad im Grünen vor dem kommenden, zu Hause schon drohenden Winter.

– *Come on, come with me! You, come on!*

Ein Befehl, von einem der beiden Entführermädchen ein

paar Reihen hinter mir gesprochen, stach plötzlich aus allen Geräuschen heraus. Ich öffnete die Augen, sah Nummer 31 eine Frau in einer blauen Hose durch die Kabine treiben bis hinter den Vorhang zur ersten Klasse. Alle Gespräche brachen ab, alles Wispern und Flüstern. Ich versuchte, meine Empfindungen von Alfabia nicht zu verlieren, sie wachzuhalten, zu retten, allein für mich. Die Luftdüsen pfiffen auf der immer gleichen Frequenz, und ich zwang mich, auf den gewundenen und geraden Wegen der Gärten zu bleiben, dachte mir neue Pfade und Querverbindungen aus, schritt frisch gepflanzte und schon fertige, prächtige Ahornalleen ab, ließ das exotische Pflanzenwerk schneller und weiter wachsen, bis ich mich dahinter verstecken konnte, baute neue Lauben hinzu, zog die wegbegrenzenden Büsche höher und ließ die Gärten zu wuchernden, ungepflegten Labyrinthen aufblühen, in denen ich mich zu verlieren suchte und die ich brauchte gegen die verrückte Lage, in der ich mich befand. Es wurde gebrüllt, die Stimme des Anführers tobte wieder los. Er schrie die Frau an. Was sie antwortete, war nicht zu verstehen. Ich will jetzt in den Garten!, schrie ich und sog den frischen Geruch der Blätter auf und die Geräusche des plätschernden Brunnenwassers und hörte den Kies, wie er knirschend gegen die Schuhe protestierte. Wieder das harte Klatschen eines Schlags in ein Gesicht. Ich hielt die Augen geschlossen, die Arme verschränkt und log mir das ängstliche Wispern der Passagiere in Laubgeraschel um. Die heisere Brüllstimme wurde von Wimmern unterbrochen. Dann kam der selbsternannte Captain durch die Kabine gestürmt, polterte bis nach hinten, wir drehten uns vorsichtig um, es wurde ganz still.

– *Are you Jewish? Are you Jewish?*

Die Frage wurde übersetzt. Eine Kinderstimme sagte:

– Nein.

Jassid stapfte wütend durch den Gang, ohne nach rechts und links zu blicken. Er brüllte hinter dem Vorhang weiter, schlug aber nicht mehr. Ich lief davon, rannte durch meinen Park, und lief und lief, denn ich brauchte die Bewegung und konnte mir einbilden, die Starre der Glieder löse sich und das Laufen bringe mich aus der Todesgefahr heraus und dem Leben wieder näher, und so lief ich fort, und die Flucht gelang, zumindest für Sekunden. Bald kam die Frau hervor, zitternd, taumelnd, auf die Kopflehnen gestützt ging sie nach hinten, den Blick starr auf ihr Kind gerichtet, ohne Interesse für die eher überraschten als mitleidigen Passagiere.

Die tückische, gemeine, rücksichtslose Piratin mit der Nummer 31 erschien mit einem grünen Reisepass in der Hand und ging, jedes Gesicht genau musternd, durch die Reihen. Zuerst war ich ganz sicher, dass sie es auf mich nicht abgesehen hatte. Dann fühlte ich den Schweiß in der Hand. Ich dachte, Ingeborg ist schuld, Ingeborg mit ihrer blöden Formulierung vom Halsumdrehn! Sie blickte starr geradeaus, als das Biest zu unserer Reihe kam, merkte dann aber, dass sie sich dadurch eher verdächtig und damit zum Opfer machte, und drehte der Entführerin das Gesicht zu. Auch ich setzte mich dem Polizeiblick freiwillig aus. Wir alle unterwarfen uns dieser Musterung, und das Mädchen, das Gewalt über uns hatte, brauchte nicht einmal den Befehl zu geben, sie anzuschauen, das Ohr frei zu machen, die Brille abzunehmen. Durch das wilde Gesicht auf ihrer Brust war die kleine Entführerin nun mit zwei Köpfen ausgestattet und hatte ihre Autorität verdoppelt. Endlich fiel mir der Name ein, Che Guevara. Sie fixierte mich, beide fixierten mich. Sie ging weiter. Sie fand das Opfer, das sie gesucht hatte. Wieder wurde eine Frau abgeführt, eine Dicke mit grauem Kurzhaar. Ich blieb auf meinem Platz, blieb in Alfabia, machte die Schlossführung mit, aufmerksam gelangweilt, bis wir zu einem auffälligen Stuhl geführt wurden. Ich will jetzt in den Garten!, die Stimme des Greises tröstete mich. Der Stuhl des San Martin, erklärte der alte Fremdenführer. Wir bewunderten die ausgetüftelten Schnitzereien. Jassid brüllte weniger laut. Ich klammerte mich an den Stuhl. Der Führer forderte zuerst die jungen Mädchen, dann alle Frauen auf, sich einmal auf dem Stuhl niederzulassen, und zeigte dabei ein verdächtiges Lächeln. Alle zierten sich, auch ich fürchtete eine Tücke, dachte an den elektrischen Stuhl, dann gab ich mir den kleinen Ruck und wollte einen Schritt nach vorn tun. Doch da hatte der Alte schon eine andere zum Sitzen genötigt. Kaum hatte die es sich bequem gemacht, gratulierte er ihr umständlich und verkündete mit vielen Komplimenten, dass sie noch in diesem Jahr heiraten werde. Das Mädchen wurde rot, sprang auf, die Leute lachten. Jassid schien sich beruhigt zu haben, es drangen keine Schreie durch und keine Schläge. Der Führer gab die Legende zum Besten, dass jedes Mädchen oder jede ledige Frau, die sich auf diesen Stuhl setze, im gleichen Jahr heiraten werde. Er fragte, wer sich noch setzen und die Gelegenheit nutzen wolle, und ich sah ihm an, dass er uns allen gern einen Grund zum Heiraten eingepflanzt hätte. Niemand ging mehr auf sein Spielchen ein, und ich war froh, dass der Spott nicht mich getroffen hatte.

Die dicke Frau wurde lange festgehalten, aber, wenn man nach den Geräuschen gehen konnte, nicht so schlimm behandelt wie die erste. Bleich, verlegen lächelnd tappte sie zurück.

Die Prozedur wurde noch einmal wiederholt und durch die Wiederholung beinah lächerlich, weil Nummer 31 wieder dies ernste, um Gemeinheit und Schärfe bemühte Gesicht machte, das aber nur wie eine Kopie des vorherigen wirkte. Hätte ich mich doch auf den Stuhl in Alfabia gesetzt!, dachte ich, dann wäre ich alle Ängste los! Ich hielt mich an der Frage fest, ob ich, wenn ich mich auf den Stuhl gesetzt hätte, mit dem kleinen Aberglauben trösten könnte, in diesem Jahr noch zu heiraten. Nicht wegen der Heirat, sondern wegen der Aussicht, lebend und heil aus dieser fliegenden Hölle herauszukommen.

Die Schreie der älteren Dame, die sie zum Verhör geholt hatten, verscheuchten mir diese Gedanken nicht. Es schien so, als entfalte der Heiratsstuhl von Alfabia seine magischen Kräfte selbst hier, im gekaperten Flugzeug, vielleicht nur hier vor den Pistolen und Granaten der Entführer. Immer wieder hörte ich das Wort *Jewish*, und immer wieder, immer leiser schrie das Opfer.

– Nein, nein, nein! Das können Sie nicht tun!

Das können sie nicht tun! Das können sie doch tun! Sie können alles mit uns tun! Schon war die Angst wieder da und die Verwirrung, die Frage, ob ich mein Todesurteil gesprochen hatte durch die Scheu, mich zu setzen auf den berühmten Stuhl und mir eine Art Zukunft zu geben. Die Gelegenheit hatte ich ja gehabt, mich einmal kurz hinzusetzen und mich zu Rainer zu wünschen, als die anderen Leute schon in den nächsten Raum liefen. Was hätte ich verloren, wenn ich diesen kleinen Schritt, die halbe Kniebeuge gewagt hätte in aller Heimlichkeit? Niemand hätte es gesehen, niemandem hätte ich es verraten, auch Rainer nicht, natürlich nicht, wer spricht denn von Heiraten in unseren kurzen oder mittelfristigen, aufgeklärt-leidenschaftlichen Liebschaften? Das können sie nicht tun! Das können sie doch tun! Sie können alles mit uns tun! Die Augenblicke wiederholten sich, vor drei Tagen vor dem Stuhl stehend, nun im Flugzeug gefangen sitzend, die Augen auf das Schnitzwerk gerichtet, da ist wieder der irritierende Gedanke: Rainer ist es, von dem ich ein Kind möchte, falls ich jemals, gern und freiwillig, ein Kind möchte. Vor drei Tagen hatte ich Angst gehabt vor diesem Wunsch, nun brauchte ich ihn. Doch er wurde immer mehr von taktischen, von händlerischen Überlegungen durchsetzt. Schon war ich bei dem Vorsatz angelangt: Wenn du hier lebend rauskommst, Andrea, dann wirst du ein Kind auf die Welt bringen, ja, ein Kind.

Endlich wurde die ältere Dame freigelassen. Ein grau gewordenes Gesicht mit querlaufenden Falten. Mitten im Gang begann sie zu schluchzen.

– Ich hab doch nur ein Visum im Pass, ein Visum!

Sie schien empört, dass niemand ihr geholfen hatte, und blickte im Weinen nicht nach unten, sondern weit über uns hinweg, kilometerweit.

Der Anführer ließ seine Stimme durch den Lautsprecher knallen.

– The three Jewish witches will be executed tomorrow morning! They will be killed at eight o'clock!

Er verlangte keine Übersetzung. Es blieb ganz ruhig in der Maschine. Niemand wagte ein Gespräch. Ich wusste nicht, ob eine neue Stufe des Terrors begonnen hatte. Oder ob es eine Steigerung im Theaterspiel war. Alles nur Theater, Erpressungstheater. Aber was spielen sie da, das kennen wir doch, das grausame alte Stück, die spielen Selektion! Sie spielen, noch haben sie keinen umgebracht, noch haben sie keinen Grund erfunden, jemanden umzubringen. Aber einen Grund hatten die Nazis auch nicht! Ich war zu dumm, die neue Show zu begreifen, diese lächerlich todernsten Verhöre. Sie erpressten uns mit der Vorführung ihrer Ernsthaftigkeit und verlangten, dass wir ihr Theater ernst nahmen und die Spielregeln anerkannten und den Winken der Regisseure und Regieassistentinnen blind folgten! Was ist das für ein Spiel? Werden sie jetzt wahllos weiter Leute zu Juden und Jüdinnen erklären, werden sie weiter selektieren, verhören, prügeln und wirklich Leute erschießen? Ich lasse mich nicht zur Jüdin machen! Ich lasse mich nicht zur Antisemitin machen! Und warum suchten sie immer Frauen aus? War es die Lust dieses Mannes, die Frauen zu quälen und zu schlagen? Oder waren das alles nur die Tricks der Profis, uns nicht übermütig werden zu lassen, uns einzuschüchtern, zu lähmen?

Die Absicht gelang. Aber das reichte Jassid noch nicht. Er nahm sich einzelne Passagiere vor und schrie ihnen den Befehl zu, die Hände zu heben und zu schwören, niemals wieder zionistische Waren zu kaufen.

– Ich schwöre.

– Ich schwöre.

– Ich schwöre.

Auch ich hatte zu schwören. Er schnaufte, fixierte mich, als versuche er, mit seinen Pupillen etwas in mir auszulöschen, wegzuschneiden. Ich sprach den verlangten Schwur und dachte bei mir: Ich schwöre, ich werde ein Kind kriegen, wenn … Und als Jassid, zufrieden mit seiner Pistole schlenkernd, von mir abließ, erschrak ich. Ich wusste nicht mehr, ob mein Wunsch echt war oder ob ich es dringend nötig hatte, mit einem ungewöhnlichen Versprechen mir Aussicht auf etwas Hoffnung zu erkaufen. Hatten sie mich schon so weit gebracht, dass ich mich auf Tauschgeschäfte mit mir selber einließ? Mir Ultimaten setzte und mit mir selber meine Freilassung aushandelte? Wie weit wirst du noch gehen, wirst du etwa anfangen zu beten oder wieder an Gott glauben und diesem unbekannten Herrn im Himmel irgendwelche Offerten machen?

Auf einmal wusste ich, was in den Köpfen der anderen Passagiere vor sich ging. Lauter Schwüre, lauter Gelöbnisse! Alle Leute damit beschäftigt, ihr Leben zu überdenken und Besserung zu geloben für den Fall einer schnellen Befreiung. Sie werden versprechen, das Rauchen aufzugeben, das Trinken einzuschränken, ihre Frauen nicht mehr zu betrügen, ihren Männern öfter zu widersprechen, etliche werden beten und wieder öfter in die Kirche gehen wollen. Und dazu werden all die guten Vorsätze zum neuen Jahr wieder hervorgeholt. Ich war sogar bereit, ein Kind in die Waagschale zu werfen. Andere Frauen vielleicht auch. In allen Köpfen Änderungsabsichten, Pläne, ein besserer Mensch zu werden, Gedanken an das sogenannte Wesentliche im Leben, eine allgemeine Konjunktur der Besinnung. Was für eine moralische Bande waren wir geworden in so kurzer Zeit!

Eine Stunde lang herrschte völlige Ruhe in der Kabine, niemand wagte die geringste Bewegung. Wir kontrollierten uns gegenseitig, mit feigen Blicken aus den Augenwinkeln. Wir bespitzelten uns, wir fürchteten uns für die, die aus unserer Gemeinschaft der Gehorchenden ausbrechen könnten. Niemand wollte der nächste Geschlagene sein, und jeder wäre erleichtert gewesen, wenn es vor ihm den Nachbarn oder die Nachbarin erwischt hätte. Niemand wollte sich hervortun und als Adressat für die nächsten Angriffe der Entführer aus der Menge gezerrt werden. Jeder für sich, das schien der beste Schutz zu sein. Ich fühlte, wie wir uns immer ähnlicher wurden, unsere Körper sich anglichen bis in ihre Risse und Falten hinein, bis zu der grauen Fleischfarbe unserer Gesichter. Wir hingen an den unsichtbaren, allgegenwärtigen Fäden der Befehle und Einschüchterungen, und wenn niemand die Fäden bewegte, hockten oder lagen wir da wie gelähmt.

Das Unerhörte war, wir hatten plötzlich Zeit, zum Kotzen viel Zeit.

Der Tag ging vorüber, und ich wünschte, die Männer in der Regierung sähen uns und hörten mit, was hier geschah. Aber sie kümmerten sich nicht. Sie funkten uns nicht einmal eine Nachricht zu, Grüße von den Angehörigen, einen Trost, einen freundlichen Appell, eine hilfreiche Lüge. Sie schlürften Mineralwasser oder Fruchtsäfte in ihrem großen oder kleinen Krisenstab, schenkten Kaffee nach und wogen alles ab. Sie hatten noch Zeit bis zum Ablauf des Ultimatums, sie hörten den Experten zu und gähnten. Sie machten sich ihre Überlegungen nicht leicht. Aber was sie auch taten, ihre Diäten wurden weiter überwiesen, die Kameras wurden weiter auf sie gerichtet, sie prüften die Prinzipien des Rechtsstaats und dachten an ihre Wähler, sie dachten vielleicht auch an uns, sie hatten vielleicht die Entscheidung für unsern Austausch schon getroffen, aber sie ließen uns allein. Nicht einmal ein Telegramm waren wir ihnen wert, ein paar Worte, die uns die Schläge, das Gebrüll, die Fragen und das Warten hätten besser ertragen lassen.

Vier

– Ich bitte um Ruhe. Alle Passagiere bleiben sitzen! Und legen Sie die Gurte an! Hören Sie zu!, rief Captain Jassid in verhältnismäßig ruhigem Ton.

– Ich habe etwas Wichtiges zu erklären! Ich nehme an, dass ihr Deutschen nichts wisst über die Geschichte Palästinas, nichts über das Leben der Palästinenser und nichts über den Kampf des palästinensischen Volkes.

Er begann, die Geschichte seines Landes zu erzählen. Er ließ sich Zeit, wartete geduldig die Übersetzung von zwei oder drei Sätzen ab und setzte wieder an, griff weit in die Geschichte zurück, zweitausend Jahre, und sprang voraus in die Gegenwart heutiger Kämpfe. Jedes dritte Wort war Kampf. Trotz seiner abgebrochenen, ausschweifenden und impulsiv ausgestoßenen Sätze wurden nach und nach einige Zusammenhänge erkennbar.

Immer hätten die Palästinenser in ihrem Land am Jordan gelebt, und immer wieder seien sie von fremden Herrschern unterdrückt worden. In ihrem Land seien drei Weltreligionen entstanden, deren Anhänger friedlich nebeneinander gelebt hätten. Aber das Volk sei immer wieder ausgebeutet worden, erst von den Römern, dann von den Persern, dann von den arabischen Kalifen, dann von den Ägyptern, und 1516 seien die Türken gekommen und hätten vierhundert Jahre lang das Volk unterdrückt.

Bis dahin hatte er etwa eine halbe Stunde gebraucht und Dutzende von Jahreszahlen und Namen fallenlassen, die sich in meinem Gedächtnis sofort gegenseitig auslöschten, die ich auch gar nicht behalten wollte, die aufgesogen wurden von der Müdigkeit einer 6. Schulstunde. Zuerst hatte ich wegzuhören versucht, wollte mich nicht belehren lassen, von diesem Kerl schon gar nicht. Aber wir hatten ja Zeit, viel zu viel Zeit, und so brachte der konfuse Vortrag etwas Abwechslung. Das brüchige, aggressiv gefärbte Englisch stand in einem komischen Kontrast zu der um Friedfertigkeit bemühten Stimme der Dolmetscherin, die uns behutsam Wörter wie Volk, Kampf, Unterdrückung servierte. Wie eine Schülerin sträubte ich mich gegen die Aufzählung der Kaiser, Könige, Kalifen, mit denen ich nichts zu tun haben wollte, und wenn er schon Kalifen nannte, dann war es mir egal, ob der Oman hieß oder Jassid. Nur 1516 blieb mir im Kopf, weil ich meinte, das sei ein wichtiges Jahr in der deutschen Geschichte gewesen, irgendetwas mit Luther.

Ingeborg Wendland war diese Geschichtsstunde noch peinlicher, sie sagte nichts, aber ich merkte es ihren unruhigen Augen an, ihrem zuckenden Hals, ihrem Rutschen auf dem Sessel. Wir wagten nicht zu flüstern, wir kontrollierten uns gegenseitig mit den Blicken, und ich sah bei den anderen, zu Schulkindern degradierten Passagieren ebensolche peinlich berührten, verlegenen Gesichter. Ein Kind wurde zurechtgewiesen. Niemand drängte zur Toilette. Wir passten aufeinander auf, keiner durfte sich danebenbenehmen und schülerhaft albern werden. Es war Abend geworden, müde waren wir alle, doch ich hatte den Eindruck, alle achteten darauf, dass niemand einschlief und mit seinem Schnarchen den Lehrer provozierte. Allen schien es darauf anzukommen, dass alle sich fügten, still und bescheiden auf dem Platz saßen und alles über sich ergehen ließen.

– Und nach dem Ersten Weltkrieg haben die Briten im Bündnis mit dem Weltimperialismus die Palästinenser betrogen und unser Land an die Zionisten verschachert, erst 1920, dann 1947. In den zwanziger und in den dreißiger Jahren mussten wir zu Tausenden vor den Zionisten fliehen, und dann im Krieg von 1948 und 49. Ich wette, niemand von euch hat von Deir Yassin gehört und von den andern Massakern. Ganze Dörfer haben sie niedergemetzelt, Frauen, Kinder, Greise ermordet, so zwangen sie uns zu fliehen, eine Million Palästinenser haben sie zur Flucht getrieben, wussten Sie das, meine Damen und Herren?

Ich wusste es nicht, und ich fürchtete plötzlich, dass es ein Fehler war, nichts davon zu wissen. Jassid ließ mehr und mehr von seinen Phrasen und politischen Begriffen ab. Je länger er sprach, desto schwächer wurde mein Hass gegen ihn. Nur seine Stimme erleichterte mir die Abwehr, sein herrischer Akzent, seine kratzigen Vokale, seine tückischen Konsonanten, seine heisere, unerbittliche, zuschlagende Stimme. Solange er redet, schlägt er nicht.

Er benutzte ein Wort, das die Stewardess mit heimatvertrieben übersetzte.

– Heimatvertrieben, der spinnt doch!, flüsterte Frau Wendland. Ich bin aus der Heimat vertrieben worden als Kind, aber der doch nicht!

Erst jetzt bemerkte ich die ungewöhnliche Länge ihrer Fingernägel. Sie schienen in den paar Stunden kräftig gewachsen zu sein, spitzer und schärfer geworden. Ingeborg rieb sich nervös die Hände, und ich fürchtete, sie werde sich kratzen mit ihren langen Nägeln.

– Und Kofre Kaddum, wer von euch kennt das Dorf Kofre Kaddum? Alle Bewohner sind von den Zionisten niedergemetzelt worden, kein Kind, kein Greis hat das Massaker überlebt! Alle getötet, alle! Und die Zionisten haben sogar Journalisten zu dieser Aktion eingeladen. Sie haben sich noch nicht einmal geschämt, diese Mörder! Und deshalb haben wir unser Kommando nach diesem Dorf benannt, Damen und Herren, um die Welt auf die Gräuel der Zionisten aufmerksam zu machen.

Und Jassid stieß nach, auch der Krieg von 1967 sei von den Israelis nicht gegen Ägypten, sondern gegen die Palästinenser geführt worden, wieder seien Zehntausende ermordet, Zehntausende vertrieben worden.

– Bitte zahlen!, rief die alte Frau vorne. Bitte zahlen, ich möchte gehen!

Sie stand auf, murmelte vor sich hin.

– Wo ist mein Mantel? Haben Sie irgendwo meinen Mantel gesehen?

Stewardess Erika zerrte die Frau auf ihren Sitz.

Jassid schien die Unterbrechung nicht bemerkt zu haben, oder die beiden Alten störten ihn nicht mehr. In immer längeren Sätzen beschrieb er das Elend seiner Familie, der man wie vielen andern das Haus und das Land weggenommen habe, die jahrelang im Zelt in der Wüste habe leben müssen, erzählte von den Briefen, die sie an die UNO geschrieben, von den Resolutionen und Verhandlungen seit Jahrzehnten, die zu nichts geführt hätten. Er fragte, bettelnd, weinend fast, ob wir wüssten, wie die Palästinenser in den Lagern lebten, im Libanon, ständig von Artillerie beschossen, zwischen Ruinen und wackelnden Bunkerwänden, in Erdlöchern, von Hunger bedroht und ohne Medikamente, in Schächten ohne Licht, wo sie verrückt werden, wenn sie überleben wollen.

– Versteht ihr jetzt, warum wir Freiheitskämpfer sind und keine Terroristen?

Sie ließen uns nicht Zeit, darüber nachzudenken. Die Komplizen klatschten in die Hände und forderten einzelne Passagiere ebenfalls zum Beifall auf. So kam, erst zögerlich, dann kräftiger, ein allgemeiner Beifall zustande, ein Anstandsbeifall. Wir Gefangenen gaben unserm Oberwärter recht. Nicht nur, weil wir gezwungen wurden. Nein, es war eine befreiende Aktion, eine erste gemeinsame Tat, mit der wir die Lähmung, die Einsamkeit wegklatschten und den Zusammenhalt stärkten. Gleichzeitig spürten wir, wie der Beifall auf Jassid wirkte, wir besänftigten den Henker: Wir haben dich schon verstanden, Junge, reg dich nicht auf! Der Beifall gefiel ihm, gab ihm neuen Schwung.

– Und die Zionisten hören bis heute nicht auf, unser Volk aus seiner Heimat zu vertreiben, zu verfolgen und zu töten! Und warum? Warum? Weil sie ein Buch haben und behaupten, da steht drin, dass ihnen unser Land gehört! Ich frage euch, was würdet ihr machen, wenn Fremde aus der ganzen Welt in euer Land kämen und behaupten, wir haben ein Buch, und da steht drin, dass alles uns gehört, was ihr da habt? Was würden die Deutschen machen?

Er wartete nur einen Teil der Übersetzung ab und schrie:

– *They would fight and fight and fight!*

Ein lauter, harter Knall. Ein Schuss. Wie ein Ausrufungszeichen zum letzten Wort. Ich zuckte zusammen. Wir duckten den Kopf. Die Stewardess übersetzte nicht. Niemand schrie. Niemand regte sich. Der Schuss musste weit vorn gefallen sein, vielleicht im Cockpit, wo Jassid saß. Aber der schwieg.

Da regte sich der Gedanke: Er hat sich doch nicht selbst …?

Schon war, ungewohnt leise, die Stimme wieder da:

– Verzeihung, Damen und Herren. Ein Schuss hat sich aus meiner Pistole gelöst. Nichts ist passiert. Ich fahre jetzt mit meinen Ausführungen fort.

Er schien beschämt, zumindest erschrocken, und ich vermutete, dass er während seiner wilden Rede mit der Pistole herumgefuchtelt und sich dabei so aufgeregt hatte, dass ihm der Schuss einfach losgegangen war.

– Überall, schon sprach er wieder heftiger, wird unser Volk zu Bettlern degradiert. Wir betteln seit dreißig Jahren vor der UNO um unsere Rechte. Und selbst bei unseren arabischen Brüdern müssen wir betteln gehen! In Jordanien werden wir abgelehnt, in Ägypten verachtet. Sie sind alle nicht besser als Israel, das Israel, das uns zermalmt!

Nummer 22 und Nummer 31 befahlen Beifall.

– Wir haben nichts gegen die Juden, wir haben nur etwas gegen die Zionisten.

Beifall.

– Das zionistische Regime in Israel ist die Fortführung des Nationalsozialismus. Der Zionismus ist die Speerspitze des Imperialismus in der arabischen Welt. Der Bonner Neo-Nazismus ist neben den USA sein wichtigster Verbündeter.

Ganz dünn kam der Beifall. Jetzt, dachte ich, macht er wieder alles kaputt mit seinen Phrasen. Sie wurden auch nicht erträglicher durch die Übersetzung. Die Rede hatte sich schon anderthalb Stunden hingezogen und erschöpfte sich immer mehr in den Kämpferparolen des palästinensischen Volkes, heiser von Jassid und milde aus dem Mund der deutschen Stewardess gesprochen.

Ich konnte nicht mehr klatschen. Ich sah Ingeborgs Fingernägel immer länger werden und spürte die Enge der Kabine, den Druck von den Wänden, den Druck des Sitzes, den Arm der Nachbarin, den Druck von den Seiten, von oben und unten. Nur noch den Wunsch, klein zu werden, immer kleiner, zu schrumpfen auf Fliegengröße und schnell zu entwischen durchs Fenster im Cockpit. Ich wollte dieser Sprache ausweichen, sie traf mich, sie tat mir weh, das Klatschen tat weh, ich wollte fliehen vor der Brutalität dieser Wörter und der Brutalität des Mannes, der seine Wörter unterstrich mit Pistolen, Handgranaten, Schlägen.

– Deswegen kämpfen wir zusammen mit den deutschen Genossen gegen den Weltimperialismus und werden die deutschen Gefangenen aus den Foltergefängnissen befreien. Oder wir sterben für die deutsche Sache, wie in Entebbe Deutsche für uns gefallen sind.

Pause. Zögernder, dann stärkerer Beifall. In das Klatschen hinein schrie eine männliche Stimme von hinten:

– Was geht mich das an! Ich will nach Hause!

Stille. Dann tobte Captain Jassid durch den Vorhang, blieb stehen und brüllte:

– *Who wants to cry? Who is crying here? Who?*

Der Passagier meldete sich nicht. Niemand verriet ihn. Jassid ging langsam wieder nach vorn, drehte sich zu uns um und lächelte beinah freundlich, als wäre er ein bisschen stolz auf uns: So feige sind sie also doch nicht, meine Deutschen.

Er schien mit sich zufrieden. Er hatte sich leergeredet. Er wurde sanft und ging noch einmal durch die Kabine, um Beifall einzusammeln.

– Noch eine Mitteilung. Die drei Jüdinnen brauchen sich morgen nicht bei mir zu melden.

Die Rede ging im Kopf weiter. Am meisten wunderte mich, dass er einen solchen Aufwand getrieben hatte, sich zu rechtfertigen. Das zeigte seine menschliche Seite. Er hatte uns immerhin eine Begründung angeboten. Er wollte, dass wir sein Motiv kannten. Und er hatte mehr erreicht als das. Ich zum Beispiel war nahe daran, ihm recht zu geben. Worin sehen Sie den Anlass für das zur Schädigung führende Ereignis? Selbst wenn man vieles als Propaganda wegstrich, es blieben immer noch genügend Informationen übrig, die den Hintergrund dieser Aktion aufhellten und die Wut und Entschiedenheit der vier Leute erklärten. Wäre der Kerl nur nicht so unsympathisch mit seiner Brüllstimme, seinem stechenden Blick und seinen dauernden Todesdrohungen, ich hätte zumindest Mitleid mit ihm empfinden können. Aber Mitleid, das wollte er am wenigsten. Er hatte seinen Hass begründet, und ich konnte nun darüber nachdenken, weshalb er den Hass gerade an deutschen Urlaubern austobte. Worin sehen Sie den Anlass …? Vielleicht war es gerade die Unbeholfenheit seiner Rhetorik, die mich für kurze Zeit vergessen ließ, dass das, was den Palästinensern angetan worden war, nichts mit den in deutschen Gefängnissen sitzenden Gewalttätern zu tun haben konnte. Ich dachte tatsächlich: Gewalttäter. Ich wollte den nicht länger Terroristen nennen, der mein Leben in der Hand hatte! Aber die Bezeichnung Freiheitskämpfer schien mir noch verrückter.

Jassids Sätze und Parolen schepperten lange durch den Schädel, und auf einmal konnte ich den Gedanken nicht mehr abwehren, dass auch ich es war, die diese Sprache voller Phrasen, diese Parolen provozierte, weil ich nichts über die Palästinenser hatte wissen wollen und weil sie, um auf ihre Rechte zu pochen oder überhaupt gehört zu werden, zu immer gröberen Wörtern, gröberen Mitteln greifen mussten. Auch ich hatte in den Zeitungen hinweggelesen über die drei Buchstaben PLO, hatte nie die Menschen dahinter sehen wollen und nur weggehört bei den immer gleichen und immer kürzer werdenden Meldungen über die immer gleichen Anschläge, Morde und Gegenmorde, die es längst unmöglich machten, dass man für eine Seite Partei ergriff. Ich hatte mich immer dagegen gewehrt, Partei ergreifen zu müssen oder Teil einer Partei zu sein, und ich nahm es dem Kerl übel, ausgerechnet mich vor die unsinnige Wahl gestellt zu haben, für ihn oder für die Zionisten, wie er sie nannte, Partei zu ergreifen. Worin sehen Sie …?

Ich wurde wütend auf ihn, weil er mein Gewissen anrührte, mein hilfloses, dummes, kleines Gewissen. Mit seiner Rede hatte er uns heruntergeschubst von den bequemen Fernsehsesseln, von denen aus wir die Vertreibungen und Morde, das Elend und die Katastrophen der Welt in Farbe betrachtend zu vergessen gewohnt waren.

Wütend auf ihn, weil ich mich schämte, mich selber zu wenig gewehrt zu haben in meinem kurzen Leben. Mein einziger Aufstand war der Ausstieg aus der Laufbahn der Anwaltsgehilfin, ein doppelter Aufstand gegen den Chef und gegen die Eltern, und die Mühen, immer wieder von vorne anzufangen, auf dem zweiten Bildungsweg das Abitur, und wieder von vorne, erstes Semester Biologie, mit 23 Jahren, immer strebsam vorwärts bis zum Diplom, nun mit 30 die kleine Assistentin, und nicht einmal das Verweigern richtig gelernt.

Doch, bei der Präparation eines Rinderauges streikte Andrea Boländer aus unerfindlichen Gründen. Der Dozent verteilte frische Rinderaugen, die von Muskeln und Bindegewebe gesäubert wurden. Andrea fertigte mit scharfem Skalpell einen Ringsumschnitt in der Äquatorialebene des Auges. Es gelang ihr, den Glaskörper nicht zu verletzen. Sie nahm die beiden Augenhälften auseinander. Plötzlich verließ sie den Raum. Sie blieb dem Präparationskurs zwei Wochen unentschuldigt fern. Dann nahm sie, mit wachsendem Fleiß, das Studium wieder auf.

In der Toilettenkabine. Der Spiegel entsetzlich groß. Ein Gesicht zum Wegschauen. Ich spürte, wie dünn die Wände waren, tastete das Resopal ab, dachte den Körper gegen die Wand zu werfen und auszubrechen. Ein Stemmeisen, eine Axt!

Ich spähte nach meiner Bewacherin, und als ich sicher war, dass sie weit genug entfernt stand, steckte ich die hinter dem Schreibblock eingeklemmte Zeitung nach vorn und rückte sie so zurecht, dass ich ein Viertel der ersten Seite überblicken konnte. Das Dämmerlicht reichte, um in den schwarzen Balken der Überschriften die Buchstaben zu entziffern. Aber ich hatte beim Umstecken nicht richtig aufgepasst und nun das rechte obere Viertel der Zeitung im Blick. Die politischen Meldungen von Tumulten und Dementis irgendwelcher Äußerungen irgendwelcher Politiker interessierten mich nicht. Ich fixierte mich ganz auf die Überschrift Motorradfahren macht gemütskrank und den Verweis auf die Innenseite Aus aller Welt. Darunter Eine Lanze für Wieland Wagner. Die Oper und ich.

Ich wagte nicht, die Zeitung herauszunehmen und umzudrehen. Ebenso gefährlich schien es mir, den Kopf zum Netz hinabzubeugen und die Lektüre der mir zugewandten Spalten zu versuchen. Ich fixierte die Bruchstücke, Überschriften, und verfiel auf die Denksportaufgabe, mir selbst die Meldungen auszuschmücken.

Bei der nächsten Gelegenheit wendete ich die Zeitung so, dass ich das erste Viertel der Titelseite vor Augen hatte. Ein Foto aus Ost-Berlin, Schelte für die deutsche Presse, irgendetwas aus dem israelischen Kabinett. Schnell verlor sich meine Neugier. Nichts davon interessierte mich, etwas Unwichtigeres und Langweiligeres als diese Spitzenmeldungen konnte es nicht geben. Nur der tief in der Zeitung versteckte Artikel über das Motorradfahren lockte mich.

Das Licht fiel aus, alles kippte um in völlige Dunkelheit. Gleichzeitig brach das vertraute Grundgeräusch der Luftdüsen ab.

Ich wartete ab. Die Augen schmerzten und blieben in

eine totale Schwärze versenkt. Alle warteten ab. Die Ohren betäubt von einer unbekannten, reißenden Stille. Niemand wagte, gegen die Dunkelheit und gegen das Schweigen anzureden. Es kam keine Ansage. Nur ein Fluch weit vorn von Jassid. Ich tastete nach meiner linken Hand, kniff mich ins Gelenk und spürte den warmen Arm Ingeborgs auf unserer gemeinsamen Armlehne. Ich tastete meine Umgebung ab, die Wand zur Rechten, den Sitz vor mir. Alles wie gewohnt, nichts geträumt. Die Augen stellten sich allmählich um, die Umrisse des Kopfs von Ingeborg und der anderen, entfernteren Köpfe tauchten auf. Doch wir blieben ehrfürchtig still, als hätte uns jemand versteinert oder in hundertjährigen Schlaf geschickt.

Die Entführer zeigten sich nicht. Sie blieben unsichtbar in der Dunkelheit, wie ausgelöscht oder aufgesogen von der umwerfenden Schwärze. Hätte ich an einer Tür gesessen, ich hätte mich nur ein wenig erheben, den Griff nach unten reißen, die Tür aufdrücken können und wäre frei gewesen. Ich tat nichts, ich fügte mich der Dunkelheit. Ich hielt sie für eine zusätzliche Gefahr und wollte nicht begreifen, dass sie der beste Schutz für eine Flucht gewesen wäre. Direkt vor mir in der Reihe 9 der Notausgang. Ich hätte nur aufzustehen brauchen, durch meine Reihe und die Vorderreihe drängeln, zielstrebig auf EXIT zu, Türhebel auf, ein Sprung auf die Tragfläche, und ich hätte alles, alles hinter mir gehabt. Ich tat es nicht. Niemand tat es. Als hätte in diesem Flugzeug nie das EXIT-Schild geleuchtet oder als habe niemand mehr die Kraft, endlich der Hölle zu entfliehen.

Es dauerte eine Weile, bis die Entführer wieder die Sprache fanden gegen die Dunkelheit und gegen die Stille.

Number thirty-one und *number sixteen* gaben Befehle weiter.

Sie wurden lauter, um sich Mut zu machen und uns, da wir die Waffen nicht sahen, mit ihren Stimmen einzuschüchtern. Es sprach sich herum, dass der Strom ausgefallen sei. Kein Benzin mehr, kein Licht, keine Klimaanlage.

Heiß war es schon gewesen in der Maschine, aber nun wurde es heißer und heißer. Der Schweiß trat aus den Poren der Schläfen, brannte mir in den Augen und floss in den Mund. Der Hals wurde glitschig von Schweißnässe. Ich öffnete alle Knöpfe der Bluse. Nichts half gegen die teuflische Hitze, die mich nicht mehr zum Atmen kommen ließ. Ingeborg Wendland neben mir ging es ebenso, sie stöhnte heftiger und schniefte auf eine böse Art, die nicht ihrer verstopften Nase zu helfen, sondern allein gegen mich gerichtet schien.

Die Nacht hatte längst begonnen. Es musste also rasch kühl werden! In allen Filmen und Romanen erzählten sie uns doch, in der Wüste sei es nachts immer bitterkalt. Je mehr ich auf das Ende der Hitze wartete und nur noch Kühle wünschte, nur noch an Kühle dachte, desto mehr kam ich mir vor wie in den Tropen – mit Winterunterwäsche, drei Pullovern und Fellmantel am Amazonas.

– Muss doch endlich kalt werden, sagte ich zu Ingeborg.

– Nein, das ist die Körperwärme.

Sie stöhnte, ich stöhnte, wir hörten die anderen stöhnen. Mit jedem Stöhnen stieg die Hitze noch, die Körper produzierten die Hitze selbst, unter der sie ächzten, und steigerten sie dadurch immer mehr. Im engen Flugzeugschlauch gefangen, fügten wir uns selbst die Folter zu. Einer folterte den andern. Jeder sich selbst. Die Folterknechte brauchten sich nicht die Hände schmutzig zu machen, ihre Arbeit lief von allein. Ein Dreh am Schalter der Klimaanlage, ein paar Liter Benzin, und die Hitzefolter wäre vorbei. Aber sie hatten offenbar kein Interesse daran oder sie schafften es nicht. Über die technischen Probleme wurden wir nicht informiert.

Die Jeans klebten am Körper. Ich wollte sie ausziehen, öffnete aber nur den Knopf und den Reißverschluss. In der Reihe vor uns kippte eine junge Frau um. Eine Stewardess kümmerte sich. Ingeborg schnappte nach Luft. Sie wird auch umfallen, dachte ich. Bloß nicht auf mich, sie hat zu viel Gewicht, das halte ich nicht auch noch aus! Bis zum Bauch saß ich wie in warmem, klebrigem Wasser. Aus den Achselhöhlen rann immer neuer Schweiß und rann über den alten, stinkenden, halb angetrockneten Schweiß. Männer saßen mit bloßem Oberkörper im Dunklen. Ich zog die Bluse aus. Den Büstenhalter behielt ich an, weil ich dachte, wenn du umkippst, dann sollen sie dich nicht nackt sehen, nicht nackt durch den Gang schleppen. Wieder das Geräusch eines hinschlagenden Körpers. Wie viel Grad, vierzig, fünfundvierzig, fünfzig oder mehr? Es spielte keine Rolle, es war keine Steigerung mehr denkbar.

– Herzattacke, rief eine Stewardess.

– Asthmaanfall, kam es aus einer anderen Ecke.

Englische Satzfetzen wie *Come here!* oder *Help us!* oder *This lady first!* zeigten, dass die Stewardessen und die Entführer, die, wenn sie durch den Gang liefen, im Halbdunkel kaum voneinander zu unterscheiden waren, offenbar wie ein eingespieltes Team arbeiteten. Sie folgten jedem Notruf und eilten mal hier, mal da zur Ersten Hilfe, immer öfter mit Geräten, die wie Sauerstoffflaschen aussahen.

– Durchbluten lassen!, sagte Ingeborg.

Ich versuchte, ihrem Rat zu folgen und locker zu sitzen.

– Mein Kreislauf, sagte sie, ich schaffs nicht mehr!

Ihr Stöhnen ließ nicht nach. Auch ich atmete schwerer. Ich wusste nicht mehr, welche Körperhaltung ich einnehmen sollte, festgeklebt auf meinem Sitz.

Wir verständigten uns, die Hosen auszuziehen.

– Besser im Slip als umkippen, meinte Ingeborg.

– Wie lange kann man es in der Sauna aushalten?, fragte ich.

– Übungssache.

Ich lehnte mich so weit zurück, wie ich konnte. Mit nackten Beinen zu sitzen verschaffte ein wenig Erholung. Der Bauch war die kritische Stelle, ich musste vermeiden, ihn einzuquetschen und die Zirkulation des Blutes zu bremsen.

Immer empfindlicher wurden die Ohren, die das Stöhnen von allen Seiten auffingen und die Notrufe, die beherrschten Panikstimmen der Entführer und Stewardessen. Das Stöhnen kam in allen Stimmhöhen, von Männern, Kindern, alten und jungen Frauen, ich konnte und wollte das nicht mehr hören, und erst recht nicht das Stöhnen der ältlichen Ingeborg neben mir, das von herrischem Schniefen unterbrochen, unterstrichen, begleitet wurde, als wollte sie mit dem Rotz auch noch den Schweiß und den Schweißgeruch hochziehen und in der Nase verstecken. Der Ekel wuchs an allem, was ich hörte, roch und sah. Die Schweißdrüsen der vielen Leute um mich herum produzierten nicht allein Hitze und Gestank, jede menschliche Regung schien nur noch dazu angetan, meinen Abscheu zu steigern. Die Menschen waren mir alle widerwärtig, sie griffen mich an mit ihrem Gestank, sie schwitzten mich an, von allen Seiten schwammen und wölbten sie sich auf meinen Körper zu, sie stahlen mir den Sauerstoff aus der Luft, sie nahmen mir den Platz, sie quetschten mir die Glieder ab, und es war mir ganz egal, ob sie zusammensackten oder vor sich hin keuchten, ich hasste sie alle, weil sie nicht aufhörten, ihren stinkenden Schweiß abzusondern und unser Schwitzbad noch weiter aufzuladen. Es waren einfach zu viele, zu viele Menschen in dieser Maschine, zu viele Menschen, die fliegen, zu viele Menschen in Mallorca, überall zu viele, das ist das Übel! Wenn ich nur allein wäre! Allein könnte ich diese Tortur aushalten und vielleicht noch größere Hitze ertragen, allein käme ich durch, allein wäre ich dreimal so stark, allein wäre ich gar nicht erst eine Geisel geworden, allein hätte mich niemand gefangen und gefoltert! Aber nun kämpften sie alle gegen mich, alle allein gegen mich, brachten mich in Gefahr, nahmen mir den letzten Sauerstoff weg und ließen mich ersticken, ersticken!

Plötzlich hieß es, eine Tür sei geöffnet worden. Ohnmächtige, Kreislaufschwache oder andere, die sich einfach hatten fallen lassen, wurden nach vorn geschleppt. Die Entführer und die Stewardessen sprachen ihre Beruhigungsformeln deutsch und englisch. Der Anführer hatte eine Taschenlampe aufgetrieben, und mit der dirigierte er nun die Menschen zum Luftholen, während die drei andern überall anpackten, mit beiden Händen. Sie hatten die Waffen weggesteckt, die waren überflüssig geworden. Wir sahen ein, dass die Ohnmächtigen Vortritt hatten, und blieben sitzen. Die frischere Luft drang nicht bis zu uns in die Mitte. Die Leute hinten klagten laut über Gestank. Jassid befahl, auch die Hecktür zu öffnen, so gab es wenigstens einen milden Durchzug.

Endlich erhielten Ingeborg und ich die Erlaubnis aufzustehen. Wir zogen die Hosen wieder an und drängelten zur hinteren Tür. Acht oder zehn Leute standen um das Türloch herum, ich atmete wieder, ganz vorsichtig zuerst, weil ich einen Schock befürchtete, Lungenschock, gibt es so etwas?, dann immer heftiger, der Sauerstoff und die Kühle der Luft gaben mir so viel Kraft, dass ich mich immer weiter vordrängte. Ich stand endlich nah an der Tür, auf der anderen Seite Nummer 22 als Bewacher. Keine Gebäude zu sehen, nicht einmal Lampen in der Ferne. Wüste. Airport Dubai, es gab keinen Airport Dubai. Das Nachtlicht draußen heller als die Dunkelheit drinnen. Sekundenlang dachte ich an Flucht, einfach abspringen, runter auf die Rollbahn, dann unter der Maschine verstecken, was ist ein gebrochenes Bein gegen die Freiheit! Ich war aber auf nichts anderes versessen als auf frische Luft, Luft und Kühle, Luft auf Vorrat, und schob damit die leisen Gedanken an eine Flucht zurück. Außerdem hatte ich mich bisher unauffällig verhalten, mich in jeder Situation hinter den anderen verstecken können, und nicht etwa irgendein Solidaritätsgefühl, sondern der egoistische Wunsch, diesen Schutz zu behalten, hinderte mich daran, die fürchterliche Gemeinschaft zu verlassen, die andern im Stich zu lassen oder ihnen auf meine Kosten die Hölle noch heißer zu machen. Der Pirat fixierte mich, er schien meine Gedanken zu erraten, er passte auf mich besonders gut auf, und ich war sicher, er wird mich springen lassen und mir von oben in den Rücken schießen. Wir waren zu acht oder zehnt, leicht hätten wir ihn aus der Tür stoßen können, mit den anderen dreien wären wir in der Dunkelheit auch fertig geworden. Aber niemand machte Anstalten zum Widerstand. Judo müsste man wenigstens können, dachte ich, und pumpte die Lungen voll.

Nummer 22, den Ingeborg den Schönen nannte, versteckte ein Lächeln hinter seinem Lächeln und drängte mich fort. Es waren nun andere an der Reihe. Ich wurde zurückgeschoben in den Brutkasten. Die meisten Passagiere waren einmal an der Tür gewesen oder hatten die Aussicht, gleich ihre Ration Luft zu bekommen, darum klang das Stöhnen nun weniger hoffnungslos. Aber die Hitze in der Mitte des Flugzeugs schien mir nun schlimmer als vorher. Ich wollte mich fallen lassen, um schnell wieder zur offenen Tür zu kommen. Stewardess Jutta sagte:

– Zieht aus, was ihr wollt! Ihr braucht euch nicht zu schämen!

Noch im Gang streifte ich die Hose ab. Ingeborg ebenfalls, sie zog auch endlich die Bluse aus. Fast nackt setzte ich mich, der Sitz war immer noch feucht vom Schweiß. Viele Passagiere hatten erst die Aufforderung der Stewardess gebraucht, sich weiter zu entkleiden. Weiß leuchtete die Unterwäsche durch das Halbdunkel. Ich dachte, erstaunlich, wie viele Leute noch weiße Unterwäsche tragen. Ich griff nach der Zeitung in der Sitztasche, nahm sie auseinander, faltete einige Seiten zu einem Fächer und gab andere Seiten an die Nachbarinnen weiter. Mit heftigen Bewegungen fächelten wir die Luft, es war tatsächlich eine Erleichterung. Wie Haremsdamen sitzen wir hier im Unterzeug, den Fächer vorm Gesicht und tatenlos herum, dachte ich, und warten und warten. Ingeborg Wendland begann wieder zu stöhnen und zu schniefen. Immer vorwurfsvoller ging ihr Atem.

Ganz vorn die laute, kantige Stimme des Alten:

– Oma, wo ist die Taschenlampe?

– Ich finde sie nicht, ich kann sie einfach nicht finden.

– Dann geh rauf und hol die andre!

Nun tappte die alte Frau an uns vorbei, weiter nach hinten. Ein Körper fiel hin. Schritte hinterher, mehrere Leute schienen sich um die Alte zu kümmern.

– So nicht!, schrie ein Mann. Pause.

– Gleich bist du wieder da, Oma, sagte eine Frauenstimme.

Dann wieder die Alte:

– Ich will jetzt endlich schlafen! Wo ist mein Bett?

– Hier ist dein Bett.

Von fern ein Summen, die Melodie von «Maikäfer, flieg». Es war so still, als hörten alle Passagiere den Tönen zwischen Summen und Singen zu. «Schlaf, Kindchen, schlaf.» Nie zuvor war mir aufgefallen, dass beide Texte die gleiche Melodie hatten. Maikäfer, schlaf. Schlaf, Kindchen, flieg. Die Väter im Krieg, bei den Schafen. Die Mütter im Pommerland, bei den Bäumen. Und was für Brände! Was für Träume! Es passte alles, es mischte sich alles.

Sie schlossen die Türen. Motorengeräusche, Stimmen draußen. Brachten sie Benzin? Also Strom für die Klimaanlage? Sehr lange fuhrwerkten sie draußen herum, polterten mal gegen den Flugzeugbauch, taten geschäftig mit Rufen. Jeden

Moment erwartete ich, dass das Licht anginge und die Luftdüsen das mühsame Fächeln überflüssig machten. Ich stellte mich auf die Überraschung ein, plötzlich geblendet, halb nackt und schweißverklebt im Licht zu sitzen. Mit dem Licht wird die Scham wieder anfangen, aber dies elende Jammern und Stöhnen wäre endlich vorbei! Hose und Bluse waren griffbereit. Vorsorglich kniff ich die Augen zusammen. Lange Minuten hielt ich sie geschlossen und war nahe daran einzuschlafen, wollte aber nicht im Schlaf ersticken und hielt mich wach.

Nichts von dem, was ich erwartete, geschah. Das Stöhnen wurde immer stärker, enttäuschter. Alle hatten auf die Stimmen draußen, die Motorengeräusche gehofft. Nun tat sich nichts. Wir wurden nicht informiert. Sie ließen uns einfach weiter schmoren. Vom Cockpit vorn drangen immer wieder aufgeregte Stimmen durch, aber ich konnte nicht deuten, ob sie immer noch um Benzin, um Strom verhandelten. Ganz zerstreut zwischen Erschöpfung und Atemlosigkeit war ich mir einer Überlegung sicher: Sie lassen uns nicht absichtlich schwitzen und in Ohnmacht fallen. Sie haben doch ein Ultimatum gestellt, und sie können uns nicht umbringen oder umkippen lassen vor dessen Ablauf, wir sind doch ihr Kapital, nur wenn wir am Leben und halbwegs gesund sind, können sie mit uns handeln, mit uns arbeiten für ihre Forderungen! Und außerdem, es konnte das Interesse der Entführer nicht sein, dass sie immerzu als Rotkreuzhelfer beschäftigt waren.

Als die Klagen wieder lauter wurden und die Stewardessen mit dem Sauerstoffgerät öfter gerufen wurden, versuchten sie es wieder mit Beschwichtigungen. Es werde gleich wieder Kerosin geben, gleich sei der Strom wieder da, Captain Jassid sei bemüht, alles so schnell wie möglich wieder erträglich zu machen. Das klang mehr nach Krankenschwesterformeln als nach der Wahrheit.

Plötzlich schrie der Anführer in die Kabine hinein:

– *Don't be afraid, ladies and gentlemen! You will hear me shoot now!*

Er ließ den Satz nicht übersetzen, lief zur vorderen Tür, die wieder offen war, und schoss. Er begnügte sich mit einem Schuss.

Nichts tat sich. Ich griff wieder zum Zeitungsfächer. Nach langer Zeit endlich Motorengeräusch. Stimmen, Megaphonstimmen. Aufgeregtes Geschrei des Captains. Befehle. Getrampel. Dann Schüsse, sechs oder acht Schüsse. Stille.

Nichts deutete darauf hin, dass sie uns aus dem Brutofen befreien wollten. Vielleicht sind es gar nicht die Entführer, die uns hier schmachten lassen, sondern die draußen! Die spekulieren damit, uns weichzukochen und damit den Jassid zu erpressen! Der Gedanke belebte mich für einen Augenblick. Alles war möglich, alles war richtig. Auch die draußen wollen uns gar nicht helfen, sie pokern, sie spielen mit uns! Das regte mich nicht einmal auf, es war letzten Endes egal, es lief auf das Gleiche hinaus. Meine Kräfte ließen nach. Ich konnte kaum den Fächer bewegen. Die Hände verkrampften sich. Der Schweiß rieb die Haut auf, schmierte den Hals ein, schabte den Rücken ab. Der raue Polsterstoff kratzte am schweißwunden Körper. Ich wusste keinen klaren Gedanken mehr zu fassen.

Sie öffneten wieder beide Türen und gaben etwas Wasser aus. Die Finger waren so geschwollen, dass sie den Plastikbecher kaum packen und festhalten konnten. Das frische Wasser auf der Zunge, der letzte Gnadentrunk vor dem Ende. Der Stau in den Beinen, als sei alles voller Krampfadern. Die Füße wie rohes Fleisch. Die Schenkel steif und zu keiner entlastenden Ausgleichsbewegung mehr fähig. In den Ohren das Jammern und Stöhnen. Vor den Augen die dämmrige Dunkelheit, und allein diese Dunkelheit hatte etwas Freundliches, Versöhnliches, man verschonte uns immerhin, das ganze Elend der matten, ächzenden, sterbenden und in ihrem Schweiß verdurstenden Leiber ansehen zu müssen. Dann und wann hielt ich mir die Nase zu, bremste den Gestank ab, spürte dafür aber stärker die schmerzenden Schweißströme, die an mir trieften, fetteten, brannten, klumpten. An der Kehle fraß wieder der Durst, fraß mich von innen her an, höhlte mich aus. Ich war sicher, dass kein Sauerstoff mehr in die Lunge, bis in die Lungenbläschen drang. Ich atmete schneller, aber davon wurde mir nur flau, das Herz schlug schneller, alle wütenden Bewegungen des Herzmuskels halfen nicht, der ganze Körper wurde steif. Ein Fisch auf dem Trockenen. Wie atmen die Fische? Beim Einatmen Wasser in die Mundhöhle, beim Ausatmen Mund geschlossen, Wasser zwischen Kiemendeckel und Körperwand nach außen gepresst. Wie heißt die entscheidende Membran am Rand des Kiemendeckels? Vergessen. Blut fließt dem Wasserstrom entgegen, Sauerstoffabgabe. Nein, es ist komplizierter. Gegenstromprinzip, alles vergessen, drittes Semester. Nichts zu lernen von den Fischen!

Ich richtete mich darauf ein, auch ohne Sauerstoff weiterzuleben. Was noch an Willen da war, sagte: Nicht immer dran denken, schlaf lieber ein! Ich brauchte Minuten, um das Tischchen herunterzuklappen. Ich bettete die Arme darauf und legte den Kopf auf die Arme. Mein Willen sagte: An nichts denken, an nichts denken, einfach fallen lassen! Ich gehorchte und ließ mich fallen, suchte die Traumwelt tief unter meinen Füßen, den bleiernen Füßen, die mich tiefer hinabzogen in hellere und luftige Gefilde, wo ich jemanden erwartete, wo mir jemand, vielleicht sogar Rainer, entgegenkommen und die Hoffnung auf ein gutes Ende einreden könnte, die Gewissheit, die Tatsache, irgendwann wirst du aufwachen, und alles ist vorbei.

War das nicht Alec Guinness, der Soldat im Film, gefangen in einer Blechkiste, bei tropischer Hitze in seiner Kiste schmorend viele Wochen? Und nur einmal am Tag kam einer von seinen Feinden und brachte Wasser? Hat er ihm auch die Läuse geknackt? Warum quälten sie ihn mit der Hitzefolter? Warum die Brücke am Kwai?

Die Sekunden tropften dahin. Der Schlaf kam nicht. Das Atmen wurde nur schwerer. Ich richtete mich wieder auf. Nach vorn gelehnt, wurde der Bauch eingequetscht und der Blutkreislauf zusätzlich erschwert. Die Muskeln flatterten, zuckten. Ich wusste nicht mehr, wohin mit meinem Körper. Literweise Schweiß abgesondert und von innen ausgehöhlt, durfte er eigentlich gar nicht mehr da sein, der Körper. Gleichzeitig wurde er schwerer und schwerer. Ein letztes Mal brachte ich die Kraft auf, mit den Unterschenkeln und Füßen gymnastische Drehungen und mit dem Oberschenkel angedeutete Laufbewegungen zu versuchen. Die Schweißwunden unter den Armen brannten. Alles glitschig, flach, aufgelöst.

Zum ersten Mal dachte ich: besser, sie erschießen uns. Alles ist besser als hier zu Tode schmoren. Was haben sie mit uns vor, was haben sie mit dir vor? Die Fragen fraßen sich wieder neu ins Fleisch. Ob die Entführer verantwortlich für das alles waren oder ihre Gegner und Verhandlungspartner draußen, machte keinen Unterschied. Sie arbeiteten offenbar zusammen, auf unserm Rücken, mit unserm Schweiß. Erst machen sie dich zum Fisch, dann werfen sie dich aufs Trockne und lassen dich verenden. Nein, das war es nicht. Sie treiben uns in eine Mutation hinein, machen uns zu Amphibien, bleckende, hässliche, hornhäutige Tiere, nicht mehr auf dem Land zu Hause, noch nicht im Wasser. Alle Vergleiche stimmten nicht. Aber ich fühlte deutlich, das Leben, das ich vorher geführt hatte, ging zu Ende. Entweder ging es direkt auf den Tod zu, oder es wird auf eine völlig andere Weise weitergehen, wie nie geträumt, nie befürchtet. Sie spielten mit meinem Leben. Ich wurde hin und her geschleudert, bis ich nur noch ein Klumpen wurde, ein unförmiger, bibbernder Klumpen. Sie sprachen dem, was ich bis dahin gewesen war, jeden Wert ab, sie hielten mich nicht nur tagelang gefangen, sie zwängten mich stundenlang in diesen Schwitzkasten, in dies Labor. Sie experimentierten mit mir, sie operierten an mir herum, sie zapften mir die Schweißtropfen ab, sie tauschten meine Zellen aus, sie bauten mich neu zusammen, aber absichtlich schief und falsch, sie verknoteten die Nervenstränge so, dass die Schmerzen an diesen Punkten nie mehr nachließen, sie verpflanzten meine Organe, setzten die Lunge ins Gehirn, das Hirn in den Magen, das Herz in die Galle und immer so fort.

Welches Tierherz gleicht weitgehend dem Herz des Menschen, Fräulein Boländer? Das Schweineherz. Wie präparieren Sie ein Schweineherz? Ich hole mir beim Metzger oder im Schlachthof ein Schweineherz. Die Ansätze der Blutgefäße sollen unversehrt sein. Beide Kammern und Vorkammern müssen gründlich ausgespült werden, da sich sonst Blutgerinnsel bilden. Ich lege das Herz auf einen großen Teller oder in eine Präparierschale. Weiter! Ich schneide den Herzbeutel auf. Weiter! Ich taste die glatte Innenwand ab und streiche über die Außenhaut der beiden Herzkammern. Die Innenwand des Herzbeutels sondert eine bernsteinfarbene Flüssigkeit ab, die die Reibung des Herzens vermindert. Ich trenne mit der Schere den Herzbeutel so ab, dass nur ein Rest an den beiden großen Arterien stehen bleibt. Weiter! Ich lege die Blutgefäße frei, entferne die Reste von Speiseröhre, Luftröhre, Lungen, Fett und Bindegewebe. Weiter! Weiter! Ich lege das Herz mit der hinteren Seite nach unten. Weiter! Mit einem scharfen Messer ziehe ich einen Schnitt vom Ansatz der Lungenarterie zur Herzspitze, einen zweiten Schnitt von der Herzspitze …

Ich wusste nicht, wie viel ich aushalten konnte. In jeder Minute dachte ich, die übernächste Minute wirst du nicht mehr erleben. Und dazwischen immer wieder die dümmste aller Fragen: Warum ich, warum ausgerechnet ich?

Den ganzen Tag über hatte ich mir einreden können, ich sei nur eine Randfigur dieser Ereignisse, eine Zuschauerin, die zufällig relativ nah am Tatort steht. Aber die Endlosigkeit dieser Nacht des Schwitzens, Brütens, Wachens hatte jeden Unterschied zwischen mir und den anderen weggeschmolzen, ich war mit der neuen, höllischen Realität völlig verwachsen, saß stinkend, kochend und zerfallen, zu keiner Bewegung mehr fähig, zwischen lauter halbnackten Leibern, die in einer Blechkiste zusammengeworfen waren, aufeinandergeprallt und nebeneinandergeschichtet, abgerichtet im Wohlverhalten, stöhnend und unter verdrückten Schreien begraben. Die fremden Körper stießen mich ab und rückten immer näher, ich wurde sie nicht los. Nichts hatte ich gewusst vom Leben vor dem Tod, von dem, was Menschen sich antun. In allen Tonlagen grunzten und stöhnten sie, jammerten standhaft, und ich hörte standhaft weg und hörte doch alles. Ich achtete nicht mehr darauf, ob andere umfielen, ob jemand unter Herzattacken oder Asthmaanfällen litt, ich hatte mich ganz in meine eigenen Anfälle versenkt, ließ die Attacken auf Lunge und Herz und Zunge geduckt über mich ergehen und glaubte nicht mehr an ein Ende dieses Zustands totaler Ergebenheit. Von allen Leidenschaften war nur der matte Wunsch geblieben, es möge alles schnell vorübergehen.

Ein Stöhnen hob sich von anderen ab und drängte immer deutlicher vor. Petra. Ich dachte an die Sitznachbarin vor ein paar Stunden, ich meinte, sie stöhnen zu hören, Petra kurz vor der Ohnmacht, jammernd und wimmernd, sie war sehr empfindlich, leicht umzuwerfen, ihr Blutdruck wird zu schwach sein, Petra immer noch ohne die Pille, Petra wird schwanger sein, Petra kann gar nicht anders als schwanger sein, in diesem Brutkasten, da sind die Stunden wie Monate, im wievielten Monat wird Petra jetzt sein, ich sah sie hinter mir bei den Rauchern mit leicht gewölbtem Bauch, fünfter Monat, und der Bauch wuchs und wuchs, wurde zu dick für die schmalen Sitze, er wuchs nicht nur nach vorn, auch zur Seite an die Armlehnen heran, sie trug nun ein Hängekleid darüber, die perfekt ausgerüstete Schwangere im achten Monat, dann war das Kleid verschwunden, als wollte sie ihre einmalige Wölbung kurz vor der Niederkunft fotografieren lassen, schweißglänzend die faltenlose Bauchhaut, der Nabel trat hervor, der Bauch reichte nun bis an den Sitz vor ihr, jetzt stöhnte niemand mehr im Flugzeug außer Petra, sie versuchte vorschriftsmäßig zu atmen, aber sie war zu aufgeregt, mit ihren Wehen bewegte sie den ganzen Flugzeugleib mit, sie schüttelte die Maschine durch wie ein Gewitter, Petra lehnte sich weit zurück, ihre Beine verschafften sich Platz, sie winkelte sie leicht an, das Flugzeug ein Kreißsaal, die Passagiere rückten zusammen und bemühten sich um Hilfe für die Gebärende, wir alle stöhnten Petra zuliebe mit, wir alle sehnten das Ende der Schmerzen herbei, die Wehen steckten uns an, der Schmerz biss durch die Körper, Petra atmete heftiger, sie wollte es endlich hinter sich haben, sie schrie, sie schwitzte, die Stewardessen bereiteten alles zur Entbindung vor, Petra presste, stöhnte, warf den Kopf zurück, die Stewardess Erika stützte den Kopf, Jutta redete ihr gut zu, Anita und die beiden Entführerinnen waren die Hebammen, Petra presste und stöhnte und schob aus ihrem roten Fleisch ein schwarzes Köpfchen heraus, Petra presste und stöhnte, ein blutverschmiertes Körperchen wuchs nach, die größere Entführerin nahm das Kind in Empfang, und Captain Jassid trennte persönlich die Nabelschnur durch, er lachte, er gratulierte Petra, er ließ sich gratulieren, als sei er der Vater, aber der Schöne kam, Nummer 22, und wollte das Kind haben, ein kurzer Disput, dann fügte er sich dem Anführer, lächelte hinter dessen Rücken Petra in einer Weise zu, die das Einverständnis über die wahre Vaterschaft verriet, ich wurde eifersüchtig auf Petra, warum treibt ers ausgerechnet mit ihr, egal, ein Kind war geboren, ein Junge oder ein Mädchen, das verriet man uns nicht, das Kind schrie leise und zart, alle waren wir so gerührt, dass wir mit Schreien und Stöhnen aufhörten, ich fühlte mich geehrt als Tante, ich hatte schließlich zuerst neben Petra gesessen, mir hatte sie als Erster die Schwangerschaft verraten, aber man kümmerte sich nicht um mich, alles drehte sich nur um das Baby und die junge Mutter, und ich suchte einen passenden Namen für den Mann, der zwischen Petra und mir stand, Nummer 22.

Ich erwachte von der Helligkeit und vom leisen Surren der Luftdüsen. Der Luftstrahl traf direkt ins Gesicht. Ich sah ausgestreckte Hände, die sich an die kalte Luft zu klammern schienen, nach einer kalten Dusche gierten und den Strahl auf die Gesichter lenkten. Nackt und beschämt fanden wir uns unter der Kabinenbeleuchtung wieder. Ingeborgs Gesicht und Hals voll Hitzepickel. Ein älterer, dicklicher Herr im Netzhemd saß auf dem Platz am Gang, wo vorher die stumme Dame gesessen hatte. Ich hatte nicht die Kraft, mich darüber zu wundern. Die Hitze verschwand nur langsam. Ich wollte mich nicht gleich wieder anziehen, drehte den Körper zur

Seitenwand hin. Hinter den Rollos war es hell geworden, aber es sah noch nicht so aus, als sei die Sonne bereits aufgegangen.

– Es besteht kein Grund mehr, sich zu entblößen, rief Captain Jassid durch den Lautsprecher, bitte, ziehen Sie sich wieder an wie zivilisierte Menschen!

Schade, dass der Lautsprecher wieder funktioniert, dachte ich, aber Jassid hat bitte gesagt, er hat zum ersten Mal bitte gesagt!

Ich griff nach der verschwitzten, dreckigen Bluse. Auch die anderen Passagiere rührten und zwängten sich gehorsam in die klammen Kleidungsstücke. Aber etwas war falsch, war verdächtig an unseren Bewegungen, und als ich die Bluse zuknöpfte, merkte ich, welche Dummheit wir begingen. Wir hätten uns nicht ankleiden sollen! Im Gegenteil, wir hätten uns weiter ausziehen müssen, die Büstenhalter weg und die Unterhosen, wir hätten uns nackt zeigen müssen, winken mit den Brüsten, locken mit den Schamhärchen! So könnten wir diese Jungens weich kriegen und gefügig machen, sie zittern doch schon, wenn sie uns halbbekleidet im Schummerlicht sehen, sie sagen bitte!, wenn sie nur unsere Nabel sehen. Dieser Herr Anführer, hat er solche Angst, verführt zu werden? Oder wird er einfach in Ohnmacht fallen, wenn seine Pubertätsträume wahr werden, wenn er zehn, zwanzig, dreißig junge Frauen nackend und zum Greifen nah vor sich hat, Schönheitsköniginnen darunter, das begehrte Blond in großer Auswahl? Unsere Nacktheit ist die einzige Waffe, die uns geblieben ist, nur völlig entblößt sind wir stark, wir haben ein einziges Mittel, diese blutigen Krieger schwach zu machen, aus ihren Uniformen zu locken, sie zu entwaffnen und zu besiegen, und wenn sie nicht von allein zu uns kommen, dann können wir sie, da wir die Mehrheit sind, leicht vergewaltigen, diese Knaben! Aber was wird mit den beiden Mädchen, die strenge 31 und die freundlichere 28? Für die hätten wir Männer genug, in vielen Exemplaren braungebrannte junge Kerle, denen es sicher nicht schwerfällt, auch störrische Mädchen anzumachen – aber die Mädchen sind schwer zu berechnen. Alle Soldaten legen die Waffen aus der Hand, wenn sie schnell mal eine Frau hinlegen können, aber die Soldatinnen, die scheinen zäher, wie verhalten sie sich bei solch einer Gelegenheit? Man müsste es versuchen wenigstens! Nicht den Befehl befolgen, so beschämt und emsig, sondern das Gegenteil tun, anbieten, vorzeigen, was wir haben, wir haben doch sonst nichts mehr! Warum schämen wir uns denn vor diesen schamlosen Kerlen, warum verhalten wir uns im Flugzeug anders als am Nacktstrand? Sicher hätten die meisten jüngeren Passagiere nichts dagegen gehabt, sich nackt nebeneinander in den heißen Sand zu legen, warum aber tun sie es hier nicht, hier im heißen Flugzeug? Da schämen wir uns, da gehorchen wir sofort, auch ich, ich ganz besonders!

Ich verstand mein Verhalten nicht mehr. Und als die Chance vertan war, da gab ich mich überzeugt, ich hätte mich lieber von dem angenehmeren der beiden Männer, den ich Gerold oder Gunther nennen würde, nehmen lassen, als noch weiter in diesem Gefängnis zu hocken. Aber ich brauchte das nicht mehr abzuwägen, die Chance war vertan, wir hatten uns freiwillig zurück ins Raster der Gewalt begeben, bereit als Opfer, bereit als Austauschobjekte, bereit zum Tod, wir Idioten, alle miteinander Idioten!

– *Put your hands up!*

Mitten im Gang stand der Kapitän, einen Kopf größer als Jassid, ruhig, blass, die Hände im Nacken.

– *On your knees!*

Langsam ging der Kapitän in die Knie. Die Pistole folgte dem sinkenden Kopf, bis der von meinem Platz aus nicht mehr zu sehen war.

– *I tell you, ladies and gentlemen, this man is to blame for all the trouble last night! Here, he knees, the only one, who is guilty! Your captain! He is a traitor! He gave informations to people outside! Do you admit?*

– *Yes.*

– *Louder, louder!*

– *Yes.*

– *You have heard, he admits! He admits! Now you will tell all passengers that you have been trained in the army!*

– *Yes.*

– *And the people who came to bring us groundpower, they have been your friends from the army? Do you admit?*

– *No.*

– *Why are you lying, you fool! Do you admit?*

– *No.*

– *You don't admit?*

– *No. They have been people from our company.*

– *Okay, show us what you have learned in the army! Get up!*

Der Kapitän in voller Größe.

– *Turn! March on! Go on! One two three four! One two three four!*

Der Kapitän marschierte im befohlenen Rhythmus, die Hände am Hals, durch die Kabine bis nach hinten.

– *Now turn! Come back! One two three four! One two three four!*

Jassid ließ ihn weiter marschieren, brüllte ihn an, stellte Fragen nach seinem Verrat, wann und wo, aber es blieb mir völlig unklar, worüber er sich so erregte. Mehrmals marschierte Lothar Krüger an uns vorbei, er versuchte mit selbstbewussten Blicken auf die Passagiere seine Stärke zu demonstrieren, er wirkte ungebrochen, gab mit fester Stimme seine Antworten und wehrte sich nicht gegen die schäbige Show. Er blieb ruhig, überlegen. Er wusste, er wurde gebraucht, er konnte gedemütigt und eingeschüchtert werden, aber er würde der Sieger bleiben. Vielleicht schwitzte er innerlich vor Angst, aber so, wie er durch den Gang schritt, machte er uns Mut. Jassid merkte das, sein Gebrüll wurde noch wütender, hilfloser, ihm fiel nichts mehr ein außer den immer gleichen Schimpfworten und seinen albernen Exerzierkommandos *One two three four*.

Da stand ganz vorn einer auf.

– So, jetzt muss ich mir aber wirklich die Beine vertreten!

Die bekannte, schneidende Offiziersstimme aus einer der ersten Reihen. Der alte Herr wollte offenbar hinter dem Kapitän hermarschieren.

Jemand versuchte, ihn wieder auf den Sitz zu drücken.

– Was fällt Ihnen ein, junger Mann! Lassen Sie mich!

Eine Rangelei, Jassid und andere kamen hinzu und schoben den Alten zu seinem Platz. Aber der ließ sich nicht beruhigen.

– Ich mache meinen Spaziergang, wann ich will! Da haben Sie mir gar keine Vorschriften zu machen! Mir nicht! Wo sind wir denn hier! Oma, was sagst du dazu?

Als sie den alten Mann endlich zum Sitzen gebracht hatten, schien Jassid das Interesse am Kapitän verloren zu haben.

– *Nobody is allowed to speak with him, okay!*, rief er und wies ihm einen Platz zu.

Sonnenlicht erhellte trotz heruntergezogener Rollos die Kabine. Das natürliche Licht förderte die Müdigkeit. Die Temperatur war wieder erträglich geworden. Die Menschen verkrochen sich in ihre Erschöpfung und wussten nicht, ob sie den Machtkampf zwischen Kapitän und Captain für wichtiger halten sollten als die eben überstandenen, nachtlangen Ängste.

Nicht traurig und nicht erschrocken waren die Gesichter um mich herum, nur leer und beleidigt, verschmiert. Die Geschminkten waren zusätzlich entstellt. Bartstoppeln gaben den Männern etwas Zerzaustes, Einsames. Die Haare in klebrigen Strähnen. Hitzepickel auf den Hälsen. Selbst die zappelige, schniefende, rasch zu einem Spruch aufgelegte Ingeborg Wendland hatte einen erloschenen, zaghaften Blick bekommen. Ihre Bräune war über Nacht verflogen. Die weit auseinanderstehenden Augen gaben ihrem Gesicht einen hilflosen, zerflossenen Ausdruck. Die in den Urlaubstagen eingebrannten Energien schienen nun auch bei ihr verbraucht. Ihre gestern noch mustergültig gepflegte Haut war von einer flachen, rötlichen Blässe überzogen wie von einer Krankheit.

Was mich daran am meisten erschreckte, war der Gedanke, so wie die andern siehst du auch aus. Weder tot noch lebendig. Ich saß noch auf meinem Platz, ich war immer noch Mrs. Boländer auf der Passagierliste, aber es saß nur noch mein Körper da, krank, mit dem Sitz verklebt und von allen lebhaften Empfindungen getrennt. Als hätten sie mir das Mark ausgesaugt, wie die Eskimos den Robben Mark aussaugen, ehe sie die Tiere zerlegen. Es hatte, so schien es jetzt, nicht einmal wehgetan. Die Verbindung zwischen Gehirn und Körper war unterbrochen. Ich spürte keine Beunruhigungen mehr, kein Mitleid mit Kapitän Krüger und keine der billigen Hoffnungen auf Befreiung. Alle Erwartungen und alle Ängste waren verschwunden. Es musste etwas Ungeheuerliches in dieser Nacht geschehen sein. Selbst wenn ich annehmen konnte, nicht tot zu sein, so wusste ich doch, ich hatte den Tod hinter mir oder ein Stück Tod. Ich hatte ihn überholt. Nach all den Schrecken und Strapazen war ich nun in einen Zustand hineingeraten, der mit meinem Leben, das ich bis dahin geführt hatte, nichts mehr zu tun hatte. Ein angenehmer Gleichmut erfasste mich.

Fünf

Man brachte Frühstück. Das pappige Brot, den köstlichen, gummiartigen Schmelzkäse, die tiefsüßrote Marmelade aß ich mit kleinen, begeisterten Bissen. Ein Begrüßungsmahl aus einer fremden Welt. Sogar der Aufdruck auf der Serviettenfolie, die Herkunft des Einwickelpapiers und der Essensschachtel gaben uns sonderbare Signale, AIRPORT DUBAI. Zwar standen wir an diesem rätselhaften Ort angeblich schon einen ganzen Tag und eine ganze Nacht, das wusste ich gerade noch, aber dieser unbekannte, nie gesehene Flughafen in diesem unbekannten, von keinem Passagier betretenen Land konnte eine Erfindung sein, ein magisches Nichts, eine Chiffre für den Airport Jenseits. Es kam mir vor, als sei das Frühstück von unbekannten Göttern und nicht von vorstellbaren arabischen Arbeitern angeliefert worden. Ich genoss den Schwebezustand zwischen den verschiedenen Unwirklichkeiten, ehe mich eine schlafwandlerisch aufgeräumte Stimmung befiel. Der Kaffee bestärkte eher die trunkene Müdigkeit. Ich war gewiss, alles Schreckliche hinter mir zu haben. Ich hatte nichts mehr zu fürchten, also fürchtete ich nichts mehr. Der Zustand des Kriegs, beim Stillstand der Waffen, in der Feuerpause.

Auf einer Holzbank, wartend, kurz vor der Anwaltsgehilfenprüfung. Der Prüfer schiebt mich auf einen Zahnarztstuhl und fragt etwas wie: Auf welche andere Weise als durch Rechtsgeschäft kann Eigentum an beweglichen Sachen erworben werden? Ich weiß die Antwort nicht. Er wird zudringlich, seine Stimme zerrt an mir, sein Atem laut, ich wache auf.

Jassid stand neben uns und forderte den älteren Mann auf, mit mir den Platz zu tauschen. Ich vermied es, Jassid in die Augen zu sehen, nahm mein kleines Gepäck, Schreibblock, Zeitung, Strumpfhose, Pullover und zog um. Der Herr stellte, sich entschuldigend, als Herr Walter vor. Der Schreibblock ließ sich nur schwer ins Netz zwängen. Schreiben, dachte ich plötzlich, du musst alles aufschreiben! Alles protokollieren, was dir geschieht und den andern, alles festhalten, beobachten, notieren! Erst eine halbe Seite beschrieben, ich hatte längst vergessen, was da stand, aber da waren neunundneunzig leere Blätter und ein Kugelschreiber! Zwei Tage schon den Block vor den Fingern, und nie war ich auf die Idee gekommen, damit etwas anzufangen! Welche Möglichkeiten! Welcher Schatz lag da! Ich könnte mich beschäftigen, ablenken, irgendetwas aufschreiben, Briefe, Träume, den Albtraum der Anwaltsgehilfenprüfung. Nein, nicht ablenken, besser das Gegenteil, ein Tagebuch, ein Protokoll, eine einmalige Gelegenheit, ein Protokoll aus dem Jenseits, vielleicht kriegst du sie schreibend zu fassen, deine nebelhafte Nüchternheit zwischen Leben und Tod!

Ich nahm mir vor, bei der Szene zwischen dem Kapitän und dem Captain anzufangen, die einzelnen Sätze und Befehle zu notieren. Nein, zu anstrengend, zu gefährlich. Du musst mit etwas ganz Einfachem anfangen. Also das Frühstück, was gab es, welche Verpackung, wie schnell habe ich gegessen, was hat mir geschmeckt und warum, wohin habe ich öfter geblickt, auf das Tablett, auf den Sitz vor mir, auf meine Nachbarin, auf ihre langen, spitzen Fingernägel, auf die Haare der andern, und wer hat mich beobachtet? All das ließe sich festhalten. Aber ich zögerte, zum Block zu greifen und anzufangen. Was ist, wenn die Piraten es als Angriff, als Widerstand auffassen, wenn jemand mit Papier und Stift hantiert? Reicht es, einfach harmlos zu tun und naiv? Es käme auf einen Versuch an. Ausrede bereithalten: Es ist nur ein Brief, ein Testament. Nur nicht den Anschein erwecken, als wolltest du etwas herausschmuggeln. Ganz bei dir sein, nur für dich schreiben, locker und genau.

Unruhe hinter dem Vorhang in der ersten Klasse. Dann erschien Jassid.

– *Ladies and gentlemen, we are happy to celebrate the birthday of our air-hostess Anita.*

Er grinste wie ein schlechter Showmaster und machte eine kleine Verbeugung, wippte zur Seite und hielt den Vorhang weit auf. Nun trat die braunhaarige Stewardess auf, sie trug eine Torte vor sich her, eine große Torte mit vielen brennenden Kerzen. Sie ging bis zur Mitte der Maschine, wendete und blies die Kerzen aus. Sie schien am Ende ihrer Kräfte, sie hielt die Torte schief. Einige Passagiere klatschten.

– *Ladies and gentlemen*, sagte der Anführer, *you all are invited to our birthday-party, you all. We are pleased to serve you some cake and some champagne, too. Please, wait just a minute for the champagne!*

Wieder Klatschen.

– Sekt!, juchzte eine Frauenstimme.

– Stimmung!, schrie ein Mann von hinten.

Auf meinem neuen Platz am Gang hatte ich gute Sicht. Stewardess Erika schnitt den Kuchen in kleine Stücke, Jutta servierte die Stückchen auf Servietten, den Kindern zuerst. Danach wurde Sekt verteilt, vielleicht war es sogar Champagner, für alle Erwachsenen einen guten Schluck in die Plastikbecher. Wir warteten mit dem Trinken, bis der Captain festgestellt hatte, dass alle versorgt waren, und seinen Becher hob und sagte:

– *Long live Anita!*

Er stieß mit ihr an. Wir riefen Glückwünsche nach vorn. Ingeborg hielt mir ihren Becher hin, wir drückten sie vorsichtig aneinander. Ich trank zuerst einen winzigen Schluck, der fremd gewordene, prickelnd bittere Geschmack tat mir gut. Aber das Beste daran war, dass das Getränk noch fast eiskalt war.

– *We hope you will have many good years doing your job as air-hostess.*

Jassid ahmte den Tonfall der Stewardessen nach.

– *Because of this birthday I will take down the explosive device.*

Nach der Übersetzung jubelten wir und klatschten. Er ging zur ersten Klasse, hantierte da eine Weile herum. Das konnte ein Zeichen sein, endlich ein Zeichen! Vielleicht hatte die Regierung schon vor dem Ablauf des Ultimatums reagiert und den Austausch versprochen. Es konnte keinen anderen Grund geben für die gute Laune des Anführers! Ich nahm den zweiten, größeren Schluck, spülte die Zunge, die Mundhöhle aus und war wie alle mittendrin in der Laune des Prostens und Lachens. Eine kleine Party begann, die nur deshalb ungewöhnlich war, weil wir alle saßen, nur unseren nächsten Nachbarn zuprosten und in eine Richtung blicken konnten. Jassid kam wieder, dankte für den Beifall mit einer kleinen Verbeugung.

– Ladies and gentlemen, the explosives are disconnected now.

Neuer Beifall, Hochrufe.

– But just for five minutes.

Er lachte, in einem freundlich bedauernden Ton.

Das musste ja kommen!, dachte ich. Ingeborg fiel die Kuchenserviette von den Beinen. Die Passagiere schwiegen entsetzt. Tränen auf Ingeborgs Gesicht. Auch ich war enttäuscht, aber ich fühlte, meine Enttäuschung hätte größer sein können. Ich sah mich wieder entfernter von allem. Die Rolle der Beobachterin war mir in diesen Stunden näher als die des Opfers. Immer noch hatte ich den Vorsatz, mitzuschreiben. Nun hatte sich die Geburtstagsfeier vor die anderen Beobachtungen geschoben. Das eben Gegenwärtige wurde zu rasch von einer neuen Erlebnisschicht überlagert. Ich konnte die Ereignisse nicht mehr auseinanderhalten. Das Simultane, Widersprüchliche, Verrückte schien mir nicht fassbar. Ich konnte nicht einmal diesen Mann enträtseln, der eben noch einen anderen erschießen wollte und nun Sekt und Kuchen verteilen ließ. Gestern hatte er die Frauen geschlagen und einen Vortrag gehalten, dann uns fast zu Tode schwitzen lassen und gleichzeitig für Sauerstoffflaschen gesorgt, heute den Kapitän mit Erschießen bedroht und danach eine Geburtstagsfeier mit kühlen Getränken ausrichten lassen. Ich nahm mir vor, erst die Risse in unserer Hauptperson zu ergründen und dann das Geschehen in unserm Gefängnis zu protokollieren.

Ich beobachtete Jassid, wie er den Plastikbecher in seiner Hand zerdrückte. Er sah nicht hin dabei, unterhielt sich weiter mit seinen Kumpanen. Er schickte Nummer 22 weg, der den Sprengstoff wieder zündfertig machte. Ich hörte Jassid reden, seine Rede von gestern, nicht die Worte, nur den Tonfall, das Brüllen eines Verwundeten, der von nichts anderem als von seiner Wunde sprechen konnte und mit wiederholten klagenden Gesten darauf zeigte und sie immer wieder wie sein persönliches Kennzeichen beschwor. Er schien nicht daran interessiert, seine Wunde heilen zu lassen, er brauchte die Wunde offen und empfindlich, er brauchte die Schmerzen zum Leben. Als er sprach, von sich und seiner Familie, hatte er die Befehlssprache vermieden und deshalb kaum Angst verbreitet, höchstens die Angst vor einem Kranken mit einer stinkenden, ansteckenden Wunde. Er hatte seinen Schmerz erklärt, aber er hatte mit jedem Wort gewarnt: Kommt mir bloß nicht zu nah! Wollte er niemanden anstecken? Warum drohte er mit Ohrfeigen, Tritten, Schlägen jedem, der Verständnis für seine Schmerzen signalisierte? In seiner Rede hatte es nur Gut und Böse, Opfer und Täter, Gläubige und Ungläubige gegeben. Diese unerbittliche Sucht zur Zweiteilung, dachte ich, ist vielleicht der Schlüssel, diesen Mann zu verstehen, das Entweder-oder-Schema, mit dem er alles in zwei Teile riss. Nach seiner Logik gab es nur den ewigen Kampf zwischen Ungläubigen und Gläubigen. Eine Kriegslogik, eine Kriegsreligion. Diese Logik brauchte er, nur mit dieser Logik war die Entführungsaktion zu erklären. Diese jungen Palästinenser, vielleicht waren sie oder ihre Familien wirklich so verfolgt worden, wie sie behaupteten. Aber was außer ihrer Kriegsreligion konnte ihnen so viel Kraft geben, dass sie sich nun im Recht glaubten, auch Unbeteiligte verfolgen zu dürfen? Was dachten sie dabei, ausgerechnet uns, eine von den tausend Zufälligkeiten der Ferientermine, von Schönheitswettbewerben und Wetterlagen, Liebschaften und unserm kleinen Reichtum zusammengewürfelte Menge deutscher Mallorca-Urlauber, in die Zange ihrer Probleme zu zwingen?

Ich wusste, das waren alles meine Fragen, nicht ihre. Sie führten einen Krieg. Für sie gab es Befehle, Ziele, Strategien. Das Nachdenken konnten wir uns leisten, das war unsere Sache, die wir keinen Krieg führten, keinen Krieg wünschten und nicht begreifen wollten, dass wir uns in einem Kriegszustand befanden.

Der Anführer hatte einen Arm um die junge Frau gelegt, die ich Heidrun nannte, und mit seinem Kontrollblick fuhr er weiter über die Köpfe der Passagiere. Wir duckten uns unter diesem Blick. Er blieb misstrauisch auch in den entspannten Momenten. Ich konnte mir nicht vorstellen, dass er irgendwann in den letzten achtundvierzig Stunden geschlafen hatte. Er sah zu, wie die Stewardessen, als wären sie seine Dienerinnen, die Kuchenservietten einsammelten. Plötzlich schien ihn eine Bewegung im hinteren Teil der Maschine zu irritieren, er nahm den Arm von der Schulter des Mädchens und legte die Hand an die Pistole. Rot leuchtete sein Hemd. Das eine Auge des Che Guevara auf seiner Brust war in einer Falte versteckt. Das Schwarz-Weiß dieses Gesichts ließ weder etwas Freundliches noch etwas Finsteres erkennen. Dies Bild, wofür war es Vorbild? Jassid tänzelte auf seinem Platz, wurde nervös. Ich erwartete den nächsten Hassausbruch, aber ich fürchtete ihn nicht mehr, weil ich längst darauf gefasst war, dass diese Ausbrüche irgendwann einmal auch mich treffen werden – und wer am Gang saß, kam eher dran. Ich hatte keine Angst und fühlte auf einmal, dass meine Angstlosigkeit gefährlich für mich werden konnte. Selbst wenn du keine Angst vor ihm hast, dann musst du Angst zeigen, sagte ich mir, dann wird er dich am wenigsten behelligen. Denn er wollte ja nur das eine, gefürchtet werden. Je mehr wir ihn fürchteten, desto eher schien er zufrieden, desto weniger musste er mit seinen Aggressionen drohen. Die Augenblicke der Entspannung waren die gefährlichsten für ihn. Er musste sich steigern zu einer noch nicht da gewesenen Einschüchterungsaktion. Er wurde unruhig, wenn er keine Furcht mehr in unseren Gesichtern sah. Er zehrte davon.

Aber es war ihm nicht anzusehen, welche Erwartungen er hatte, ob er mit einer Niederlage oder mit einem Austausch rechnete, mit seinem oder mit unserem Tod. Auf einmal hatte ich den Verdacht, dass ihm das Ergebnis völlig gleichgültig war, dass es ihm nur auf die Aktion ankam, auf einen tollkühnen Streich oder einen tollkühnen Tod. Aber als er wieder einmal auf ein Kind zuging und es mit Grimassen zum Lachen zu bringen versuchte, war ich mir auch dieses Verdachts nicht mehr sicher.

Ingeborg kam von der Toilette zurück.

– Scheiße, jetzt krieg ich auch noch die Tage! Die Pille in der Handtasche, kein Wunder!

Ich dachte, gut, dass ich sie grade hinter mir hab, diese Qual bleibt mir erspart. Vielleicht hätte den meisten die Pille gar nichts genützt, die Aufregungen reichten ja schon, uns das Blut auszutreiben.

Ingeborg warnte mich, aufs Klo zu gehen, es stinke so furchtbar, nicht zum Aushalten.

In der Reihe vor uns bat ein Mann um eine Zigarette. Nummer 28 erfüllte ihm den Wunsch, sie schickte ihn nicht einmal in die hintere Hälfte der Kabine. Sie gab ihm Feuer und behielt dabei die Handgranate in der Faust. Der Stift unter der Granate baumelte um ihren kleinen Finger, während sie mit dem Daumen das Feuerzeug zündete. Das Kunststück gelang, und ich zitterte erst, als sie mit ihrem Sprengstoff einige Meter entfernt war.

Sie wollen uns zittern lassen und immer wieder überraschen! Wenn man sich weder wehren noch verkriechen noch anpassen darf, dann ist der Terror komplett. Alles, was Jassid und seine Komplizen uns taten, lag auf dieser Linie. Die beinharten Techniken der Einschüchterung funktionierten nur, wenn sie nicht vorhersehbar waren. Die Entführer demonstrierten ihre Gewalt immer dann, wenn wir nicht damit rechneten. Sie brauchten die Lage Sekt, um den nächsten Schlag vorzubereiten.

Jassid, der Chef, verschwand Richtung Cockpit. Er drehte ab wie ein Offizier auf dem Richtplatz, und wieder hatte ich den furchtbaren, den rettenden Gedanken: Alles, was wir hier mitmachen, das ist ja nicht neu, die Methoden, die Gesten, der Kampf der Herrenmenschen gegen die Wehrlosen! Er drehte ab wie ein Offizier an der Rampe, der hundert, fünfhundert Fälle erledigt hat und nun eine kurze Pause macht, um mit energischem Schritt und bellender Stimme gleich wieder aufzutreten. Nun konnte ich nicht mehr so tun, als käme dieser Terror, dem wir ausgeliefert waren, aus dem Nichts, aus der Sinnlosigkeit oder aus dem bösen Charakter dieses widerlichen Burschen und seiner Hintermänner. Jassid hatte den Terror geerbt. Was uns geschah, war die Erbschaft des Terrors, der den Palästinensern von den Juden angetan worden war, der Terror der Juden wiederum war geerbt vom Terror der Nazis, war ein Teil jener rücksichtslosen Selbstbehauptung, moralisch gedeckt nach alldem, was die Nazis ihnen angetan hatten. Da war ich wieder bei unseren Vätern, Großvätern. Sie waren schuld, wenn hier jemand schuld war, sie hatten den Keim für den Terror gelegt! Weiter wollte ich nicht fragen, woher unsere Alten die Erbschaft hatten. Nein, dachte ich, so kann man alles entschuldigen, so kann man alles sich zurechtordnen, wo keine Logik und kein Sinn und keine Humanität mehr zu finden sind, da landen wir bei den Vätern und Großvätern. Ich verfluchte mich, weil ich zu wenig wusste von der Geschichte und den Motiven unserer Naziväter, ich verfluchte sie und war ihnen dankbar, denn nun hatte ich endlich die passenden Feinde gefunden, die ich haftbar dafür machen konnte, dass wir in diesen Kreislauf hineingezogen wurden.

Wir, was spielten wir für eine Rolle in diesem Spiel? Wir waren betroffen, wir waren beleidigt, dass unser Leben plötzlich so wichtig, dass alles so ernst wurde. Wir waren aus aller Unschuld gerissen, ausgerechnet wir, die wir immer so taten, als seien wir die friedlichen Nachkriegsdeutschen, in die eigne Harmlosigkeit, Tüchtigkeit und Gutwilligkeit verliebt. Wir, die Unschuldigen mit einem Rechtsanspruch auf Sicherheit, Unverletzlichkeit und auf unbeschwerte Freizeit, wir konnten uns nun nicht mehr heraushalten, wir braungebrannten Voyeure des Weltgeschehens. Dreißig, zweiunddreißig Jahre nach Kriegsende rissen sie uns plötzlich die Fernsehapparate vor den Köpfen weg und stellten uns selbst ins Bild. Es kamen diese Rotzbuben und garstigen Mädchen aus dem Orient daher und hielten uns nicht nur gefangen, sie waren auch noch so frech und erinnerten uns an unsere Verantwortung, und wir erschraken gehorsamst, weil wir plötzlich merkten, dass wir vielleicht wirklich verantwortlich waren für die Schüsse vor einem arabischen Haus in einem Dörfchen in den von Israel besetzten Gebieten!

Gerade in diesem Augenblick sah nichts nach Terror aus. Die Pistolen und Handgranaten steckten in Taschen oder waren meinem Blick verborgen. Am Durchgang zur ersten Klasse parlierten die Stewardessen mit Nummer 31. Die Passagiere saßen ruhig und gelassen auf ihren Plätzen. Vier F, sagte Frau Schmidt. Getroffen, sagte Herr Schmidt. Sie spielten Schiffchen versenken. Ich schmeckte der Süße des Kuchens nach. Auf den ersten Blick war es wie auf einem Routineflug, eine kurze Wartepause vor dem Start. Nur in den Gesichtern lagen die grausamen Schnitte der letzten achtundvierzig Stunden. Selbst in der vergleichsweise lockeren Stimmung blieb das Entsetzen in den Augen, in den Falten um den Mund. Das Entsetzen auch über den Irrsinn dieses Zusammenpralls im engen Flugzeuggefängnis: Alles hatte mit allem zu tun, alle waren wir füreinander verantwortlich. Keiner, ob Freund oder Feind, konnte sich heraushalten. Da kamen ausgerechnet diese Palästinenser daher und predigten mit ihrer Pistole die Moral der Nächstenliebe! Die Piraten, waren das vielleicht die letzten Idealisten?

Alles schien ins Gegenteil verkehrt, und diese Verkehrung war es, die trotz des Sprengstoffs an der Wand für eine gewisse Stimmung sorgte. Zwei Schluck Sekt und ein Löffelchen Torte, das wirkte eine Weile als belebender Kontrast. Die normale Welt erschien schon als die verkehrte Welt, und es fehlte nicht viel, und ich hätte mich daran belustigen können. Also hielt ich still.

Ruhig brachten wir den Nachmittag hinter uns. Wieder gab es Hühnchen zu essen, dazu eine Apfelsine, die ich aufhob. Die Stewardessen servierten in neuen, leichten Kleidern. Ingeborg bat um Binden oder Tampons. Jutta sagte, sie müsse sich gedulden, sehr viele Frauen hätten in den letzten Stunden ihre Periode bekommen, sie hätten schon am Mittag Vorrat bestellt. Sie wandte sich aber gleich zu Nummer 28 und verhandelte mit ihr, die daraufhin die Bitte an den Anführer weiterzugeben schien.

Den Kindern wurde Spielzeug gebracht, batteriegetriebene Autos, Raumfahrzeuge, Roboter und ähnliches Zeug. Bald hörten wir vorn und hinten das Sirren, Fiepen und Brummen dieser Maschinchen. Die Kinder waren bisher erstaunlich ruhig und unauffällig gewesen, sie schienen sich noch besser als die Erwachsenen anzupassen, und nun erst, als man ihnen eine Abwechslung bieten wollte, wurden sie lästig. Wenn ich im Taumel meiner Erschöpfungen einen Halt suchte und kurz vorm Einschlafen war, schreckte eine Kindersirene mich sofort wieder auf.

Mit Ingeborg plauderte ich über Kosmetik. Ihre Wimpern, die ich für angeklebt gehalten hatte, seien echt, versicherte sie. Um ihre Wimpern sei sie immer beneidet worden, deshalb sei sie Kosmetikerin geworden. Ich wagte nicht, nach ihren Fingernägeln zu fragen. Sie wuchsen in unserm Treibhaus anscheinend schneller. Während wir über Hotels und Strände in Mallorca sprachen, musste ich daran denken, dass sie mit solchen Nägeln ihren Kundinnen nicht die Creme einmassieren kann. Ingeborg regte sich über die hohen Einzelzimmerzuschläge auf.

Bald hatten wir nichts mehr zu reden. Ich hatte keine Kraft mehr, vorwärts zu denken. Es stellten sich keine Bilder aus der Vergangenheit ein. Die Freunde, die Kollegen, die Eltern, sie alle rückten immer weiter weg, als hätten sie, die Angehörigen, mich längst verabschiedet. Ich merkte, wie meine eigene Geschichte hinter mir verschwand, sie wurde ganz und gar überflüssig. Von Stunde zu Stunde wurde es immer unwichtiger, wer ich war und wann ich, ehe ich in diese Maschine gestiegen war, dies und das getan, gefühlt, gedacht hatte. Mit welchen Schwierigkeiten ich mich durch meine paar Jahre Leben geschlagen oder gewunden hatte, das interessierte keinen mehr, nicht einmal mich selbst. Meine Biographie spielte keine Rolle, und deshalb sah ich auch keinen Sinn darin, Bilanz zu ziehen.

Zum ersten Mal seit Jahren der Wunsch zu stricken. Aber die Bewacher würden sofort die Nadeln beschlagnahmen. Sie behielten uns ständig im Blick. Sie versahen ihren Dienst wie routinierte Beamte. Artig hoben wir die Hand, wenn wir auf die Toilette mussten und auf einen Wink warteten. Der Wink war freundlich, auch wenn er mit der Pistole gegeben wurde. Der Terrorist, dein Freund und Helfer. Ingeborg schlief, den Kopf auf das Tischchen gelehnt. Lange Zeit hatte ich es ausgehalten, nicht auf die Toilette zu gehen. Die vordere war gesperrt, voll mit Müll. In den beiden hinteren, hieß es, stinke es unerträglich. Ich versuchte so lange wie möglich zu warten. Herr Schmidt auf der anderen Seite kratzte sich nervös in den Haaren. Mit einem Finger massierte er ein Stück seiner Kopfhaut. Flöhe oder Kopfschmerzen, aber warum kratzt und reibt er sich so? Seine Schiffe hatten die Schlacht verloren. Nun wurde ich nervös, weil er nicht aufhörte mit seiner Kratzerei.

Ohne an die Frage der Erlaubnis zu denken, griff ich zur Zeitung. Das Format war zu groß für Flugzeuginsassen, ich hatte Mühe, die Seiten zu wenden und zu kniffen, ohne meine Nachbarin zu wecken. Nummer 28 kam vorbei, aber sie verbat mir das Lesen nicht. Unkonzentriert las ich über die meisten Artikel hinweg, suchte nach Meldungen über die Entführung des Industriepräsidenten. Ich fand nichts. Eigentlich suchte ich die Zeitung nur darauf ab, ob sie Nachrichten über uns enthielt oder Andeutungen. Ich hatte nicht vergessen, dass ich die Zeitung von vorgestern mit den Nachrichten von vorvorgestern in der Hand hielt. Aber ich wollte mir einbilden, es müsse über uns etwas zu finden sein, über mich. Vorzeichen, es muss doch Vorzeichen geben! Ich las Artikel mit Appellen zur Bekämpfung des Terrorismus, daneben das Foto eines gangsterhaft grinsenden Politikers, der sich der Bekämpfung des Terrorismus verschrieben hatte. Vier mutmaßliche Anarchisten waren in Rotterdam festgenommen worden. Ein anderer Politiker verteidigte irgendeine Zitatensammlung. Ein Historiker wurde gepriesen, weil er unbekannte Tagebuchnotizen von Generalfeldmarschall Rommel entziffert hatte.

So streifte ich die Seiten durch bis in die letzten Absätze langatmiger innenpolitischer Berichte, irgendwo musste es ihn doch geben, diesen Satz: Alle Geiseln sind frei. Und wenn das vielleicht zu viel verlangt war, dann wenigstens das: Die Bundesregierung hat soeben den Austausch beschlossen.

Ein Zucken im Hirn oder der erste Stich von Kopfschmerzen – ich war sicher, dass sie in diesen Augenblicken in der Regierung den Beschluss fassten. Es war nicht schwer, die telepathische Verbindung herzustellen. Zuerst ein geschlossener Raum und darin eine Runde gefüllter Herrenanzüge um einen großen Tisch. Alles grau, mattblau, blass. Dann die Herren in ordentlicher Haltung, aber erschöpft. Sie waren sich einig. Sie hatten zu viel Kaffee getrunken. Sie hatten lange genug beraten, sie wollten nach Hause. Wochenende. Ihre Hemden waren nicht verschwitzt. Sie hatten ihren Frauen einen freien Abend versprochen. Sie brauchten keine Dusche, sie stanken nicht, sie wollten nur endlich etwas anderes sehen als immer die gleichen Gesichter dieser Beratungsrunde. Sie klappten die Aktendeckel zu. Sie ließen den Kaffeerest in der Tasse kalt werden. Sie hatten alles abgewogen, sie brauchten nicht abzustimmen. Die Mehrheit war eindeutig. Der Krisenstab hatte die Krise gelöst. Sie lockerten die Schlipsknoten. Sie hatten ihre Pflicht getan. Die Einzelheiten konnten die Experten klären. Noch eine Nacht und ein Vormittag bis zum Ablauf des Ultimatums. Einer erinnerte an die Vertraulichkeit. Sie stimmten dem Kommuniqué des Sprechers zu. Wer noch viel vorhatte, nahm einen Schluck Fruchtsaft. Sie standen auf, sie blickten sich aufmunternd an, einige liefen erleichtert zu den Telefonen. Andere zu den Toiletten. Die persönlichen Bewacher gingen in Stellung. Die Wagen fuhren vor.

Mit solchen Bildern versuchte ich einzuschlafen, aber die Sirenen der Spielzeuge hielten mich wach. Sie klangen nach Polizei, Krankenhaus, Gefahr. Sie taten weh, schnitten ins Gehör. Die Batterien, hoffte ich, müssten bald verbraucht sein. Ich hielt mir die Ohren zu, sah Petras Kind vor mir, das kräftig gewachsen war, ein kreischendes Dreijähriges, das nun mit Robotern und Autos spielte, mit denen es noch nicht richtig umgehen konnte und die es fiepen und brummen ließ. Diese Töne vermischte das Kind mit dem eigenen Quengeln und war mit nichts zufrieden und ging allen auf die Nerven, selbst Petra, die allein war mit dem Kind und wütend auf den Vater, der sich nicht blicken ließ und nur das scheußliche elektrische Spielzeug schickte, Petras Kind hier im Flugzeug zwischen den andern Kindern, mit den Sirenenfahrzeugen der Söhnchen der reichen Araber spielend, allen lästig und gleichzeitig von allen bemitleidet, das arme Kind, eingesperrt und ohne Papa, von niemandem zu bändigen, von niemandem abzustellen, niemand traut sich, den Kindern die Batterien wegzunehmen.

– 17 Uhr 15, sagte jemand hinter uns, wer hat denn jetzt die Bundesligaergebnisse?

Ich lachte mit, leise.

– HSV gegen Bochum 4:1, rief ein anderer.

– 10:1.

– Nein, nein, meinte ein Experte ernsthaft, Bochum spielt heute in Köln. Und der HSV ist in Kaiserslautern, glaub ich.

Ein anderer setzte sich mit der Meinung durch, dass Pokalspieltag sei. Frankfurt in Schalke, das wisse er schließlich als

Frankfurter genau. Jeder lobte die von ihm favorisierte Mannschaft.

Die Frauen hatten andere Probleme. Unter uns flüsterten wir die Meldung weiter, es seien Binden geliefert worden. Noch in dieser Situation achteten wir darauf, die Männer mit solchen Nachrichten nicht zu behelligen. Sofort gingen viele Hände hoch, und es dauerte fast eine Stunde, bis alle Frauen sich versorgt hatten.

Mir fiel die Geschichte meiner Freundin H. ein, die als Sechzehnjährige auf dem Petersplatz in Rom stand und im Gedränge auf den Papst wartete, plötzlich eine Hand unter ihrem Rock spürte, sich drehte und nur leise aufschrie, weil sie fürchtete, den Papst zu erschrecken, der gerade erschienen war, aber den Mann noch sah, der hinter ihr im Gedränge verschwand, und wie sie floh, heulend in die andere Richtung rempelte und sich tagelang nicht beruhigen wollte vor Angst, der Grapscher habe ihre Binde berührt.

Auf dem Weg zur Toilette schlug mir der Gestank mit jedem Schritt stärker entgegen, aber ich hatte noch so viel Kraft, den Atem anzuhalten, die Tür aufzureißen und nach einer Minute wieder auf dem Gang zu stehen. Ganz langsam ging ich zurück, entdeckte Petra, sprach sie an, aber sie reagierte so apathisch, dass ich nicht einmal sicher war, ob sie mich überhaupt noch kannte.

Als die Kinderspielzeuge allmählich verstummten, merkte ich, dass es Abend geworden war. Ich versuchte, nach draußen zu denken, zu Rainer. Es war zu mühsam. Ich fürchtete, mit dieser Anstrengung zu viele meiner Energien zu verbrauchen. Ich hatte die größte Angst vor einer zweiten Nacht im Brutofen, aber ich war sicher, dass der Kapitän und der Kopilot vorgesorgt hatten. Sie wirkten jedenfalls, wenn sie auftauchten, nicht nervös, nicht übermäßig besorgt.

Das müde Kind, das nicht einschlafen will, wenn es noch hell draußen ist. Die Flecken an der Wand, die Muster der Tapete, der Staub gesprenkelt mit Fliegendreck im Lampenschirm. So fängt das Schlummern an, so werden Träume gebaut. Ich suchte solche Flecken, Unregelmäßigkeiten an der Decke der Kabine, an den Gepäckablagefächern, an den plastikbeschichteten Wänden rechts und links. Nichts, wo der Blick anhalten, ausruhen und phantasieren konnte. Kein Summen, kein Fliegentanz. Die Flugzeugkabine neu und makellos, das perfekte Äußere und Funktionale passte nicht zu den Verwundungen, die wir spürten. Das Kackgelbbraun und das optimistische Orangerot der Polster, alles bremste die Phantasie. Die Griffe der Fächer, die Knöpfe für Luft, Licht, Bedienung, das reichte nicht, um mir Gesichter vorzustellen oder Tiere, galoppierende Bilder in Schwarz-weiß, farbliche oder figürliche Entsprechungen der Schrecken des vergangenen Tags. Eine Sekunde lang dachte ich, die Leute im Gefängnis haben es besser, sie dürfen wenigstens solche Spiele machen. Das Licht blieb an. Der Herr hinter uns schnarchte leise. Ich überlegte, ob ich gern die Träume tauschen würde mit Ingeborg Wendland aus Heusenstamm. Kurz darauf lag ich auf einer Sonnenbank.

Die Leute in den Gefängnissen, nur selten dachte ich an die, die gegen uns getauscht werden sollten, die jungen Frauen und

Männer, die sich als Armee bezeichneten. In all den Jahren, in denen so viel von ihnen geredet wurde, hatte ich sie nie verstanden, ihre Anschläge nicht, ihre Sprache nicht, ihre Ziele nicht. Ich lehnte sie ab, weil alle sie ablehnten, aber ich hielt sie nicht für so gefährlich, wie sie dargestellt wurden, ich hatte keinen besonderen Hass auf sie, nur Abscheu. Ich war sicher, dass sie mit den falschen Mitteln arbeiteten, und ebenso sicher, dass sie mit den falschen Mitteln bekämpft wurden, und dass der Polizei diese Gruppe im Grunde sehr gelegen kam. Aber ich fühlte mich von ihnen nicht bedroht und hatte mich nie näher mit ihnen befasst, und ich hatte es eher für ein Zeichen ihrer Schwäche gehalten, dass ihnen nichts anderes mehr einfiel, als die Freilassung ihrer gefangenen und verurteilten Freunde zu erzwingen. In dieser Nacht aber sah ich sie in einer ähnlichen Lage wie mich, in größeren Zellen, aber lebenslänglich, sah sie schwitzen, stöhnen, schreien, sah sie schlaflos, traurig, verbissen, ich wusste, meine Träume könnten ihre sein, mein Herzschlag, mein Kopfschmerz, meine verzweifelten Beruhigungsformeln kratzten nicht nur an den Wänden dieser Flugzeugzelle, und alle Hoffnungen ballten sich in den einzigen, den explosiven Wunsch: Raus! Raus hier! Raus!

Den Kopf auf die Arme gelehnt, sehnte ich mich nach Bewegung. Ich lief, lief mit Kindern um die Wette, es waren meine Kinder und schon so groß wie ich, etwa fünfzehn Jahre alt, ein Junge und ein Mädchen. Sie rannten schneller als ich, sie überholten mich, hängten mich ab. Aber dann wurden sie kleiner und kleiner, die Beine immer kürzer, und ich holte sie wieder ein, ich war außer Atem, aber schneller als sie, die immer mehr schrumpften, bald auf die Größe von Sechsjährigen, dann von Zweijährigen. Ehe sie mir in der Hand zerschmolzen, lud ein Mann mit schwarzer Hautfarbe uns zu einem Vortrag ein. Es saßen lauter Juristen in einem Saal, der nach hinten hin offen war und in eine Schrebergartenlandschaft überging. Der Bundeskanzler sprach. Die Kinder langweilten sich und wurden nun wieder größer. Meine alte Tante Elli stand neben mir und sagte, kommt doch mit, ich habe dahinten einen Garten, die Johannisbeeren sind reif und die Erdbeeren. Die Kinder gingen mit, ich auch, obwohl ich das Gefühl hatte, der Bundeskanzler spreche nur zu mir.

Wie in einer dünnen Schale wachte ich auf. Vorsichtig bewegte ich die Glieder, die Schale bröckelte. Es war der getrocknete Schweiß auf der Haut, der seit Tagen gespeicherte, verkrustete Schweiß in den Falten der Bluse, der Hosen. Der eigene Gestank war ebenso widerwärtig wie ein fremder. Es war kein Trost, nicht die Einzige zu sein, die so stank. Ingeborg massierte sich mit affektierten Bewegungen die Hände. Und jetzt die Maniküre, dachte ich. Ich machte ihr die Massagebewegungen nach.

Rainer ist nicht überrascht, als ich ihn einlade, mit mir zu kommen. Er zögert nicht, schon im Fahrstuhl zieht er mir die Bluse aus, den Rock. Der Fahrstuhl hält auf einem weitläufigen Dachgarten, ich knie halbbekleidet auf dem Gras. Er hat die zärtlichsten Hände. Rainer mit Gerolds Gesicht. Ich streichle ihn, er wird immer verrückter, wir laufen voreinander weg aufeinander zu. Gerold mit Rainers Gesicht. Durch das hohe Gras der Blick auf ein Flugzeug weit oben.

Der Morgen dämmerte. Nach meiner Uhr war es vier, also mochte es hier sieben Uhr früh sein. Die Stunden bis zur Entscheidung an zwei Händen, bald an einer Hand abzuzählen.

– Sonntag heute, sagte ich zu Ingeborg und meinte, es werde alles gutgehen.

– Egal, ich geh nicht in die Kirche, sagte sie.

– Ich auch nicht.

Am Abend, bei einem ihrer Einschlafversuche, hatte sie die Hände gefaltet.

– *I will kill you! This is your second fault! You will be executed immediately!*

Jassid schrie und schob Herrn Fuchs, den zweiten Piloten, vor sich her, drückte ihn mit einer Pistole auf einen freien Sitz. Dann tobte er mit einer Uhr in der Hand durch den Gang, schlenkerte sie vor den Augen einiger Passagiere und fragte:

– *This is a Jewish watch, isn't it?*

Ich zuckte ängstlich die Schultern, andere schüttelten mit einer unmerklichen Bewegung den Kopf. Der Anführer rannte wieder zum Kopiloten, befahl ihm aufzustehen, die Hände zu heben. Kapitän Krüger trat dazwischen und versuchte, Jassid zu beruhigen. Ich hörte einen Mann weinen. Der Anführer argumentierte nicht mit dem Kapitän, er wies ihn fort und hob die Pistole an die Schläfe des Kopiloten. Der drehte schluchzend den Kopf zur Seite, aber damit erreichte er nur, dass der Chef der Piraten ihm die Pistole noch fester an den Schädel drückte.

Ich dachte nicht daran, mir die Ohren zuzuhalten. Der Kapitän stand daneben, redete, hob die Arme, und sprach so laut, dass er den suggestiven Ton eines Befehls traf, und gerade so leise, dass sein Satz nicht als bedrohliche Überheblichkeit gegenüber Jassid verstanden werden konnte:

– *Don't do it, Captain!*

Der Anführer ließ die Pistole an der Schläfe, riss mit seiner linken Hand wieder die Uhr hoch und fragte den Kopiloten, ob er nicht wisse, dass dies ein jüdisches Zeichen sei.

– *I really don't know, Captain!*

Er klang nicht resigniert, er schrie fast, erstaunlich laut für einen, der gerade geweint hatte.

Jassid grinste und ließ Wort für Wort übersetzen:

– Meine Damen und Herren, nun zeigen wir Ihnen, dass wir Freiheitskämpfer und keine Terroristen sind. Wir können Ihnen alles verzeihen. Pilot, tritt deine Uhr kaputt!

Er nahm die Pistole vom Kopf des Kopiloten und ließ sie langsam sinken. Die Uhr gab er an den Delinquenten weiter und befahl noch einmal:

– *Crush this Zionistic stuff!*

Der Pilot schleuderte sie auf den Boden, trampelte auf ihr herum und schrie mit panischer Stimme:

– *Believe me, believe me, this is just a normal fucking watch!*

Blass und schwitzend, fluchend und heulend trat er auf der Uhr herum.

Jassid grinste, befahl aufzuhören, bückte sich, hob das Gehäuse auf, hielt es in die Luft und ging wieder durch die Reihen.

– *How many points has the Jewish star?*, brüllte er.

Alle schwiegen.

Er ließ die Frage übersetzen. Niemand wagte zu antworten. Ich dachte, ich hätte es eben noch gewusst, hätte es immer gewusst, aber nun wusste ich plötzlich nicht mehr, ob fünf, sechs oder acht.

– Vier, antwortete jemand.

– Fünf.

– Ich weiß es nicht, murmelte Ingeborg Wendland. Vielleicht sechs.

– Ja, sechs, flüsterte ich und dachte, nein, fünf!

Jassid stieß bis zu unserer Reihe vor, ich sagte leise: five. Er lief zurück und kam mit einem Blatt Papier wieder, darauf hatte er den Davidstern gezeichnet. Er ging langsamen Schritts und mit drohenden Augen durch den Gang bis nach hinten und wiederholte, mal lauter, mal leiser, den Satz:

– Look, that is the sign of the pigs! You have to bear that in your minds! You have to know that, you German bastards! Look, six points, six, six, six!

Dann griff er zu seiner Pistole, hielt sie am Lauf, legte das Uhrgehäuse auf eine Armlehne und hämmerte mit dem Schaft darauf herum. Endlich schien er beruhigt und lachte zufrieden in die Runde.

Die ganze Szene kam mir wie eine Szene von gestern vor, ein Stück Vergangenheit, die wir längst überwunden, fast vergessen hatten. Nach der relativ ruhigen Nacht war diese Form des Terrors, in der ein Mann einem andern eine Pistole an die Schläfe drückt, überflüssig, unwirklich, peinlich. Obwohl ich für Herrn Fuchs gezittert hatte, konnte ich die Bedrohung nicht recht ernst nehmen. Alles nur Manöver, alles Tricks, um uns ängstlich und gefügig zu halten! Sie wollen die Starken zuerst einschüchtern, gestern den Kapitän, heute den Kopiloten. Wenn sie die zum Zittern kriegen, dann zittern wir alle! Wenn sie denen zeigen, dass sie die Chefs an Bord sind, dann brauchen sie sich um uns nicht mehr viel zu kümmern!

Aber die Aufregung über die angeblichen Judensterne, war die etwa echt? Ich wusste es nicht. Der spinnt doch mit seinem Judenhass! Und meine Aufregung? Ich schämte mich, im entscheidenden Moment nicht gewusst zu haben, wie viele Zacken dieser Stern hat, es wuchs die Scham über die Blockade im Kopf wegen der Angst vor einer Antwort, vor den Folgen einer falschen Antwort oder vor den schlimmen Folgen einer richtigen Antwort. Der Anführer hatte wie ein böswilliger Lehrer geschrien, hysterisch, ärmlich, ein fanatischer Rohrstockmensch, ein immer zu kurz gekommener SA-Mann, und ich sah uns in eine alte Zeit versetzt, unsere Väter und Großväter im gleichen Schritt, im ruhig festen Tritt marschieren und Befehle brüllen und mit dem Grinsen derer, die Gewalt haben, und mit dem pubertären Grölen einer Horde, die sich ihrer Gewalt freut, unsere Väter und Großväter, als sie den Stern, den sechszackigen, auf Schaufenster und Hauswände schmierten, Deutsche, kauft nicht bei Juden!, als sie den Stern, den sechszackigen, in den Hetzblättern belachten, als sie den Stern an die Mäntel und Jacken ihrer Nachbarn heften ließen und ihm auswichen auf den Straßen, in den Warteschlangen, bis sie die Sternträger aus den Gaststätten und Straßenbahnen und von den Parkbänken verbannten, ihnen das Telefonieren und die Haustiere verboten, bis sie die Güterwagen bestellten und rollen ließen und die Namen abhakten und alles auslöschten, was den Stern trug, den sechszackigen, und die Väter löschten selbst ihr Gedächtnis an die Sternträger aus und das Gedächtnis ihrer Kinder gleich mit, sodass wir nun belehrt werden mussten von der nächsten Generation der Judenhasser, wir, die wir an nichts mehr schuld sein wollten!

Als ich die Genehmigung erhielt, zur Toilette zu gehen, sagte Herr Walter:

– Nehmen Sie Papier mit! Oder gehen Sie besser gar nicht, es ist eine Katastrophe!

Ich setzte mich wieder und zerriss den Reiseteil der Zeitung in passende Stücke. Ich musste mich ein zweites Mal melden, hob artig die Hand. Nummer 31 gab mir endlich den Wink, und ich kämpfte mich durch die Wellen des Gestanks nach hinten. Petra schien noch zu schlafen. Oder sie war von den bestialischen Gerüchen betäubt, ohnmächtig, und niemand merkte es. Dass die Leute in diesen Reihen ruhig sitzen und das aushalten konnten! Sie hielten es nicht aus, was blieb ihnen anderes übrig, sie hielten es aus. Vor den Klotüren ein See von Urin. Beide Klos, die nebeneinanderlagen, waren verstopft, die winzigen Kabinen voll mit Papier, Abfällen und offenen Kartons mit benutzten Binden. Der Gestank von Urin und Kot war gemischt mit dem Geruch von Menstruationsblut und einer chemischen Lösung, die diese Gerüche dämmen sollte, aber sie nur schärfte oder zu einem noch gemeineren, alle feineren Geruchsnerven wegätzenden Gemisch steigerte. Es stank, als hätte die ganze Menschheit hier alle Ausscheidungen und Ausdünstungen zusammengeworfen. Es ekelte mich so, dass ich gleich wieder umdrehen wollte. Ich hörte meine Sohle in der Urinpfütze schmatzen. Ich wählte das Klo, in dem der Brillenrand noch am saubersten schien. Aber auch hier war es unmöglich zu sitzen. Ich stand, leicht in der Hocke, damit ich den aufeinandergehäuften Kot der andern nicht berührte. Niemals wirst du hier deine Scheiße loswerden, dachte ich. Ich versuchte die Luft anzuhalten, biss die Zähne zusammen, schloss die Augen. Ich redete mir ein, ich müsse die Gelegenheit nutzen, denn wenn ich jetzt wieder zurückginge auf meinen Platz und vielleicht in zwei Stunden wiederkäme, dann werde es noch mehr stinken, dann werde man hier nicht einmal mehr stehen können vor lauter Scheiße. Eher voll Wut als voll Ekel über diese Zustände kackte ich meinen Haufen dazu und floh wieder auf den Gang. Schon in der Mitte kam es mir vor, als sei ich an der frischen Luft angelangt. Die Hände rieb ich an den restlichen Blättern des Zeitungspapiers ab.

Jassid tauchte auf, mit Sonnenbrille und frischem Hemd. Mürrisch und streng ging er durch die Maschine bis ans hintere Ende, schielte über den Brillenrand, kam rückwärts laufend wieder und blieb neben mir stehen.

– Die Frauen sollen Strümpfe und Strumpfhosen ausziehen und abliefern, sofort!

Ich überlegte nicht lange, was das zu bedeuten hatte. Die Strumpfhose, die ich längst abgestreift hatte, kramte ich aus der Sitztasche. Stewardess Anita ging durch die Reihen mit einem Arm voll Strümpfen, einige Strumpfbeine baumelten herunter, wehten ihr ums Kleid, und sie ließ sich von den Passagieren immer neue Bündel aufpacken. Ich war froh, das stinkende Nylonzeug los zu sein.

Danach kam der Anführer wieder und brüllte ins Mikrophon:

– Die Maschine wird bis 9 Uhr aufgetankt. Wenn das nicht geschieht, werde ich um 9 Uhr mit den Erschießungen beginnen. Alle fünf Minuten einer!

Er lief durch die Kabine und zeigte auf eine junge Frau und einen jungen Mann.

– *You are number 1, you number 2! You are the first ones!*

Er hielt den Zeigefinger wie eine Pistole und legte mal auf diesen, mal auf jenen Passagier an.

– *You are number 3, you 4, you 5, you 6, you 7, you 8, you 9, you 10! That's enough! Don't forget your numbers!*

Nummer 6 war Herr Walter, mit dem ich den Platz getauscht hatte. Er war nie aufgefallen, meistens schlief er oder musterte alles schweigend mit steifem Blick. Auch jetzt reagierte er mechanisch, starrte zu Jassid hin, der längst nicht mehr zu ihm hinsah, und wischte sich mit der Hand über die Stirn.

Die beiden, denen die Nummern 1 und 2 verpasst worden waren, wurden mit der Pistole nach vorn dirigiert. Sie mussten hinknien am Durchgang zur ersten Klasse. Nummer 31 und Nummer 22 hielten ihnen die Pistolen an den Kopf. Sie zielte auf die junge Frau, er auf den Mann. Jassid sprach mit dem Tower und gleichzeitig ins Kabinenmikrophon.

– *Okay, we are ready now. Give us petrol immediately! Immediately! If the petrol is not here within ten minutes, I will start the execution of the passengers. One passenger every five minutes! Okay?*

Er schwieg eine Minute lang.

– *Nine minutes to go.*

Schweigen.

– *Eight minutes.*

Schweigen.

– *Seven minutes.*

Schweigen, langes Schweigen.

Der Countdown wurde nicht fortgesetzt. Aufregung im Cockpit, das Kabinenmikrophon wurde abgeschaltet, wir konnten nichts mehr verstehen. Bald hörte ich einen Wagen heranrollen, und es folgte das pfeifende Brummen des Pumpenmotors. Die beiden Opfer durften aufstehen und wurden auf ihre Plätze in den ersten Reihen entlassen.

Gleich darauf wurde Frühstück serviert. Schon wieder Hühnchen, schon wieder kaltes Fleisch, schon wieder pappiges Brot. Ich hatte auf nichts Appetit und wollte das Tablett zurückgeben. Hätten sie das Frühstück auch gebracht, wenn die beiden tot wären? Ich wusste es nicht, ich traute ihnen alles zu, möglich war alles, vielleicht hätten sie nach der Erschießung sogar Sekt angeboten.

Anderthalb Tage lang waren wir verschont geblieben von der Willkür der Entführer. Nun machten sie uns wieder zur Zielscheibe, so kurz vor dem Ablauf des Ultimatums. Auftanken, also weiterfliegen, also zu einem Ort der Befreiung. Aber warum hatte er das Tanken erzwingen müssen? Warum wollten sie da draußen nicht, dass wir abflogen? Die Fragen konnte ich abwürgen, aber mit dem ersten Durchatmen nahm ich den Gestank wieder wahr, den ich während der bedrohlichen Augenblicke vorher nicht gespürt hatte. Wieder roch ich den alten Schweiß in den Kleidern, den Schweiß unter der Achsel, auf dem Bauch und in den Falten der Haut, ich roch den frischen Schreckschweiß, wie ein Misthaufen roch ich, und nicht anders roch der Schweiß von Ingeborg und der Schweiß der näheren und der ferneren Nachbarn, der vermischt war mit dem Uringestank und dem Kotgestank und dazu das Menstruationsblut von vielen Frauen, und zum ersten Mal glaubte ich das Gerücht von den Toten, die im Frachtraum verwesten, denn ein süßlicher, fiebrig grünlicher Geruch mischte sich hinzu, den selbst die Klimaanlage nicht zu vertreiben vermochte. Es war mir, als hätten sich die Leichen da unten in dem Augenblick gemeldet, als hier oben neue Leichen gemacht werden sollten, und als wollten sie nun mit ihrem aufdringlichen Gestank, der durch die Ritzen, den Fußboden und sogar durch Aluminiumwände drang, den Lebenden ihre Forderung mitteilen: Es muss Schluss sein endlich, wenn ihr nicht aufhört da oben, dann werden wir euch noch mehr belästigen, bis euch Hören und Riechen vergeht!

Ich konnte das Fleisch, das Brot nicht einmal ansehen und hielt der Stewardess Jutta das Frühstückstablett hin.

– Esst, ihr braucht Kraft!, sagte sie streng.

Sie schob das Tablett wieder auf mein Tischchen zurück. Aus bloßer Angst vor der Übelkeit war mir übel. Herr Walter, der die Nummer 6 sein sollte beim Erschießen, befolgte den Rat der Stewardess sofort. Als ich ihn essen sah, der auf der Todesliste stand und nun hastig zugriff und zubiss wie ein eiliger Autofahrer in einer Imbissstube, wurde mir leichter. Ich holte das Brot vor die Nase, um etwas anderes zu riechen als den gewohnten Gestank, schnüffelte gierig an dem lappigen Backwerk herum, bis ich den Duft des Mehls, der Körner, der Teigmischung zu spüren meinte, und sog den Geruch von Butter und Marmelade ein, ehe ich sie verschmierte. Das Hühnerbein aß ich mit geschlossenen Augen. Als der Kaffee kam, fühlte ich mich schon besser, das Riechen war wichtiger als das Trinken. Das Kalbfleisch rührte ich nicht an, denn ich meinte an dessen Rändern rötlich braune und in der Mitte leicht grünliche Verfärbungen zu sehen.

Die Stewardessen erhielten den Befehl, neben den Papptabletts und Essensresten auch das Plastikbesteck vollständig einzusammeln. Gestern hatte es diesen Befehl nicht gegeben. Sie bekamen also wieder Angst vor uns, die Damen und Herren Entführer, Angst vor ein paar dünnen Plastikmesserchen! Ich konnte mir nicht erklären, was das zu bedeuten hatte. Ein gutes Zeichen war es nicht.

Auf beiden Seiten wuchs die Angst. Das Ultimatum lief in drei Stunden ab. Diese Frist schweißte uns zusammen, trennte uns. Die Piraten wurden uns immer ähnlicher. Sie litten unter dem Gestank wie wir. Sie waren übermüdet wie wir. Die Männer hatten die struppigen Dreitagebärte, die ihnen ein beleidigtes, mürrisches, geschlagenes Aussehen gaben. Das Lächeln unter dem kargen Bartwuchs sah verlogen aus. Wären nicht die Hemden gewesen und die Waffen, die sie nur gelegentlich, wie zur Abmahnung einer Erinnerung, hochhielten, sie wären von den Passagieren ihres Alters nicht zu unterscheiden gewesen. Alle vier hatten den fiebrigen Blick, auch sie wollten rasch zum Ende der Aktion gelangen. Aber wovor hatten sie Angst? Was hatte das Auftanken zu bedeuten? Noch drei Stunden, aber im Cockpit schien nicht gerade Hektik zu herrschen. Warum hatten sie uns die Strümpfe abgenommen?

Ein Ultimatum ist dazu da, dass es verlängert wird. Ein Ultimatum heißt, es fängt etwas Neues an. Wenn sie Strümpfe und Bestecke einsammeln, dann ist das ein neuer Anfang. Kein Grund, die Hoffnung aufzugeben. Es war der vierte Tag. Erst jetzt fiel mir das ein: der vierte Tag! So lange hatte ich schon durchgehalten auf dem schmalen Sitz am Fenster und am Gang in Reihe 10. Vier Tage mit fünfzig Zentimetern Beinfreiheit und achtzig Zentimetern Kopffreiheit in meiner offenen Einzelzelle. Mit meinem Platz konnte ich zufrieden sein, wenn ich ihn mit den unerträglichen Mittelplätzen verglich, in denen man ständig von zwei Nachbarn bedrängt wurde. Ich war noch gut dran, ich hatte keine Schmerzen außer in den Beinen, ich hatte nicht die Qual mit der Periode, ich hatte hin und wieder ein wenig schlafen können. Ich hatte vier Tage überstanden – und warum sollte ich nicht noch vier Tage aushalten? Also, stell dich drauf ein, noch weitere vier Tage!

Nur dieser elende Gestank! Den Gestank müssten sie endlich abstellen! Augen ließen sich schließen, der Mund zukneifen. Schon schwerer, Ohren und Nase zuzudrücken. Ich versuchte es immer wieder, hielt mir die Nase zu, aber das half nicht viel, weil ich in dem Moment, in dem ich Finger und Daumen von den Nasenlöchern nahm, von einem noch heftigeren Gestank getroffen wurde. Die kurze Erholung bewirkte das Gegenteil, sie machte erst richtig bewusst, in welcher Jauchegrube ich saß. Immer wieder versuchte ich zu schlafen. Ich lehnte den Kopf zurück, ließ die Augenlider zufallen und konnte mich am Strand liegen sehen. Solche Phantasien hielten nicht vor, alle Tricks halfen nicht. Jemand verbreitete das Gerücht, ein Absaugwagen sei gekommen, die Klos seien bald wieder sauber. Ich merkte nichts davon.

Im Mund hielt sich der scharfe Geschmack des Kaffees. Ich konzentrierte mich darauf, sammelte die Kaffeespucke, bis ich meinte, einen ganzen Schluck Kaffee im Mund zu haben, spielte mit der Zunge durch die Kaffeepfütze und sah mich in einem Café sitzen, die halbgefüllte Tasse Cappuccino vor mir, den Blick frei, frei auf eine belebte Straße, eine städtische Straße, Palmen dahinter, das passende Meer dazu und Rainer. Da bin ich wieder, sagte er, als habe er keine bessere Entschuldigung. Ich brauchte viele Anläufe: Rainer am Cafétisch, mit Rainer durch die Straßen, sein Arm auf meiner Schulter, Rainer am Strand. Aber er spielte nicht mit, er blieb blass, alle Konturen verwischt. Er wurde nicht warm neben mir, ich brachte ihn nicht zum Reden, und seine Bewegungen waren eckig, wie von mir dirigiert, die Marionette.

Es erschreckte mich, ihn so entfernt zu wissen. Vier Tage wie vier Jahre. Tausende von Kilometern, tausend abgetrennte Nervenstränge. Ich musste eine Möglichkeit finden, wenigstens sein Bild zu erhalten. Wollte ihn heranholen, hineinziehen ins Flugzeug, neben mich zaubern. Aus Herrn Walter oder Herrn Schmidt oder aus dem jüngeren Mann in der Reihe 9 Rainer machen. Es gelang nicht, also bewegte ich mich nach draußen, lief über zu ihm. Was wird er jetzt tun, in diesen Augenblicken, am Sonntagmorgen? Was würde ich tun, in diesen Augenblicken, am Sonntagmorgen, wenn Rainer in dieser Maschine säße, ich draußen? Auch in der Nacht Nachrichten hören, das Ultimatum kennen, müde, aufgeregt vor dem Radio hocken, das sanfte Discogeplätscher ärgert ebenso wie die feierliche Sonntagsvormittagsmusik, Beerdigungsmusik, also das Radio abschalten und bis zur nächsten vollen Stunde warten, wieder die Nachrichtenleute verfluchen, die stündlich die gleichen Formulierungen anbieten und keine Neuigkeiten verraten. Wann gibt es die Tagesschau am Sonntagvormittag? Auf jeden Fall muss man lange warten, bis sie wieder das Foto von der entführten Maschine einblenden oder vielleicht einen neuen Film zeigen. Das Flugzeug in Farbe von außen, ein Stück Wüste und einen Teil des Flughafens. Wenn ich draußen wäre, ich würde auf die Maschine starren, vielleicht sind die Rollos zu erkennen, oder ein Reporter verrät, dass sie heruntergezogen sind, und trotzdem werde ich hinter dem verdeckten Fenster sein Gesicht erwarten, werde ihn sehen wollen und werde ihn sehen, aber in dem Moment, in dem ich ihn entdecke, die Umrisse des Gesichts eines Gefangenen hinter dem Bullauge, werden sie eine neue Einstellung, eine neue Szene, ein neues Interview einblenden, während ich noch lange nicht fertig bin mit der Betrachtung der ins Abseits gestellten Maschine und deshalb auf die nächste Tagesschau warten muss, in der Teile aus der vorigen wiederholt und neue hinzugeschnitten werden. Immer die Maschine im Mittelpunkt, und ich werde mir die Augen ausgucken, werde ihn wieder hinter der Aluminiumwand in Farbe sehen, aber nichts wissen von dem, was drinnen vorgeht.

Es konnte sein, dass ich mich auch darin täuschte. Die Journalisten, stellte ich mir vor, haben vielleicht unser Schreien und Stöhnen schon mit ihren Richtmikrophonen auf Band genommen, längst verkauft und gesendet, vielleicht haben sie inzwischen Kameras und Filme herangeschafft, die nicht nur durch die Dunkelheit hindurch infrarot, sondern auch durch Aluminium hindurch Bilder fressen und uns beobachten. Gewiss lassen sie sich kein Bild entgehen, vielleicht wissen sie längst alles von uns, zeichnen alles auf, weiden sich an uns und lassen uns schmachten. Vielleicht sind ganze Flugzeuge mit Kameraleuten und Illustriertenjägern hinter uns hergeflogen, immer auf unseren Spuren, immer mit der entsicherten Kamera, immer unsere Maschine im Visier, immer schussbereit, und nun haben sie sich an der richtigen Stelle postiert mit dem nötigen Sicherheitsabstand, sie verkaufen einander die Senderechte, es wird noch gefeilscht, sie drängeln um die beste Aussicht da draußen. Überall um mich herum sah ich die Geier hocken, mit Teleobjektiven und Recordern, bereit zum Sturzflug auf die noch nicht erkalteten Leichen, das Ultimatum lief, die Kameras liefen und ich spürte den Hunger der Zuschauer auf mein zuckendes Fleisch.

Ich zwang mich, nur an ihn zu denken. Rainer, der Zuschauer. Er wartet, wartet wie ich. Nein, ganz anders. Wer draußen ist, kann wählen. Laufen, liegen oder sitzen. Die eine oder die andere Musik, Stimmen oder keine Stimme. Getränke nach Wunsch. Auto fahren, spazieren gehen, lesen, arbeiten, telefonieren. Fernsehen, Rainer hat es gut, das Fernsehen ordnet ihm alles. Lesen wird er nicht, höchstens die Zeitungen von gestern noch einmal durchsehen und die Artikel, die von uns, die von mir handeln, ausschneiden und zur Seite legen. Ich hörte ihn sagen, ich heb das für sie auf, wenn sie wiederkommt, wird sie doch wissen wollen, wie alles war und wie es dargestellt wurde, und wenn sie nicht wiederkommt … eine Erinnerung an die Freundin des Jahres 77. Das wird er nicht laut denken, nein, nein. Er wird viel mehr wissen als ich, wird wissen, wie die Regierung mit dem Ultimatum verfährt, er ist ein Angehöriger oder könnte sich über meine Eltern als Angehöriger ausgeben, und die haben vielleicht bessere Informationen als die Presse. Er wird trotzdem die Spannung nicht aushalten, die zusätzlich beladen ist mit der verschlafenen Leere der Sonntagvormittage, er wird etwas trinken, so viel Kaffee wie er mag, obwohl er aufgeregt genug ist. Er wird es nicht aushalten in seiner Wohnung, noch zwei Stunden bis zum Ablauf des Ultimatums. Ich sah mich, dann deutlicher ihn nach den Zehn-Uhr-Nachrichten, keine neuen Informationen, den Mantel nehmen und hinausgehen, den Fahrstuhl holen und in dem Augenblick, in dem er die Tür aufzieht, einen Schreck kriegen und die vier Stockwerke hinablaufen, abergläubisch wie vor einer Prüfung setzt er die Schritte behutsam, wie übertölpelt sah ich ihn durch die leeren Straßen gehen, gegen seine Gewohnheit das Grün der Ampeln abwarten, obwohl kein Auto naht, die Sonntagszeitung kaufen und mit den neuesten Fotos beladen den Rückweg antreten, vor den Kirchgängern den Kopf schütteln, die Kneipen meiden, die eben zum Frühschoppen öffnen. Ich spürte, wie er, an einer Ampel mitten im sonntagsöden Echterdingen, von einer zähen Resignation befallen wurde, und ahnte, dass er nie mehr so flott wie bisher mit seinem Spruch «Hier kommt Rainer, der Designer» durchs Leben springen wird, und sich gleichzeitig gegen diese Ahnung wehrte, mit heftigen Bewegungen, und den nicht länger erträglichen Stillstand mit Laufen bekämpfte, immer eiligere Laufbewegungen gegen die Ungewissheit. Ich sah ihn immer wieder auf die Uhr blicken, um pünktlich zu den Zwölf-Uhr-Nachrichten zu Hause zu sein. Er hat frische Luft, es regnet, gibt es noch Regen, ja, es regnet, und er weiß nicht, was es heißt, sich so zu bewegen, frei, im Regen, im Regen!

Sechs

– Wir starten, sagten Stimmen hinter uns.

– Wir werden in Kürze starten, sagte die Stewardess, als seien wir gerade eingestiegen und flögen mal eben von Stuttgart nach Hamburg. Die Raucher wurden gebeten, das Rauchen einzustellen, die Sitzlehnen sollten in aufrechte Position gebracht und die Gurte angelegt werden. Es fehlte noch, dass sie Aufmerksamkeit für die Anweisungen für Notfälle forderte. Die normierte Höflichkeit der Stimme schien mir verräterisch, aber dann interpretierte ich sie als Zeichen für eine Entspannung, als ersten Hinweis auf die anstehende Befreiung. Anderthalb Stunden lang hatte ich weder auf die Uhr geschaut noch andere nach der Uhrzeit gefragt, nun erst drehte ich die Uhr am Handgelenk wieder nach oben und sah, das Ultimatum war abgelaufen, es war kurz nach zwölf deutscher Zeit.

Kurz nach zwölf, und die Gurte klickten wieder. Ich reagierte wie alle und tat so, als stehe ein Routineflug bevor. Meine Gefühle wussten noch nicht, ob sie in Richtung Angst oder Beruhigung kippen sollten. Ich lehnte mich zurück und erlebte den Start wie zum ersten Mal. Ich atmete tief durch. Das Flugzeug ruckte an, es knisterte, rollte lange über Beton, blieb stehen, die Triebwerke auf Vollgas, rollte an, rollte schneller und schneller über die Piste und hob ab. Ich war glücklich in diesem Moment, glücklich, wieder in Bewegung zu geraten, Geschwindigkeit zu erleben, endlich wieder in der Luft und nicht mehr an den Boden geschmiedet, und glücklicher noch, weil eine Etappe nun abgeschlossen war. Ich schluckte den Druck weg. Die schlimmen Tage, die schlimmen Nächte von Dubai lagen hinter mir. Schlimmer konnte es nicht kommen. Es stand etwas Neues bevor, wir flogen, egal wohin, wir flogen. Es gab nur eine Richtung. Dahin, wo sie uns besser austauschen können.

– Gehts jetzt heim?, fragte Ingeborg.

Ich zuckte mit den Schultern. Wir durften die Rollos hochziehen. Über die Tragflächen hinweg war Wüste zu erkennen, nur Wüste. Auf der anderen Seite ein Meer. Im wolkenlosen Raum segelten wir über Wasserblau und Sandgelb dahin, und ich fühlte eine ganze Zeitlang nichts, was mich beschwerte. Ich hörte allein auf die Triebwerke, konzentrierte mich ganz auf die Schallwellen vor den Ohrmembranen, das Dröhnen, das Brummen, das Rauschen. Mal hämmerten die Motoren wie mit tausend Filzhämmerchen. Mal rauschten sie wie ein Wasserfall, nah an der Ohrmuschel. Ein Luftfall, genau genommen, waagerecht fallende, gleitende Strömungsstöße.

Zwischen Wüste und Meer, und über der Wüste die Sonne. Jedes Tier in unserer Lage wüsste sich zu orientieren, die Vögel, die Fische, die Insekten, die Bienen, ein bisschen Licht genügt. Ich war nicht imstande, irgendeinen Zusammenhang herzustellen zwischen Sonnenstand und Himmelsrichtung.

Rinder, von hinten fotografiert, in der Zeitung, die Seite Aus aller Welt, Hunderte von Rindern nebeneinander in fünf oder sechs Reihen, davor zwei Bauern mit krummen Beinen. Rindermarkt in der Schweiz. Grauenhaft ordentlich die Tiere wie zum Appell. Ich dachte: Soldaten. Ich dachte: Schlachthof. Deiche in Italien waren gebrochen, sechzehn Personen ums Leben gekommen. Es war immer noch die Zeitung vom Donnerstag, das war der Stand von Mittwochmittag, vorvorvorgestern, weitere Dammbrüche wurden befürchtet. Endlich der Artikel über das Motorradfahren, zwei Psychologen meinten, der Nervenkitzel sei eine Erklärung für den Motorradboom, der Wunsch, sich der Gefahr auszusetzen, und der Genuss, die Gefahr auszuhalten. Danke, meine Herren. Ich suchte unterhaltende Lektüre, aber die Zeitung schien voller Anspielungen auf unsere Situation zu sein.

Vielleicht kriegst du die Wartezeit besser hinter dich, sagte ich mir, wenn du diese Artikel einfach abschreibst. Immer noch hatte ich 99 leere Blätter, damit konnte ich wuchern gegen die Zeit. Nein, haushalten, auch mit dem Schreibblock, wenn es noch vier Tage so weitergeht, dann kannst du pro Tag 25 Seiten vollschreiben, abschreiben, die Zeit vollschreiben und wegschreiben, und wenn dann noch vier Tage kommen, dann hast du immer noch die Rückseiten, das ist eine Möglichkeit für die nächsten Stunden, Tage, wenn nur der Kugelschreiber …

Auf einmal hatte ich die Antwort auf die alte Frage: Welches Buch würden Sie auf eine einsame Insel mitnehmen? Eins mit leeren Seiten.

Die Entführerinnen, 28 und 31, sorgten für Unruhe in den ersten Reihen, sie fuchtelten an den Leuten herum, eine Pistole in einer halberhobenen Hand, und Strümpfe in der andern. Ich hatte nicht mitbekommen, ob jemand da vorn verrückt geworden war oder ob die Mädchen verrückt spielten. Aber dann war es nicht zu übersehen: sie fesselten die Leute! Sie fesselten sie mit Strümpfen! Ich tuschelte Ingeborg die Beobachtung zu, sie reckte den Kopf und gab die Nachricht an Herrn Walter am Fenster weiter. Der schwieg, schloss die Augen, als sacke er noch mehr in sich hinein.

Hinter den Mädchen hantierte Nummer 22, der Sprengmeister, an der Wand zur ersten Klasse. Er brachte Plastikfladen an. Sprengstoff, das hatte ich inzwischen gelernt. Er arbeitete ruhig wie ein Handwerker, legte die Schnüre vom Sprengstoff hinüber zum Erste-Klasse-Abteil.

Die Mädchen hatten nun die Waffen weggesteckt, eine arbeitete auf der linken, die andere auf der rechten Seite. In der Mitte des Ganges hatten sie den Haufen mit unseren Strümpfen und zerschnittenen Strumpfhosen liegen. Niemand erklärte etwas, niemand gab auch nur einen Befehl. Es genügte eine winzige Geste, und schon verstanden wir, dass wir uns zu unterwerfen hatten. Nummer 22 kam hinzu und half den Mädchen. Er lächelte nicht, ich hatte ihn so ernst noch nicht gesehen. Er schien die Knoten fester zu ziehen, denn immer mehr Passagiere ließen ein verbissenes, verzweifeltes Au! hören. Erst jetzt fiel mir auf, dass nur Männer gefesselt wurden. Niemand protestierte. Nach den Männern waren wir dran. Ich fühlte mich schon gelähmt, ehe ich gefesselt war. Ingeborgs Gesicht, das auffällig breite Gesicht, wurde in der Folge der Schrecken noch breiter und schien nun fast auseinanderzufallen, der Abstand zwischen ihren Augen wurde immer größer.

Jassid inspizierte die Aktion und prüfte die Fesseln. Vielleicht sah er die Schmerzen der Gefesselten, vielleicht beschwerte sich jemand bei ihm, plötzlich gab er den Befehl, die Knoten lockerer zu machen. Seine drei Leute gingen nach vorn und hantierten wieder an den Gelenken herum.

Meine Gedanken blieben ganz sachlich. So wird man also gefesselt, vor der Hinrichtung. Nun werden sie uns in der Luft zerreißen. Das Gnadengesuch ist abgewiesen. Alle Ultimaten abgelehnt. Das ist das Ende. Freigelassen sind wir viel zu gefährlich für diese Gangster, sie werden erst Ruhe geben, wenn wir alle tot sind! Ich Dummkopf, ich hätte eher darauf kommen müssen! Jassid, der Teufel, zeigt sich zum Schluss noch mal von seiner guten Seite, er lässt die Fesseln ein bisschen lockern! Wir sind nicht austauschbar, wir sind nie austauschbar gewesen! Und dafür wollen sie Rache, sie wollen uns zu Komplizen ihrer Todespläne machen! Was für ein Dummkopf bin ich gewesen, dass ich darauf nicht gekommen bin! Ich sah das Bild vor mir, das Foto wurde ein Film, die Bilder einer in der Luft explodierenden Maschine, in Farbe. Aber ich sah keine Leichen. Ich sah auch mich nicht tot. Ich hatte keine Wut auf meine Mörder. Ich dachte nur, so ist das also. Auch die Katastrophe bleibt im Rahmen, alles wie erwartet, alles wie in einem Fernsehfilm.

Andere Passagiere in anderen Maschinen auf den Luftstraßen neben oder unter uns, ganz in der Nähe, das Luxus-Alphabet im Bordbuch durchblätternd, A wie Armani, B wie Bacardi, C wie Chanel, D wie Dunhill, ein Fläschchen Sekt vor sich, Mozart im Ohr, oder den Film auf der schmalen Leinwand, immer wieder den einzigen Film.

Nummer 28 wollte gerade einem Mann in der Reihe vor uns die Fesseln anlegen, da kam eine Ansage von vorn, in arabischer Sprache. Sie ließ den Strumpf, den sie über der Schulter liegen hatte, fallen und schubste den Mann auf seinen Platz zurück. Plötzlich gingen alle drei daran, an den Fesseln zu zerren und sie zu öffnen. Die Knoten waren zu fest, sie hatten viel Mühe damit, sie wurden nervös und forderten einige Passagiere auf, ihnen zu helfen. Nummer 31 kam mit einer Schere und schnitt kurzerhand die Fesseln durch. Nummer 22 rollte unterdessen die Zündschnüre ein, wickelte sie sorgfältig über die Hand und verpackte den Sprengstoff. Die Männer hielten die geschwollenen Hände hoch und schüttelten sie. Die Stewardessen waren verschwunden, nun kam eine Ansage in deutscher Sprache:

– Meine Damen und Herren. Wir bereiten uns auf eine Notlandung vor und bitten Sie, die Anweisungen, die ich Ihnen gleich geben werde, genau zu beachten.

Eine Notlandung!

Alle wurden geschäftig. Die Stewardessen sammelten Flaschen und Gläser ein und forderten uns auf, alle losen Gegenstände fest zu verstauen.

– Geben Sie bitte alles ab, was spitz ist, Kämme, Kugelschreiber, Broschen, Haarklammern, Ketten und Brillen und vor allem die Gebisse. Ich wiederhole …

Anita und Jutta gingen durch die Reihen mit Abfallbeuteln und sammelten alles ein. Ich nahm mein Kettchen ab, hielt den Kugelschreiber bereit, griff dann aber zu einer Serviette, die ich mir aufgespart hatte, wickelte den Kugelschreiber hinein und stopfte ihn zwischen die Sitze. Auch aus den Mänteln und Jacken mussten die spitzen Gegenstände entfernt werden.

Jutta rannte aufgeregt hin und her und war auf einmal durch die Lautsprecher zu hören.

– Alles aufpassen! Hauptsache, ruhig bleiben! Ihr wisst ja mittlerweile, wie gut unsere Piloten sind. Ich bin sicher, es wird alles gutgehen! Nur ruhig bleiben! Wir werden es schaffen! Nur ruhig!

Sie brach ab oder wurde unterbrochen, man hörte Getuschel, Streit, zwei Stewardessen kämpften miteinander, aber dann stellten sie das Mikrophon ab. Nach einer halben Minute Erikas Befehlsstimme, voll unterdrückter Wut:

– So, meine Damen und Herren, wir üben jetzt für die Notlandung. Es ist eine Übung, aber machen Sie bitte alle mit! Drücken Sie die Rückenlehne nach vorn! Legen Sie den Kopf auf die Knie! Falten Sie die Hände im Genick, und spannen Sie die Muskeln an!

Als ich den Kopf auf die Knie legte, kam ich meinem Gestank wieder näher. Der Gestank der Bluse, des Büstenhalters, der Unterhose, der Jeans, der Gestank des Schweißpanzers auf der Haut unter den Achseln, unter den Brüsten, auf dem Bauch, der Gestank der Scheide und der Gedärme, der Gestank der ungewaschenen Füße, alle Sorten des leiblichen Gestanks vereint und konzentriert zu einem einzigartigen Gestank, dem persönlichen Kennzeichen der Andrea Boländer. Das ist es, was von dir übrig bleiben wird, unverwechselbar, dein Gestank! Wieder der Brechreiz. Du sollst üben, üben! Den Körper zusammenklappen wie ein Messer!

– Kopf hoch! Und jetzt noch mal! Kopf runter! Gut so! Nun wieder hoch! Und noch eins, nach dem ersten Stoß bei der Landung nicht sofort aufrichten, sondern den Kopf weiter unten halten! Meistens folgen noch mehrere Stöße.

Jassid war in diesen Minuten nicht zu sehen. Die beiden Mädchen saßen irgendwo, vielleicht auf den Plätzen vorn. Die Maschine senkte sich. Ganz nah das Wasser, nur Wasser. Nummer 22 stand immer noch auf seinem Wachplatz, die Pistole in der einen und die Handgranate in der anderen Hand. In Heldenpose stand er da, als wünsche er, in dieser Haltung zu seinem eigenen Denkmal zu erstarren, ein Freiheitskämpfer, nein, Schauspieler, mutig und kompromisslos, bis zur letzten Sekunde bewaffnet im Dienst.

Jutta schrie ihn an:

– *Sit down!*

Er gehorchte.

Draußen die Wasserfläche, weithin das Meer. Ein Schwenk, und dann erst entdeckte ich entfernt weiß leuchtende, niedrige Gebäude.

– Achtung! Lehne nach vorn! Kopf runter! schrie Jutta.

Wir duckten uns, und nun, als es wirklich ernst werden sollte, störte mich endlich der Gestank nicht mehr, im Gegenteil, ich warf mich meinen Ausdünstungen entgegen, verkroch mich in meinen Geruch, in die eigne Schale.

Plötzlich wurde das Flugzeug hochgerissen. Neuer Druck im Magen, im Kopf. Schwindel wie in der Achterbahn. Kreisen, dann wieder absacken. Ingeborg neben mir keuchte. Ich konnte ihr nicht einmal die Hand geben, meine Hände drückten auf das Genick. Wozu noch die Hand geben, jetzt keine Sentimentalitäten, schon gar nicht mit Ingeborg! Nun gab es nur noch das Zittern und das Warten auf das Ende allen Zitterns, und nun merkte ich, welchen Blödsinn ich mit dem Kugelschreiber gemacht hatte. Du wirst dich aufspießen, dich oder andere! Vom eigenen Kugelschreiber ermordet! So wird es enden!

Ich konnte nicht länger so gebückt sitzen, hob den Kopf ein wenig, holte tief Atem. Wieder ein Kommando, diesmal vom Kapitän:

– Und jetzt Sitzlehnen nach vorn und Köpfe runter!

Ein harter Aufprall, ein Schlag in den Magen, ein paar plumpe Sprünge. Etwas krachte über uns, neben mir. Ich hielt meinen Kopf fest, fest zwischen Beinen und Händen. Das Flugzeug stand. Ingeborg war noch da. Niemand schrie. Die Triebwerke heulten nach, dann wurden sie abgeschaltet. Niemand weinte, es war ganz still in der Kabine. Ich hörte Ingeborg atmen, nicht aber mich. Vorsichtig drückte ich mit dem Körper die Rückenlehne wieder in die aufrechte Position. Andere saßen schon wieder, ein wenig geduckt, aber neugierig nach allen Seiten spähend. Ein Stück der Deckenverkleidung lag neben mir im Gang, sonst schien alles in Ordnung. Kein Wort, auch die Entführer blieben still. Vor den Fenstern Staub, eine Wand von Staub.

Die beiden Piratinnen lachten. Es war kein höhnisches Lachen wie sonst. Sie lachten wie Teenager.

Der Kapitän, der Kopilot und Captain Jassid traten auf, gingen gemeinsam durch die Reihen. Sie bemühten sich, kein Gefühl zu zeigen, aber sie lächelten alle in der gleichen Weise, stolz, verlegen, entspannt. Jemand fing an zu klatschen, sofort applaudierten alle Passagiere. Der Kapitän sah nach dem Schaden an der Decke. Die Fenster immer noch wie von Staub verhangen.

Jassid sprach. Diesmal brüllte er nicht. Der Kopilot sei geflogen, er habe eine wundervolle Landung gemacht, im

Sand, man habe nur im Sand landen dürfen. Er gratulierte ihm, er schien stolz auf ihn.

Wir klatschten wieder. Bravorufe. Der rötliche Staub lichtete sich. Nun spürte ich den Sand im Mund.

Wir konnten nicht ermessen, in welcher Gefahr wir gewesen waren. Nur aus dem erleichterten Lächeln des Kapitäns, des Kopiloten und der Dankesrede Jassids war zu schließen, dass ein unerwarteter, ungeheuerlicher Abgrund übersprungen war. Wir klatschten unsere verspätete Angst weg. Die Sonne war eben untergegangen.

Den Blick nach draußen verboten sie diesmal nicht. Gern hätte ich wieder am Fenster gesessen, ich hatte Mühe, an Ingeborg und Herrn Walters Kopf vorbei durch die Scheibe zu starren in die Dämmerung hinaus. Ich wusste nicht, was ich sah oder was ich mir einbildete, Soldaten, vielleicht waren es wirklich Soldaten, die heranstürmten in gemäßigtem Laufschritt, auf die Maschine zurobbten, die Gewehre hochrissen und auf uns zielten. Nun blickten Herr Walter und Ingeborg hinaus, auch die Passagiere vor uns hatten sich den Fenstern zugewandt. Es war schwierig, neben den Köpfen der Nachbarn noch einen Ausguck zu finden. Panzerwagen ordneten sich zwischen den Soldaten ein. Sie hielten einen gewissen Abstand. Die militärischen Bewegungen draußen sahen inszeniert aus, absurd. Wieder hatte ich den Eindruck, eher im Theater zu sitzen als in einer realen Gefahr. Die Nacht kam schnell, und je mehr die Soldaten schemenhaft in die Dunkelheit tauchten, desto deutlicher meinte ich den Ring zu sehen, den sie bildeten. Ich saß im Theater, die

Beleuchtung auf der Bühne wurde schwächer, und es war nicht zu erkennen, ob hinter der ersten Reihe Soldaten noch eine zweite Reihe aufgebaut war. Je mehr ich die Augen anstrengte, desto mehr verschwanden die Uniformen, die Waffen und zuletzt auch die Gesichter der Schauspieler. Sie blickten auf uns, sie zielten auf uns. Die Vorstellung wird gleich beginnen oder gleich zu Ende sein. Im Zuschauerraum war es nun ganz dunkel. Ich meinte, von draußen her Gewisper zu hören, leise Befehle, Signallaute – und alles in einer Frequenz, die das menschliche Ohr nicht erfassen kann, als hätte der Sturz in den Sand mir die Fähigkeit gegeben, den Ultraschall zu hören, die Laute der Tiere, die Gesänge der Heuschrecken, das Flüstern entfernter Menschen. Mein müder Kopf, umzingelt von Gewehren und geheimnisvollen Geräuschen.

Alles Theatereffekte!, dachte ich, jetzt sind wir schon über vier Tage gefangen, und ich weiß schon gar nicht mehr, was wir alles erlebt haben in diesen achtzig, nein, mehr als achtzig Stunden! Immer wird uns etwas Neues geboten, eben eine Notlandung im Wüstensand, jetzt die Aufführung einer Soldaten-Oper mit großem Chor. Es hätte mich nicht gewundert, wenn sie angefangen hätten zu singen wie mürrische Don-Kosaken.

Es blieb dunkel in der Maschine, es wurde warm. Man öffnete die Türen. Einer der Piloten schrie durch ein Megaphon, in englischer Sprache:

– Nicht schießen! Wir sind friedliche Leute! Dies ist ein deutsches Flugzeug. Wir mussten eine Notlandung machen.

Wir möchten mit einem deutschen Vertreter sprechen, einem westdeutschen Vertreter!

Die Soldaten schossen nicht. Sie sangen nicht. Sie hatten keine Sprechrolle. Vielleicht waren sie gar nicht mehr da. Vielleicht waren sie nie da gewesen. Vielleicht alles eine Fata Morgana.

Dann schrie Jassid in seiner Sprache etwas nach draußen. Auch er bekam keine Antwort. Vielleicht hatte er die gleichen Halluzinationen wie wir. Vielleicht hatten ihn diese vier Tage auf eine versteckte Weise verrückt gemacht, vielleicht sprang seine Verrücktheit, die uns in der endlosen Gefangenschaft schon längst normal erschien, nun auf eine höhere Stufe, vielleicht hatte die stumpfe, tödliche Landung im Sand ihm das Gehirn verdreht wie uns allen, vielleicht waren wir längst ertrunken im Sand und bildeten uns nur noch ein zu leben. Jassid schrie in die Nacht hinaus, als wollte er wirklich nur die Bestätigung haben, dass er eben lebendige Wesen gesehen hatte. Wir hofften auf eine Lösung, eine Entscheidung, eine Nachricht wenigstens, und wir hatten Soldaten gesehen, der ganze Sand voll Soldaten, und nun waren sie abgezogen, von der Nacht verschluckt.

Niemand antwortete. Das war die größte Beleidigung, die wir bis jetzt erlebt hatten. Sie sprachen nicht einmal mehr mit uns!

– Warum funken wir denn nicht mit denen?, fragte der Herr hinter uns.

– Der Kapitän kennt die Frequenz nicht, das ist das Problem, sagte die Stewardess Erika.

Also warten, wieder warten und warten. Es blieb dunkel.

Die Stewardessen gaben Wasser aus. Dann stellten Jutta und Erika sich mit der Abfalltüte und einer Taschenlampe in den Gang und verteilten die vor der Notlandung eingesammelten Gegenstände. Sie hielten zuerst die Kettchen hoch, beschrieben Farbe oder Form des Anhängers, und gleich zu Anfang hatten sie meine Silberkette gegriffen. Es war mir recht, nicht länger aufpassen zu müssen. Brillen, Kugelschreiber, Broschen, alles wurde sorgfältig vorgezeigt und beschrieben, bis es an die einzelnen Eigentümer durchgereicht wurde. Ingeborg achtete darauf, dass sie genau die richtigen Haarklammern zurückbekam. Am längsten dauerte die Verteilung der Gebisse. Die Leute mussten im Zweifelsfall ausprobieren, ob es die richtigen waren. Mit großem Ernst waren sie bei der Sache, eine Gemeinschaft für sich, denn niemand schien sich davor zu ekeln, ein Gebiss in den Mund zu nehmen, das eben erst am Gaumen eines anderen gehaftet hatte.

Währenddessen wagte ich nach meinem Kugelschreiber zu kramen. Ich fand ihn an der erwarteten Stelle nicht und griff immer tiefer zwischen die Polster, fingerte alles ab, bückte mich, bei dem schwachen Licht war er auch unten am Boden nicht zu entdecken. Jede Bewegung schmerzte, das Blut lag schwer in den Beinen, es fraß mir an den Adern, es wollte nicht mehr durch den Körper kreisen. Mit hilflosen Griffen an den Waden versuchte ich, es wieder auf die Bahn zu schicken. Die Kiefermuskeln gelähmt, und zu allem der tönende Schmerz im Kopf.

Draußen die schwarze Wüste. Ich war sicher, die Soldaten waren nur vorgeschickt worden, uns zu täuschen. Jeder Flughafendirektor, jeder General, jeder Politiker musste wissen, dass wir einen anderen Empfang verdient hatten als diesen.

Wir hatten ein Recht darauf, endlich zu erfahren, was man mit uns vorhatte. Vor einigen Stunden hatte ich noch gedacht, na gut, wenn es sein muss, dann stell dich auf weitere vier Tage ein, sicherheitshalber. Aber jetzt ging das nicht mehr, jetzt ging gar nichts mehr, jetzt saßen wir fest im Sand, jetzt musste man uns hier herausholen, sofort.

Draußen blitzte eine Waffe auf, beleuchtet wie von einem weit entfernten Scheinwerfer. Das Licht kam wieder, es kam von mehreren Seiten gleichzeitig. Der Mond war aufgegangen! Ich konnte ihn nicht sehen, nur seinen schwachen Lichtfilm auf den bewaffneten Gestalten.

Endlich eine Megaphonstimme. Jassid antwortete in seiner Sprache. Er schrie immer heftiger, drohender, verzweifelter. Es hörte sich nicht gut an, nicht gut für ihn, nicht gut für uns. Jassid verhandelte mit den Piloten und schrie wieder nach draußen. Unverständliches Geschrei in der Nacht, die Megaphone draußen, Jassids Brüllen, alles mischte sich in meine Müdigkeit. Einmal verstand ich *Okay, okay!*, aber es hörte sich an, als sei gar nichts okay.

Ich versuchte zu schlafen. Die Männer draußen hatten ihre Auseinandersetzung beendet. Die hintere Treppe wurde heruntergelassen, damit der Kapitän die Maschine inspizieren konnte. Seine Schritte kaum hörbar, als hätte er Turnschuhe an. Jassid befahl, die Rollos herunterzuziehen. Noch ein Blick auf den Schnee draußen, das Mondlicht, das die Steine, den Sand und weiter hinten die militärischen Gestalten und Gegenstände schneeweiß färbte. Hinter dem Rollo Schnee, und drinnen wurde es heiß.

Die Lämpchen in der Kabine leuchteten auf. Der Luftstrahl erreichte wieder die Haut. Auf den Kapitän war Verlass.

Sofort machte sich wieder Optimismus breit. Niemand sprach vom Ultimatum. Von hinten wurde eine Frauenzeitschrift durchgereicht, deren Titelblatt Ingeborg eine Weile wie verstört betrachtete. Weihnachtsgeschenke zum Selbermachen, STRICKEN, NÄHEN, STICKEN, BACKEN, BASTELN. Hinter mir, neben und vor mir wurde spekuliert, wo wir gelandet sein könnten. Herr Walter nahm das Bordbuch zur Hand, versuchte die Flugzeit in Zentimeter zwischen Daumen und Zeigefinger zu übersetzen und schlug einen Zirkel um Dubai. Die Städtenamen, die er anbot, waren mir alle gleichgültig. Er lebte auf bei diesem Ratespiel, als habe er gewonnen, das Große Los, die freie Auswahl, eine Reise durch den Orient. Ich las in der Frauenzeitschrift die großgedruckten Sätze mit, die Fangwörter in den Anzeigen für Geschirr, Staubsauger, Zigaretten, Waschmittel, Joghurt, Kosmetika.

Schneelicht flimmerte vor den Augen, es zog mich hinaus aus der Maschine, weg von allen Fesseln, ich sah mich laufen durch leuchtenden, knirschenden Schnee, weg von zu Hause, weg von der Enge, dem Muff und dem Immergleichen, weg von Bausparhäusern, Vorgartenfriedhöfen, Straßenlaternen. Fünfzehn oder sechzehn muss ich gewesen sein, als ich weglief ohne Plan abends, weg von den Straßen, hin zu den Feldwegen am Stadtrand, über den hellen Schneeteppich, der über den Äckern holprig und über den Wiesen flauschig war, den Berg hinauf hinter der Stadt. Es wurde mir immer wohler, ich lachte über meinen Mondschatten, hielt mich fest in der kristallklaren Luft, ich war allein und wollte die Schneekönigin sein und endlich richtig erwachsen. Weit unter mir das Städtchen, das erbärmliche Städtchen Nauheim, der aufgeplusterte Kurort, das Nest, ich hatte das Nest verlassen, einfach so, einfach hinaus in die Kälte, ins Mondlicht, ich wusste, nun werden sie mich allmählich erwarten zu Hause, und ich verwünschte den Familienabendbrottisch und die abendlichen Rituale, ich begnügte mich mit Mond und frischem Schnee. Ich hasste das Nauheimer Nest und wusste auf einmal, dass ich vor der Zukunft keine Angst zu haben brauchte. Ich fasste den Vorsatz, diesen Augenblick, diesen Gedanken niemals zu vergessen und ihn niemals zu verraten außer vielleicht dem künftigen Geliebten zum Beweis, dass ich schon damals, schon an diesem Abend an ihn gedacht hatte. Merk dir das, wie du hier zwischen Mond und Schnee stehst, wenn es dir mal dreckig geht! Mach deine Schritte allein, lauf nicht den Fußstapfen der anderen hinterher! Alle pubertären Wünsche und Träume überfielen mich, und endlich wünschte ich mir den Jungen herbei, den ich mir in meine Phantasien holte, der sich aber nicht heranwagte an mich. Es wurde mir immer heißer bei meinen Gedanken, ich hätte mich gern ausgezogen und wäre, wenn ich die Kälte hätte wegzaubern können, am liebsten nackt zwischen Mond und Schnee weitergelaufen und über die Stadt geschwebt, einfach mal nackt an seinem Fenster vorbeisegeln, wie wäre das. Es war mir alle Scham verflogen, aber als ich merkte, was ich mir da ausgedacht hatte, erschrak ich über die Heftigkeit meiner Wünsche und blieb stehen. Ich spürte die Fesseln wieder, und mit den Fesseln konnte ich nicht mehr die Schneekönigin sein. Ich fror und trottete, missmutig über den viel zu kurzen Ausbruch, wieder den Berg hinunter und hielt meine wirbelnden Gedanken an den Autolichtern auf der fernen Autobahn fest, die gleichmäßig und beharrlich das Weite suchten, im Norden oder im Süden wegstürzten und mich zurückließen in einer schäbigen, leeren Mitte.

– Lothar, wo bist du?, schrie der Kopilot. Er schrie durch das Megaphon von der offenen Tür nach draußen.

– Lothar, komm zurück! Komm sofort zurück! Die erschießen dich sonst!

Er schrie in Deutsch und in Englisch, er wiederholte seine Rufe an der hinteren Tür.

– Lothar, Lothar!

Er schien keine Antwort zu bekommen.

Der Anführer brüllte ebenfalls nach draußen und ließ gleich danach seine Stimme durch den Bordlautsprecher scheppern.

– Wenn der Kapitän nicht wiederkommt, jage ich das Flugzeug in die Luft! Wenn er zurückkommt, werde ich ihn exekutieren. Das sind die beiden Möglichkeiten, die es gibt! Dieser Verräter, ich werde ihn bestrafen! Oder ich bestrafe euch, euch alle!

Ich konnte nicht glauben, dass er verschwunden war, der Kapitän. Der wirkte in jeder Minute bedächtig und beherrscht, hatte für jeden einen ermunternden Blick und sprach mit uns, wenn es erlaubt war, tröstend, ruhig, sachlich. Er ließ sich von der Hektik der Entführer und ihren wechselnden Gefühlen nicht beeindrucken, also konnte er auch jetzt nicht die Nerven verloren haben und einfach davongerannt sein. Er hatte die Aufgabe, den äußeren Zustand der Maschine zu überprüfen, das hatte ich mitbekommen, dafür wurde die Treppe heruntergelassen. Da wird sich ein Kapitän doch nicht einfach aus dem Staub machen! Aber warum antwortete er nicht? Er musste die Megaphonstimme seines Kollegen doch hören. Wir warteten. Ein bisschen beneidete ich ihn. Wo er auch war, er hat diese ewige Enge verlassen, hat sich Bewegung verschafft, frische Luft, freien Blick. Er braucht die brutalen Stimmen nicht zu hören, die bärtigen Gesichter nicht zu sehen, er hat sich die Freiheit genommen, auf die wir alle warten! Vielleicht sprach er mit den Soldaten draußen? Verhandelte er ohne Jassids Einverständnis? Er musste wissen, wie gefährlich das war. Lothar, komm doch endlich! Wir warteten. Der Kopilot rief weiter. Ich stellte mir den Schneesand gefährlich glänzend vor. Die Soldaten schienen nicht auf unserer Seite zu sein. Also auf Jassids. Oder sie waren gegen uns und gegen Jassid. Der Gedanke an die singenden Kosaken half nicht mehr. Mit jeder Sekunde, die wir warteten, wurde es ernster. Je später er kam, desto gefährlicher wurde es für ihn, für uns. Wir warteten, und ich wollte nicht wahrhaben, wie die Minuten verstrichen.

Jassid räusperte sich und sprach in ungewöhnlich leisem Ton.

– Die Autoritäten haben den Piloten endlich gefangen genommen. Sie werden ihn uns zur Exekution übergeben. Er hat mich verraten. Er hat euer Leben für sein lausiges Leben aufs Spiel gesetzt. Deswegen muss er sterben.

Die vertraute, verhasste Stimme war anders geworden. So hatte sie noch nie geklungen, so ruhig, so überlegt, so kalt. Die Stewardess unterstrich die Wirkung noch mit ihrer fast tonlosen Übersetzung.

Nun war ich sicher, dass Jassid Ernst machen würde. Ihn

töten oder uns. Er befahl, die Gurte anzulegen. Ich hoffte, dass Kapitän Krüger schnell käme, damit wenigstens dieses Warten ein Ende hatte und die Ungewissheit, wer das Opfer sein sollte, er oder wir. Vielleicht geht es ja gut aus, und er wird nur geschlagen, ein paar Tritte, ein paar Schläge ins Gesicht, wie wir das mehrmals erlebt hatten. Jassid brauchte den Kapitän doch auch, wir alle brauchten ihn, waren auf ihn angewiesen. Ich starrte zum Fenster hin. Ich beneidete ihn nicht mehr. Er hat sich Bewegung verschafft, ja, frische Luft und freien Blick, und sich die Freiheit genommen, auf die wir alle warten, ja, aber er hat die Gemeinschaft verlassen, unsern einträchtigen Gehorsam unterlaufen, er hat uns alle gefährdet! Er ist ein verteufeltes Risiko eingegangen, und nun muss er das auch verantworten! Selbst wenn er verzweifelt versucht, uns zu retten und mit irgendwem zu verhandeln, was für ein Idiot ist er, wenn er dabei unser Leben aufs Spiel setzt! Er soll endlich kommen und sich stellen und alle Missverständnisse aufklären, er soll uns nicht länger hinhalten, nicht quälen mit dieser Warterei, wir brauchen ihn doch!

– *Here he comes!,* schrie Jassid.

Die hintere Treppe knarrte. Die Maschine ruckte, als der Kapitän hochstieg.

– *Close the door!*

Die Treppe wurde eingefahren, und der Kapitän ging durch den Gang nach vorn, merkwürdig aufrecht. Ich sah auf seinen breiten Rücken. Vor dem Durchgang zur ersten Klasse befahl Jassid anzuhalten. Alle Hälse reckten sich.

– *Down! Down!*

Der Kapitän neigte den Kopf und ging auf die Knie. Auch in dieser Haltung wirkte er wie ein Riese. Durch die neugierigen Köpfe vor mir konnte ich außer den erhobenen Händen nicht viel sehen. Das Gebrüll hörte ich genau.

– *This is a tribunal of the revolution! You traitor, what did you do? You did endanger your passengers! Do you want us to blow up the airplane? You betrayed me twice! This time I don't forgive you. Are you guilty or not guilty?*

– *Captain, there have been difficulties. I couldn't come back to the plane.*

Ein Schlag wie ein Schlag ins Gesicht.

– *Guilty or not guilty?*

– *Excuse me, Sir, may I explain, please, there have been difficulties …*

Wieder ein Schlag. Keiner stand auf, keiner sagte ein Wort.

– *Guilty or not?*

– *Sir, please, let me explain. I couldn't come back to the plane.*

Ein Schlag. Ein Knall.

Im Fuß spürte ich ein Vibrieren. Ist da ein Körper gefallen? War das wirklich ein Schuss? Schüsse hörten sich anders an, jedenfalls im Kino, nicht so laut, nicht so trocken. Vielleicht hat er nur mit einer Platzpatrone geschossen. Sekundenlang blieb es verdächtig still, nur ein Aggregat brummte leise, bis eine Kinderstimme zu hören war, in der Stille doppelt laut:

– Was hat da bumm gemacht?

Eine Frau schluchzte auf. Ein Feuerschein vorn, jemand zündete sich eine Zigarette an. Die Frau schluchzte heftiger. Dann schrie Jassid auf:

– *Don't cry! Don't talk! You will be executed as well, if you start to cry now!*

Die meisten Leute hatten den Kopf längst eingezogen wie ich. Noch einmal wagte ich mich vor. Jassid rauchte. Nummer 31 bot Zigaretten an in den vorderen Reihen. Am Boden lag der massige Körper, der nicht stöhnte, nicht zuckte. Dann gingen die beiden mit Nummer 22 nach vorn Richtung Cockpit. Sie lachten. Nummer 28 blieb auf dem Posten.

Zuerst war ich ganz ruhig und rechnete. Jetzt werden sie den Kapitän rauswerfen, und dann wissen die draußen endlich, dass sie sofort austauschen müssen. Ich rechnete, jetzt müssten sie draußen begreifen, wie ernst es den Piraten ist. Ich rechnete, 80 oder 90 minus 1 gleich 11, das ist doch eine vernünftige Gleichung. Sie können nicht 90 Leute opfern und 11 behalten. Die Strategie der Entführer war leicht auszurechnen: Wer einen umbringt, der schießt auch andere nieder. Das müssen die draußen verstehen. 90 minus 1, bald heißt es 90 minus 2, 90 minus 5, minus 10 und so weiter, wenn sie nicht endlich was tun. Wenn sie nicht endlich mitrechneten und mit allem rechneten, dann gingen wir alle drauf.

Der tote Körper blieb liegen, wie er gefallen war. Ich wollte nicht hinsehen, lehnte mich zu Ingeborg Wendland und riskierte dann doch wieder einen Blick. Ich sehnte mich nach meinem alten Platz am Fenster hin. Ich wollte nicht Augenzeugin sein, ich zitterte selbst genug. Mord, war das ein Mord? Noch nie eine Leiche gesehen, und nun war diese zu weit entfernt, um sie richtig in Augenschein nehmen, und zu nah, um sie übersehen zu können. Ich wusste nichts anzufangen mit ihr, ich hatte nichts zu tun mit ihr. Sie störte. Sie störte mich. Ich wünschte, dass sie so schnell wie möglich aus meinem Gesichtsfeld verschwand.

Sie schafften den Toten nicht weg. Sie dachten nicht

daran, mit ihm Politik zu machen, ihn zur Unterstützung ihrer Forderungen zu benutzen. Sie ließen ihn einfach liegen und lachten. Sie ließen ihn liegen, als wollten sie uns in Schrecken halten, bis wir versteinerten. Als ob wir solche Beweise brauchten! Als ob wir nicht schon zahm genug waren! Nach viereinhalb Tagen! Sie ließen ihn liegen, als Hindernis. Der Mann, die Leiche, das Hindernis. Ich sah die verschreckten, eckigen Bewegungen einer Stewardess, die über den Leichnam hinwegzusteigen versuchte, erst zögerte, dann, auf die Armlehnen der Sitze gestützt, sich nach vorn hangelte.

Es war ganz still in der Maschine, und das Summen der Klimaanlage riss die Stille immer weiter auf. Die Menschen wussten nichts mehr zu sagen, sie durften nichts sagen, sie schwiegen trotzig. Vielleicht rechneten sie alle vor sich hin wie ich. Vielleicht verkrochen sie sich, einer nach dem andern. Noch weniger als vorher wollte man auffallen, keiner wollte der Nächste sein. Jeder verdrückte sich hinter dem andern. Das Lachen im Cockpit hatte aufgehört, aber der Nachhall klang böse weiter in den Ohren. Ich versuchte mich an etwas Vernünftiges zu klammern, und so blieb mir nichts anderes übrig, als meine Berechnungen hin und her zu bedenken. Ich wurde immer zorniger auf die da vorn, nicht einmal deshalb, weil sie den Kapitän erschossen hatten, sondern weil sie keine Anstalten machten, ihn fortzuschaffen. Erschossen, vergessen. Ich überlegte, ob sie ihn mit Absicht liegen ließen oder ob sie selber Angst vor dem Toten hatten, ob sie unsern Ängsten neuen Stoff geben wollten oder selber vor Schreck nicht weiterwussten. Alles war möglich bei diesen Idioten, diesen Mördern.

Was haben sie davon, dass sie uns immer weiter quälen, diese Sadisten. Das Schlimmste war, dass nichts geschah. Ich hatte einen Menschen untergehen sehen, und nun mobilisierte dieser Tote meine verschütteten Gefühlskräfte. Ich wehrte mich dagegen, dass ich mit ihm unter einem Dach, in einem Sarg liegen sollte. Ich begann den Toten zu hassen.

– Ich muss los, ich habe einen wichtigen Termin!, die Stimme der Greisin.

– Ich bin doch heute beim Friseur angemeldet, fuhr sie fort. Ich darf nicht zu spät kommen! Um sechs Uhr beim Friseur!

– *What's going on?,* fragte Nummer 28.

– Ich muss auch los!, sagte der Alte und stand sofort auf.

– *She says, she has an appointment with the hairdresser*, sagte Jutta.

Nummer 28 lachte.

– Ich auch, ich auch!, rief die alte Frau wieder.

– *Hairdresser*, sagte Nummer 28, nahm die Handgranate von der einen in die andere Hand und lächelte mitleidig. Der Alte stand und guckte sich um, als suche er den Ausgang.

Einige Passagiere murrten. Manche flüsterten. Andere wurden lauter.

– Setz dich!, rief einer.

– Halts Maul, Alter!

– Wer haut dem endlich eins unters Kinn!

Ein Klicken war zu hören. Ich dachte zuerst an die Handgranate, aber es war ein Gurt. Ein junger Mann stand auf, stellte sich vor den Alten und versetzte ihm einen Schlag, dass er auf seinen Platz sank und stöhnte.

Wasser wurde ausgegeben. Das Gerücht, wir sollten bald

weiterfliegen. Keine Zeit, über diesen Wahnsinn nachzudenken. Ohne Vorwarnung kam der nächste Schlag.

Plötzlich saßen wir im Dunklen. Die Luftdüsen setzten wieder aus. Eine kurze Störung, dachte ich erst. Aber dann war die Erinnerung da an die Stunden in der Sauna, im Brutofen vor vielen Wochen, vorgestern. Der letzte Tropfen Benzin verbraucht, jetzt geht das wieder los, eingesperrt in die Finsternis, betäubt vom Gestank, festgeschmiedet an den eignen Schweiß!

Die Entführer befahlen Herrn Fuchs ins Cockpit. Ich hörte ihn rufen:

– Macht eine Taschenlampe an! Ich kann sonst nicht rüber!

Kein Lichtstrahl hellte das Dunkel auf. Man hörte den Kopiloten ächzen, leise fluchen, dann seine Schritte.

Man gewöhnt sich, sagte ich mir, man gewöhnt sich an alles. An die Hitze, die noch nicht da ist, aber schon unter der Haut brennt. An die Dunkelheit. Man gewöhnt sich an die Anwesenheit einer Leiche. Man gewöhnt sich an die schniefende Ingeborg. Man gewöhnt sich, andere über Leichen stolpern zu hören. Bald wirst du dich gewöhnen müssen, selber über diesen riesigen toten Körper zu steigen. Man gewöhnt sich an die Stimmen draußen. Es sind immer die gleichen Stimmen, die befehlen. *You have to start as soon as possible!* Man gewöhnt sich an die verzweifelte Stimme des Kopiloten. *It is not possible, it's absolutely impossible!* Man gewöhnt sich, die Antwort zu hören, noch ehe sie an die Ohren dringt. *You have to! You have to! You have to leave immediately!* Man gewöhnt sich an die ersten Schweißperlen. An die Zeitung als Fächer. Man gewöhnt sich, alle Erwartungen auf null zu bringen. Man gewöhnt sich an das Brennen in den Augen. Man gewöhnt sich, die Uhr zu vergessen. Man gewöhnt sich an die ersten stummen Ohnmachtsschreie. Man gewöhnt sich, keine Hoffnung mehr zu haben außer der Hoffnung auf einen Schwall kühlerer Luft. Man gewöhnt sich an das Rauschen der Nerven. Die schwarze Wand zu sehen als das Ende von allem. Man gewöhnt sich an die Monotonie des einzigen Gedankens: Bloß nicht noch einmal starten, es muss Schluss sein endlich, Schluss egal wie, bloß nicht noch einmal starten! Man gewöhnt sich an die Schweißströme. An den Hitzeschmerz unter den Achseln. An die Schreie nach Wasser. Man gewöhnt sich, wieder halb nackt zu sitzen wie im Totenhemd. Man gewöhnt sich an das Kochen in den Adern, an den Kopfschmerz und das Aufplatzen der Venen in den Beinen. An die Schweißwunden unter den Armen. An das Keuchen und Zetern und Klagen. Man gewöhnt sich an das Knacken der Türen hinten und vorn und an den ersten milden Durchzug.

Man gewöhnt sich an die Erlaubnis, zur hinteren Tür gehen zu dürfen. An das Gedränge. An den tierischen Gestank vor den Toiletten. Man gewöhnt sich daran, mit der einen Hand die Nase zuzuhalten und mit der anderen an den Rückenlehnen entlangzutasten und dabei anderen Leuten ins Gesicht, in die Haare zu fassen. Man gewöhnt sich, im Halbdunkel nah der Tür zu erschrecken vor den anderen. Die Altfrauengesichter der Schönheitsköniginnen, die Stadtstreicherbärte der Männer. Man gewöhnt sich, im Schussfeld zu stehen, draußen die Gewehre, drinnen die Pistolen. Man gewöhnt sich an die andere Luft, feucht und heiß. Man gewöhnt sich daran, dass es keine Erholung mehr gibt. Man gewöhnt sich, auf den Todessprung in die Freiheit großzügig zu verzichten. Man gewöhnt sich daran, an alles gewöhnt zu sein, was drinnen geschieht, in der Hölle. Alles Ungewohnte, alles, was draußen ist, stellt nur eine Gefahr dar und sonst nichts, auch daran gewöhnt man sich wie an das Bild von den Soldaten. Man gewöhnt sich an den Käfig. Man gewöhnt sich daran, nichts mehr aushalten zu können und trotzdem immer weiterzumachen. Man gewöhnt sich an die Höflichkeit gegenüber Mördern. Man gewöhnt sich an die Plauderstündchen mit ihnen in der Dunkelheit. Man gewöhnt sich an den Satz, den Nummer 28 fast im Vorübergehen sagt: *Don't mind, we are dead already*. Man gewöhnt sich an immer neue Wellen des Gestanks. An den neu aufquellenden Verwesungsgestank der Toten aus dem Frachtraum. An den süßlichen Gestank der Leiche des Kapitäns. An sein Blut, das stinkt wie das Blut geschlachteter Tiere. Man gewöhnt sich, eingekesselt zu sein von Leichen. Man gewöhnt sich, das Atmen aufzugeben und ohne Sauerstoff zu leben. Die Verwesung des eignen Körpers zu spüren. Man gewöhnt sich an die Starre in den Beinen. An den Schneidbrenner im Gehirn. An das Verfaulen der Lunge. An die unendliche Langsamkeit des Herzens. An den leeren, geborstenen Kopf. Man gewöhnt sich, das eigene Geschlecht zu vergessen. Man gewöhnt sich an den Hass auf die andern. An den Sarg. An die Enge im Sarg, ja, man gewöhnt sich, man gewöhnt sich. Sogar an die Überraschung, an die Wasserflasche, die aus dem Finstern durchgereicht wird. Man gewöhnt sich, den Becher zu finden und im Dunkeln einzugießen. Man gewöhnt sich an die Vorsicht. Man gewöhnt sich an den ersten Schluck und an die zehn Sekunden Erholung. Man gewöhnt sich an den nächsten Hitzeschub und die nächste Lage Schweiß. Man gewöhnt sich an die neue

Hitzewelle, an 50 Grad, an 55 Grad, an 60 Grad. Man gewöhnt sich, den Körper aufzugeben. Man gewöhnt sich zu schweigen, zu stöhnen, zu seufzen, zu schniefen. Man gewöhnt sich an den Gedanken, dass alles schon mal da war, dass man alles schon mal überstanden hat, dass andere solche und schlimmere Situationen durchgestanden haben und dass das trotzdem nicht hilft und nie helfen wird. Man gewöhnt sich an den schleichenden Übergang zum Tod. Man gewöhnt sich, sagte ich mir, an das Gewöhnen, man gewöhnt sich an alles.

Aber ich gewöhnte mich an nichts, nicht einmal an mich selbst.

Unser Team im Labor, eine Feier, wir sitzen an einem Kindertisch. Mein Geburtstag. Alle haben Kakaopulver in den Tassen, ich hole Milch aus dem Kühlschrank, und erst, als ich alle Becher vollgegossen habe, merke ich, dass es nicht Milch, sondern Traubensaft ist. Lauter enttäuschte Gesichter vor dem ekligen Gemisch. Das Labor ist eine Zahnarztpraxis, der Bohrer pfeift los. Da ich Geburtstag habe, bin ich zuerst dran.

Sie klappten den Sargdeckel wieder auf, sie blendeten uns mit Licht, sie sorgten für frischere Luft. Draußen Finsternis. Sie hatten uns eine Ration Benzin gegeben, damit wir etwas atmen konnten. Und mit dem Benzin das gemeine Licht, das die Augen zerschlug. Licht wollte ich nicht, nur die kühle Luft und Ruhe, stumpfsinnig dösen, träumen, schlafen.

Die Entführer aber waren unruhig, sie gaben sich kurze Kommandos. Ich nahm mir vor, mich von ihnen nicht stören zu lassen, und musste ihnen doch zusehen. Sie machten sich an der Leiche des Kapitäns zu schaffen. Sie befahlen einer Stewardess, den Garderobenschrank auszuräumen. Zu dritt hoben sie den Körper an. Einer schrie:

– *Don't move! Don't turn your head!*

Sie hatten ihm eine Decke um den Kopf gelegt. Sie ächzten, sie schleiften den schweren Körper durch den engen Gang. Der Kapitän erwies sich als zu breit für sein Flugzeug, oder er widersetzte sich schon wieder. Er war der Einzige gewesen, der sich einige Minuten lang Jassids Befehlen nicht unterworfen hatte, und nun wehrte er sich noch einmal. Die Mörder mussten sich anstrengen. Ich sah nicht auf das Gesicht unter der Decke. Ich sah aus den Augenwinkeln nur den Arm baumeln, als der Körper an unserer Reihe vorbeigeschleppt wurde. An der Hand glänzte der Ehering und baumelte mit. Ich dachte, wenn jetzt seine Frau wüsste, dass ihr Mann tot ist! Wenn ich jetzt tot wäre, mein Arm würde auch so baumeln, und keiner wüsste was von mir!

Sie schleppten ihn nach hinten. Selbst wenn es erlaubt gewesen wäre, ich hätte mich nicht umgedreht. Es polterte. Sie kamen mit dem sperrigen Körper nicht zurecht. Sie brauchten eine ganze Weile, bis sie ihn in den Garderobenschrank gezwängt hatten. Die Tür knarrte.

Sie liefen nach vorn. Wo der Tote gelegen hatte, machten sie große Schritte. Der Blutfleck war riesig, rotschwarz. Sie holten Papiertücher und wischten das Blut auf. Ich sah weg und wieder hin, das Blut auf dem weißen Papier, und wieder weg. Als ich dachte, sie müssten nun fertig sein, kam Nummer 31 mit einer Kehrschaufel. Ich atmete erleichtert durch. Sie bückte sich und fegte etwas auf. Dann stand sie auf, hielt einen Augenblick inne und reckte die Schaufel zur Seite. Ich konnte nicht erkennen, was darauf lag. Ich wollte es nicht. Ich war nicht sicher, ob die Piratin sich ekelte oder eine Geste des Triumphs versuchte. Sie verschwand, fast taumelnd, die Schaufel neben sich, in der ersten Klasse. In diesem Augenblick war ich sicher: Es war das Gehirn! Sie haben ihn in den Kopf geschossen! Und sie hat die Gehirnmasse aufgefegt!

Ich fing meine Litanei wieder an, man gewöhnt sich, man gewöhnt sich, aber diesmal wirkte sie nicht mehr. Es war zu viel. So viele Grässlichkeiten auf einmal, und ich konnte sie nicht mehr fassen oder mit Beruhigungsformeln zudecken. Ich war an nichts anderem interessiert als an einem schnellen Ende. So viele Grässlichkeiten, so viele Todesarten, ich war nicht mehr wählerisch, es musste nur schnell gehen und möglichst schmerzlos. Ich glaubte nicht mehr an einen Austausch. Selbst wenn ich daran geglaubt hätte, es hätte mir nicht geholfen. Keine Hoffnung hätte geholfen. Alles, was ich tun konnte, war, meinen sitzenden Leib zusammenzuhalten, ihn zu krümmen, die Beine hochzuziehen und wenigstens im Sitzen die Schutzhaltung des Embryos einzunehmen, die Augen zu schließen, vielleicht noch einen Schluck Wasser annehmen und dann endlich dem Druck und allen Aufregungen nachgeben und versinken im Boden der blutschwarzen, stinkenden Zelle.

Das Gerücht, ein neuer Start stehe bevor, kümmerte mich nicht. Mit Schnaps bekämpften sie den Blutgestank, eine angenehme Betäubung. Über den Blutfleck breiteten sie eine Illustrierte, mit dem Titelblatt nach oben. Die Türen wurden verschlossen, es war mir völlig gleichgültig. Wieder die Gurte.

Ich sackte immer mehr zusammen. Die Maschine holperte über den Sand. Das Tankfahrzeug verstärkte die Kopfschmerzen. Ich war sicher, mit der kaputten Mühle kämen wir weder richtig hoch noch richtig runter. Ich war gefasst. Kein Unterschied zwischen einem Absturz und einem Tod wie dem des Kapitäns. Das Ende, ohne Rückblick, ohne Vorsätze, und ich wünschte nur eins, den sanften Übergang, schlafend.

Bilde dir nichts ein auf deine Gefühle! Gefühle gibt es nicht, denk an die Pawlow'schen Hunde, Gefühle lügen. Nach jedem Elektroschock ein gutes Stück Fleisch, und nach ein paar Tagen wird der höchste Schmerz zum höchsten Glück, und begeistert winselst du nach der nächsten Qual!

Die Triebwerke wurden angeworfen.

– Feuer! Es brennt! Es brennt! Feuer!

Ich riss die Augen auf, die Kabine voll Rauch, der aus den Luftdüsen schoss. Es brennt! Jetzt schnell raus aus der Maschine und fliehen vor dem Feuer! Der Notausgang, zwei, drei Schritte!

Die Triebwerke wurden ausgeschaltet. Eine Stewardess lief durch den Gang, der Nebel wurde dünner. Falscher Alarm. Wasserdampf. Kalte Luft, die in die Hitze der Kabine kommt, erklärte Erika. Auch diese Hoffnung, in einer Sekunde gekommen, in der nächsten verflogen. Auf der Illustrierten über dem Blut leuchteten weiß die Zähne aus dem Schönheitsgesicht.

Irgendwann pfiffen die Triebwerke, irgendwann liefen sie auf vollen Touren, irgendwann schlich die Maschine los, kroch über die Rollbahn, hoppelte mühsam vorwärts, und irgendwann hoben wir ab.

Im Halbschlaf blinkte der Gedanke auf: noch einmal Nähe, noch einmal Lust, noch einmal den Körper bewegen nach eigenen Rhythmen, eigenen Wünschen! Mit wem? Ich konnte mir keinen andern als Gerold vorstellen. Erst hatte ich ihn als Schönling abgetan, jetzt brauchte ich ihn. Mein letzter Mann. Ich hatte ihm einen deutschen Namen gegeben, schon das ging zu weit. Längst hatte ich keine Kraft mehr, ihn zu hassen. Ich wusste, dass ich zu weit ging, aber er war der Einzige, der in meine Träume passte. Ich wusste, dass es meine Pflicht war, ihn zu hassen, ihm die Waffen wegzunehmen, ihm die Augen zu zerkratzen oder mir wenigstens seine Gesichtszüge in allen Einzelheiten einzuprägen für den Fall einer Rettung, für den Fall einer Fahndung, für die Richter, die ihn zu lebenslänglicher Haft verurteilen werden, den Entführer, den Mörder, den guten Mann, der mich, obwohl er hundert Gelegenheiten hatte, nicht ermordet hat, mich leben und träumen lässt!

Wie ein Stein vom Himmel fällt, so könnten auch wir fallen, mit der beschädigten Maschine über einem Meer, mit der Bruchmaschine vor einer drohenden Wolkenfront, mit einem einzigen Piloten, der vier Tage nicht geschlafen hat und mehrmals knapp am Tod vorbeigekommen ist, in einer fremden Gegend am frühen Morgen. Ein Luftloch, eine falsche Reaktion vor den Instrumenten, und wir fallen vom Himmel wie der Stein, welcher Stein fällt und wann …

Auch diesen Gedanken wehrte ich nicht mehr ab. Ich sah, von außen, das Flugzeug in die Tiefe stürzen nicht wie ein Flugzeug, sondern wie ein Stein, aufs Wasser knallen und dann langsam in waagerechter Lage durch alle Schichten des Meeres sinken bis auf den tiefsten Grund. Der Vorteil, es wird schnell gehen, so oder so, ob wir beim Sturz die Knochen brechen, beim Aufprall mit den Schädeln aneinanderschlagen oder ersaufen oder ersticken, oder ob die Haie kommen eins zwei drei durch die geborstene Tür mit dem Schild EXIT. Oder wir sitzen heil und tot auf den gewohnten Plätzen, und die Fische glotzen heißhungrig durch die Fenster auf die ihnen vorenthaltene Beute. Oder wie die Verschütteten, von der Lava oder vom Schlagwetter überrascht, und ein paar hundert Jahre später die Taucher, die neunzig unbeschädigte Passagiere entdecken, versteinert mit den Mienen des Schreckens, nein, eher mit der Zufriedenheit, dass alles vorbei ist, mit dem geöffneten Mund der Bestürzung, mit einer eindeutigen Haltung am Leben hängend. Doch wir unter Wasser werden nie so berühmt werden wie die Leute von Pompeji! Es werden allenfalls unsere Skelette bleiben, vielleicht wird man der Lage der Knochen nach etwas von unseren letzten Schrecken und Gefühlen ablesen können, man wird jedenfalls nicht mehr die Entführer und ihre Opfer unterscheiden können, man würde, fänden wir noch zueinander, Gerold und mich für ein Liebespaar halten, man wird uns nicht mehr trennen von den Toten im Gepäckraum und im Garderobenschrank, man wird die Skelette von den skelettierten Sitzen sammeln, falls man uns überhaupt finden, falls man uns überhaupt ausgraben wird, falls wir überhaupt sterben, falls wir überhaupt fallen, fallen wie ein Stein, hinab aus der klaren Morgenluft.

Sieben

Das Flugzeug fiel, aber es fiel in gleitenden, gleichmäßigen Sprüngen und sanften Kurven auf das Meer, auf eine Wüstenlandschaft zu. Die Aufforderung zum Anschnallen. Ingeborg wachte auf und sagte:

– Landen, landen, wenn er das noch packt, wenn er das noch packt!

Sie war schneller angeschnallt als ich.

Auch ich dachte an den Piloten: Wenn er das noch schafft, die kaputte Maschine weich aufzusetzen und zum Stehen zu kriegen ohne neuen Bruch, ohne Feuer! Der Anführer ermahnte uns wie ein Steward, die Rollos herunterzuziehen.

Je tiefer die Maschine sackte, desto weiter schien mir die rettende Piste entfernt. Ich schloss die Augen, aber damit vergrößerte ich nur die Fallhöhe und sank eine endlos tiefe Treppe hinab, ein Fall von Stufe zu Stufe.

Die Maschine berührte den Boden, schoss über die Bahn, die Triebwerke heulten im Bremsschub, alles wackelte, knisterte, vibrierte, und noch in voller Fahrt begannen sie hinten zu klatschen. Ingeborg und Herr Walter und ich klatschten mit, wir waren glücklich heruntergekommen, wieder festen Boden unter uns, nicht mehr den fürchterlichen Gesetzen der Physik ausgeliefert, den Zufällen der Technik, des Wetters, des Feuers. Die Maschine machte einige Wendemanöver, dann standen wir still.

Der Kopilot sprach:

– Wir sind wieder einmal gelandet. Ich darf Ihnen nicht sagen, wo wir sind. Wie es nun weitergeht, weiß ich auch nicht.

Wir sind wieder einmal gelandet, dieser Satz hörte sich an wie: Wir haben wieder einmal überlebt. Wieder einmal, alles geschah immer wieder und noch einmal und wieder einmal, immer ein wenig anders, immer mit neuen Schrecken. Wieder einmal gelandet, wieder einmal überlebt, ich konnte längst nicht mehr mitzählen, wie oft wir in den letzten Tagen überlebt hatten.

Er wusste nicht, wie es weiterging. Aber er sagte das mit einer heiteren, beinah gelassenen Stimme. Aus dieser Stimme schloss ich, hier wird das Fliegen wenigstens ein Ende haben. Die konnten uns mit diesem Flugzeug und diesem einen Piloten nicht noch weiter hetzen. Was immer das für ein Ort war, es war ein Ort der Entscheidung. Jeder Flughafen war ein Ort der Entscheidung gewesen, aber jetzt musste endlich etwas geschehen, jetzt musste man etwas für uns tun, jetzt konnte es keine Ausflüchte und keinen Aufschub mehr geben. Ich war sicher, jetzt dauert es bestimmt keine drei, keine zwei Tage mehr, jetzt ist Schluss, so oder so.

Der Kopilot meldete sich noch einmal.

– Captain Jassid hat mir angeboten, das Flugzeug zu verlassen. Aber ich werde hier bleiben. Ich möchte nicht nachher neben dem Kapitän im Schrank stehen.

Einige lachten. Ich lachte mit, bis ich über diese Formulierung und über mein Lachen erschrak. Ich dachte, wie kann er so reden über seinen Kollegen, wie kann er Witzchen machen über die Leiche seines Freundes! Wird er jetzt verrückt, oder sind wir alle schon verrückt? Können wir, zwischen den Toten und unsern Mördern eingeklemmt, nur noch kichern wie langjährige Insassen einer Irrenanstalt? Vielleicht ist er wirklich verrückt geworden da vorne, keiner hält so was aus, ohne verrückt zu werden, und er hat am meisten mitgemacht von uns allen, er wird der Erste sein, der verrückt wird! Ein Irrer fliegt mit uns um die halbe Welt, das wäre noch eine Steigerung unserer Abenteuer, das hatten wir noch nicht, das könnte auch noch kommen! Nein, das fängt schon an, wir sind längst so verrückt wie er, bald können wir aus der Maschine direkt in die Anstalt gehen, von einem Gefängnis ins andere, und wir werden glücklich sein dabei, die harmlosen Irren aus Mallorca, die sich jeden Tag darauf freuen, eine halbe Stunde Ausgang zu haben, und die sich beschweren, wenn die Klos zu sauber sind und nicht mehr stinken, die sich beschweren, wenn sie das Essen an langen Tischen einnehmen sollen und wenn sie die Kleider wechseln oder die Zähne putzen müssen und die Wärter ihre Handgranaten vergessen!

Wieder wurde heftig über den Landeort spekuliert. Bald setzte sich das Gerücht durch, wir seien in Somalia, in einer Stadt namens Mogadischu. Ingeborg und ich griffen nach dem Bordbuch und schlugen die Karte mit den außereuropäischen Flugrouten auf. Mogadischu, Mogadischu, ich suchte die Arabische Halbinsel ab, dann die ägyptische Küste, immer am Meer entlang.

– Da liegt es, da unten an der Ecke!, sagte Ingeborg.

In Afrika! Wir waren tatsächlich in Afrika gelandet, nicht weit vom Äquator!

– Oje, so weit sind wir schon!, sagte Herr Walter.

Ich hatte gehofft, wir kämen endlich wieder in vertrautere Gegenden, ins Europäische hinauf, und war enttäuscht. Aber dann regte sich so etwas wie Stolz, wir sind in Afrika! Nie in Afrika gewesen, und nun eine kleine Weltreise so nebenbei! Afrika beschäftigte mich mehr als das Ultimatum, ich wusste nicht einmal mehr genau, welches Ultimatum gerade lief, welche Bedingungen und bis wann. Es ist besser in Afrika, dachte ich, mit den Afrikanern können sie leichter verhandeln als mit den sturen Arabern!

Jutta ging durch die Reihen und sagte, mal lauter, mal leiser:

– Ich habe eben mit dem deutschen Botschafter gesprochen. Ich habe ihm gesagt, dass wir nicht länger durchhalten können. Ich habe ihm gesagt, dass unser Kapitän tot ist. Dass wir Kranke, Alte und Kinder an Bord haben. Die Regierung weiß jetzt alles. Der Botschafter hat verstanden. Ich habe das sichere Gefühl, dass wir in ein paar Stunden frei sein werden.

Allein das Stichwort deutscher Botschafter war eine Verheißung. In den vielen Tagen und fürchterlichen Nächten hatten wir von keinem Regierungsvertreter, von keinem Botschafter oder Konsulatsgehilfen auch nur eine Silbe gehört. Jedes nichtssagende Wort hätte uns Kraft gegeben für Stunden, jede Phrase hätte uns beruhigt und immerhin verraten, dass sie uns nicht völlig aufgegeben, nicht völlig vergessen haben – und nun wirkten diese paar Silben, von Jutta gesprochen, deutscher Botschafter, schon wie die halbe Erlösung.

Das Frühstück kam spät. Brötchen, Äpfel, Ziegenkäse und Milch. Die Milch roch fremd. Ich schnupperte daran und probierte einen winzigen Schluck. Sie schmeckte herb und verbrannt.

– Was ist denn das?, fragte ich.

– Keine Ahnung, sagte Ingeborg, Ziege vielleicht.

Herr Walter beteiligte sich am Rätselraten. Er meinte, Ziegenmilch sei das nicht, Stutenmilch auch nicht.

– Kamel!, sagte er plötzlich mit einem glücklichen Gesichtsausdruck, das ist Kamelmilch!

Er erzählte, er kenne diese Milch aus dem Krieg, Afrika-Korps. Er war froh, fast gierig darauf, noch einmal in seinem Leben Kamelmilch trinken zu dürfen. Ich bot ihm meine an, denn es ekelte mich vor der Milch, und ich sagte mir, wir werden in ein paar Stunden frei sein, da brauch ich mir keine Kamelmilch mehr in den Hals zu zwingen.

Herrn Walters Augen leuchteten, und ich fürchtete, er werde nun ausholen und mit seinen Erlebnissen unter Rommel prahlen und die Kamelmilch in seine stolze Soldatenzeit mischen. Aber ich täuschte mich, er warf einen abschätzigen Blick auf uns Frauen. Er merkte selber, dass wir nicht das richtige Publikum für seine Erinnerungen waren, und trieb sich mit der Kamelmilch allein auf die Schlachtfelder zurück. Ich sah ihn träumen vom Krieg.

Jassid verkündete ein neues Ultimatum, das endgültig letzte Ultimatum habe er soeben dem Botschafter gestellt, es laufe in knapp fünf Stunden, um 15 Uhr, ab, und keine Sekunde länger! Er brüllte wieder, er brüllte uns an, als hätte er mit uns zu verhandeln.

Noch ein paar Stunden mit geschwollenen Beinen, noch ein paar Stunden mit dem schweren, leeren Kopf, noch ein paar Stunden mit den steifen Armen und brechenden Knien, noch ein paar Stunden im eignen Gestank schmoren, noch ein paar Stunden nicht reden aus Angst vor der Ungewissheit, noch ein paar Stunden Kotzgestank und quälende Hitze, noch ein paar Stunden diese Bartgesichter ertragen, noch ein paar Stunden die Pistolen sehen und die Handgranaten, noch ein paar Stunden den toten Kapitän im Rücken, den Geruch der Verwesung in der Nase, noch ein paar Stunden die lähmenden, immer gleichen Fragen an die Politiker, ich wollte die Stunden nicht zählen und trotzdem die Zeit fortschlagen und keine neuen Hoffnungen anwachsen lassen.

Ich suchte nach Ablenkungen, blätterte in dem Lufthansa-Bordbuch herum, starrte die Seiten mit dem Streckennetz an und überlegte, wo würdest du gern hinfliegen, wenn du freikommst? Welche Ecken der Welt möchtest du sehen, in welche Meere dich werfen, in welchen Städten den Kaffee schlürfen? Alle Erdteile lagen vor mir grün und bräunlich abgestuft, und ich dachte, sie werden dir einen Freiflugschein zu einem beliebigen Flug spendieren als kleine Entschädigung, und du wirst die freie Auswahl haben. Der Verwesungsgeruch oder was ich dafür hielt drang süßlich und gemein in immer neuen Schwaden näher, ich hielt mir die Nase zu, aber dieser Geruch zog mich aus meinen Phantasien in die Kabine zurück. Es war nicht möglich zu fliehen, keine freie Auswahl, auch der Kapitän hat keine freie Auswahl mehr! Ich wusste auf einmal, wenn ich wieder zu Hause sein werde, dann werde ich nie wieder fliegen, werde nie wieder ein Flugzeug sehen wollen, keine hundert Pferde und kein noch so lockendes Reiseziel werden mich noch einmal in eine solche Kabine zwingen, in diesen Sarg, diesen Hundertpersonensarg! Ich werde nie wieder fliegen, egal, ob ich hier lebendig herauskomme oder nicht, nie wieder fliegen, nie wieder Mallorca, nie wieder Teneriffa, nie nach New York oder Hongkong! Ich möchte nicht nach Hause fliegen, wenn wir jetzt frei sein werden, ich werde mich erkundigen, ob dieses elende Nest Mogadischu einen Hafen hat, und werde ein Schiff nehmen, ein Schiff nach Hamburg oder Rotterdam! Solange sie die Schiffe nicht entführen, werde ich keinen Flughafen betreten, und wenn ich zu Hause bin, vielleicht werde ich nie wieder weg von zu Hause wollen, nie wieder reisen, immer mich einsperren in der Wohnung, im Labor, nie wieder diese Piratengesichter oder solche, die ihnen ähnlich sind, nie wieder fliegen, fliegen nie mehr! Der Gedanke war nicht quälend. Eher eine Erleichterung, ein Schlussstrich, das ist vorbei, ein für alle Mal! Nie wieder fliegen!

Halb elf. Noch ein paar Stunden, noch ein paar Stunden. Wieder ein Versuch, die Zeitung zu lesen. Vom Reiseteil waren noch Seiten übrig, ich redete mir ein, lies dies, lies das, du wirst nie wieder reisen, du kannst von nun an über das Reisen nur lesen, Reisebücher, Reiseberichte. Mit Landrover, Flugzeug und Dromedar durch Tunesien. Aber mehr und mehr hatte ich Schwierigkeiten mit den Sätzen, ich verstand den ordentlichen Bau der Sätze nicht mehr, die solide Grammatik mit Subjekt Prädikat Objekt und Punkt, diese komplizierten einschränkenden oder ausgreifenden Nebensätze. Ich war nur Befehlssätze gewohnt oder Seufzer und die Stakkatosätze mit den Warnungen und Ermunterungen. Jede andere Sprache, jede Form des Begründens oder der einfachen Mitteilung war mir fremd geworden, das früher Gelernte so durcheinander, dass mir die komplizierte Ordnung dieser geschriebenen Sprache wie ein Hohn vorkam.

Die Anzeigen mit den kurzen Sätzen verstand ich besser. 1978 soll Ihr Glücksjahr werden – mit den Goldmann-Tageshoroskopen! Das war ein verständliches Versprechen. Ich las Schinkenhäger, las Geldanlagen, las Xerox Kopierer, und hielt mich lange an der Anzeige für die Deutsche Bootsausstellung fest. Die selbstbewussten Texte und die kräftigen Fotos machten mir klar, dass das Leben draußen weiterlief und weiterlaufen werde unabhängig von uns. Die Säulen standen noch, sie standen so fest, dass es gar keine Rolle spielte, wie alt die Zeitung schon war, die Banken hatten in diesen fünf Tagen noch mehr angelegt, die Horoskope versprachen schönere Aussichten, die Kopierer waren weiter verbessert worden, und die Bootsbauer konnten letzten Donnerstag genauso mit ihrem Freizeitangebot protzen wie heute. All das war weitergelaufen ohne uns, unabhängig von unserm Tod oder Leben. Und an allen diesen glänzenden Dingen wird es nicht den geringsten Kratzer geben, wenn sie uns doch noch in die Luft jagen sollten in letzter Minute!

Bei den Todesanzeigen sah ich weg und zwang mich dann, nicht abergläubisch zu sein. Ich machte die Probe und setzte meinen Namen ein, Ingeborgs und Petras Namen, aber nicht einmal der Name des Herrn Walter hätte in diese Anzeigentexte gepasst. Hier starben nur ältere Herren, Geschäftsführer, Minister a. D. und Aufsichtsratsmitglieder.

Ich war nahe daran, mir einen Anzeigentext für uns auszudenken, da gab es ein Rumoren hinten in der Maschine. Nummer 22 lief nach vorn und forderte einen jungen Mann auf mitzukommen. Von hinten wurde geflüstert: Sie tragen den Kapitän raus! Ich wollte mich nicht umdrehen, hörte aber das Schaben, Schleifen und Rucken. Ich dachte, man müsste den Aufschlag hören, und wartete. Dann kam der junge Mann zurück, und ehe er sich auf seinen Platz setzte, machte er eine halbe Drehung. Er war bleicher als vorher.

Etwas später sagte der Kopilot:

– Keine Angst, wenn ich die Maschine jetzt wieder bewege. Wir werden nicht starten. Ich habe nur die Anweisung, auf eine andere Position zu fahren.

Viertel nach elf. Ich verkroch mich in meinen Sitz. Ich konnte nicht schlafen. Lesen war unmöglich. Nichts mehr zu sagen. Jetzt helfen nur noch Kreuzworträtsel. Knochenfisch mit 5 Buchstaben, griechische Göttin mit 4, eigentlicher Nachname Canalettos mit 7 Buchstaben. Kein einziges gesuchtes Wort fiel mir ein. Die Seite mit dem Wetter, ich las die Temperaturen von Mittwoch, 13 Uhr, leise vor mich hin. Plötzlich hatte ich eine Idee. Ich lieh mir von Herrn Walter den Kugelschreiber, nahm den Schreibblock und schrieb wie wild die Wetterangaben ab. Ich schrieb Berlin 14 Grad, Bonn 16 Grad, Braunlage 12 Grad und so weiter. Ich schrieb die ganze Tabelle ab, das deutsche Wetter, das Wetter im Ausland, und als ich mit Rom und Istanbul und Kairo 30 Grad am Ende war, zögerte ich nicht lange und schlug die Seite mit den Börsenkursen auf, faltete sie in ein handliches Format zurecht und begann zu schreiben mit Aach.Mü.-Vers., Aach.Rück, Adler und schrieb und schrieb eine Seite nach der anderen voll und versank in den Zahlen und der Poesie der Firmennamen und dem geheimnisvollen Auf und Ab der Kurse, es schneite Zahlen und Namen auf mich herab, ich deckte mich zu mit ihnen, sie wärmten mich, ich schützte mich unter ihnen und vergaß die Zeit.

Plötzlich hieß es, 13 Uhr, in zwei Stunden laufe das Ultimatum ab.

Ich tauchte aus kurzem Schlaf auf, Schreibblock und Zeitung noch auf den Knien, den Kugelschreiber in der Hand.

– Was heißt in zwei Stunden?, fragte ich Ingeborg.

– Was weiß ich.

Ich schob die Utensilien ins Netz, gab den Kugelschreiber Herrn Walter zurück, ordnete meine Kleider und versuchte, gefasst zu sein. Schnell und gelassen akzeptierte ich den Gedanken, dass in zwei Stunden alles vorbei sein könnte. Immerhin eine Entscheidung, ein Schlusspunkt. Ich schämte mich nun für meine stumpfsinnige Beschäftigung. Drei Stunden vor dem Tod hat sie Wetterdaten abgeschrieben! Wenn das Rainer erfährt oder meine Eltern, was werden sie von mir denken! Sie werden mich für verrückt halten, unnachsichtig für verrückt. Es beruhigte mich, dass niemand davon erfahren wird, meine beiden Mitwisser, Frau Wendland und Herr Walter, werden schweigen wie ich. Wenn ich dran bin, sind sie es auch. Meine letzten Dummheiten wird niemand erfahren. Natürlich hätte ich die Zeit besser nutzen können, aber warum und womit? Ich konnte mit den Nachbarn nicht mehr reden, mit den Entführern nicht verhandeln, alle Todes- und Schlussgedanken hatte ich in den letzten Tagen und Nächten hundertmal durch den Kopf jagen lassen. Es war alles getan, alles gesagt, alles gedacht.

Auf dem freien Platz auf der anderen Seite, neben den Schmidts, saß Kopilot Fuchs. Während ich geschlafen hatte, musste er dorthin dirigiert worden sein. Die Uniform zerknittert, das Gesicht hinter den Bartstoppeln verborgen, der ganze Mann erschöpfter und verlassener als alle andern. Er hatte die Augen geschlossen und murmelte immer wieder die gleichen Worte vor sich hin:

– Ich Idiot, ich Idiot!

Nach einer Weile wagte ich ihn anzusprechen, und irgendwann sagte er:

– Und ich Idiot, ich hab diesem Scheißkerl das Leben gerettet! Ich fragte nach, und dann erzählte er, flüsternd, abgehackt, er habe bei der vorigen Landung, in Aden sei das gewesen, schon aufsetzen wollen im Sand, aber plötzlich entdeckt, dass Jassid nicht angeschnallt gewesen sei, deshalb habe er die Maschine im letzten Moment hochgezogen, sonst wäre der durch die Scheibe gesegelt, mausetot, und alles aus, und wir gerettet!

Ich war nicht imstande, ihm Vorwürfe zu machen. Ich sah den Blutfleck vorne, die feucht gewordene Illustrierte hatten sie wieder fortgenommen.

Zwei Stunden, da kann noch viel passieren! Bisher war kein Ereignis so abgelaufen, wie es erwartet oder angekündigt war. Immer hatte es in letzter Sekunde eine überraschende Wendung gegeben. Zwei Stunden. Eine Warnung, nichts weiter. Sie verhandelten immer noch da draußen, die Regierung war informiert, wir waren nicht allein.

Ich spürte starken Hunger, aber ich war froh, dass sie keine Anstalten machten, ein Mittagessen zu bringen. Ich hätte das übliche kalte Hühnerbein nicht essen können ohne den Gedanken: Henkersmahlzeit. Ich sah mich im Restaurant essen, sah uns in zwei Stunden auf der Gangway stehen, draußen, wir rieben uns die Augen, feierten die Befreiung mit Sekt und ließen uns ein ordentliches Essen spendieren im Flughafenrestaurant, am Fenster sitzend, den Blick auf unsere Maschine. Was wirst du bestellen? Ein Steak? Nein, bloß kein Steak! Irgendwas mit Bratkartoffeln. Ja, Bratkartoffeln müssen es sein, mit Spiegelei und Speck, Bratkartoffeln in Mogadischu.

Der Anführer räusperte sich, ehe er seine nächste Ansage machte.

– Wer noch auf die Toilette will, soll das sofort tun. In einer Viertelstunde ist es nicht mehr erlaubt. Dann haben wir nur noch eine Stunde, bis das Ultimatum abläuft.

Ich versuchte, seine Stimme zu interpretieren, die verhältnismäßig leise war. Aber es gelang mir nicht herauszuhören, wie ernst es ihm war und ob er uns wirklich nur noch eine Stunde zubilligen wollte.

Es meldeten sich nur wenige. Ich blieb sitzen. Nicht noch einmal wollte ich mich ins Zentrum des Gestanks vorkämpfen, vor allem aber wollte ich nicht auffallen, lieber mit eingezogenem Kopf diese Stunde abwarten als noch einmal mich allen zeigen. Ich schämte mich und wusste nicht wofür.

Nummer 22 brachte an der Wand zur ersten Klasse neue Sprengladungen an und legte Zündschnüre. Wenn es wirklich nur noch eine Stunde ist, dachte ich, dann wirst du doch nicht mehr an die frische Luft kommen und nie mehr spazieren gehen, nie mehr! Nie mehr ins Grüne! Nie mehr in Alfabia, nicht einmal im öden Nauheimer Kurpark oder am Neckar in Tübingen! Wenn ich noch einen Wunsch frei hätte, dann den: noch einmal zwei, drei Stunden durch einen Park laufen. Oder durch Wiesen, endlose Wiesenschaumkrautwiesen im Mai!

Nach einigen Minuten griff Jassid wieder zum Mikrophon.

– Ich habe Ihnen eine wichtige Mitteilung zu machen. Die faschistische deutsche Regierung ist auf unser letztes Ultimatum nicht eingegangen. Wir haben vier Tage lang verhandelt. Die faschistische deutsche Regierung will, dass Sie sterben. Sie zeigt keine Humanität, nicht mit unseren gefangenen Genossen und auch nicht mit Ihnen. Es tut mir leid. Das Ultimatum läuft in 51 Minuten ab.

Noch ehe ich richtig verstanden hatte, sprang Stewardess Jutta auf und sprach mit Jassid. Der nickte. Sie gingen zum Cockpit. Sie ließen die Tür auf. Jutta verlangte den deutschen Botschafter zu sprechen. Sie sprach gleichzeitig ins Bordmikrophon. Sie redete englisch, langsam, stockend und laut, aber es waren nur Fetzen zu verstehen.

– Dass wir sterben müssen … tapfer … dass es schnell geht … in einer Welt, in der so etwas möglich ist … verstehe die Regierung nicht … verantwortlich für … Schuld auf dem Gewissen leben … wortwörtlich … das Ende ist …

Jutta konnte nicht mehr. Sie sprach direkt zu uns.

– Ihr habt es gehört. Ich habe noch einmal alles versucht.

Sie haben abgelehnt. Es ist aus. Ich habe keine Hoffnung mehr. Wir können jetzt nur noch beten. Betet, betet!

Nummer 22, als hätte er Deutsch verstanden, schrie:

– *Pray! Pray!*

Das war ein Befehl. Ich starrte auf die Strümpfe und Strumpfreste, die ihm vom Arm baumelten. Es fehlten ihm die Handgranaten, die Pistole. Wie ein Hausierer sah er aus, bärtig und nervös, man hatte ihm die kostbare Ware durcheinandergewühlt. Er hatte seine Arbeit als Sprengmeister erledigt und schien nun verlegen zu sein, mit Damenstrümpfen überm Arm dazustehen, eine lächerliche Figur mit lächerlichen Requisiten, das passte nicht zu seiner Heldenrolle. Als ich ihn so zappelig, ärmlich und begierig auf ablenkende Geschäftigkeit sah und merkte, welche Angst in diesem coolen Burschen steckte, da gab es keinen Zweifel mehr, dass es nun ernst wurde. Der Anführer dagegen, der sonst die Rolle des Hysterischen und Nervösen spielte, wurde immer ruhiger und sagte mit einer fast weichen, mitleidvollen Stimme:

– Es tut mir leid, meine Damen und Herren. Ich hasse das, was wir jetzt tun müssen. Aber die deutsche Regierung lässt uns keine andere Wahl. Wir haben noch 43 Minuten.

Die Männer mussten sich, einer nach dem andern, in den Gang stellen und die Hände auf den Rücken legen. Nummer 22 fesselte, Nummer 31 fesselte, und Nummer 28 schob die Gefesselten auf ihren Platz zurück und schnallte sie an. Jassid half mit und rannte dann wieder ins Cockpit, er stapfte nicht mehr so gebieterisch durch den Gang wie vorher. Das Team war eingespielt, sie schienen Übung darin zu haben, andere fürs Sterben fertig zu machen.

Ganz allmählich und gleichmäßig wuchsen der Schreck

und die Wut. Stumm musste ich zusehen, wie alles rationell und ohne Zögern auf das Ende zulief, das schäbigste Ende, festgeschnallt auf dem Todessitz, dem elektrischen Stuhl. Nun bringen sie uns wirklich um, diese Schweine! Die deutsche Regierung lässt uns keine andere Wahl, hatte er gesagt. Diese Schweine, sie alle sind Schweine, diese vier und die in der Regierung genauso, wer sind die größeren Schweine? Wer bringt uns um? Die uns hier in die Luft sprengen oder die uns hier nicht rausholen, obwohl sie es könnten? Wer fesselt uns? Die hier oder die uns einfach opfern, als wären wir nichts? Als wären wir nie jemand gewesen in unserem Land oder so nichtswürdig, dass man nicht einmal mit uns redet, nicht einmal eine Trostfloskel durchgeben lässt oder eine Ermunterung, mit der sie uns andeuten, wir kümmern uns, wir tun was für euch! Wer fesselt uns, dass wir in Schreie ausbrechen allein von den Schnitten der Nylonfäden an den Handgelenken? Wer hält uns den Sprengstoff vors Gesicht, die hier oder die, denen das Gefängnisleben von neun Staatsfeinden lieber ist als die Freiheit von neunzig Passagieren? Wer sind diese Staatsfeinde, die für uns einfache Reisende keine Gefahr bedeuten, die werden doch nur deshalb nicht freigelassen, weil sie den Herrschaften da oben gefährlich werden könnten!

So wehrte ich mich gegen die Fesseln. Dem Anführer ging es nicht schnell genug, er feuerte seine Leute an, half mit, schnürte fester, zog da und dort einen Knoten nach, als hinge davon noch etwas ab.

Es kamen nun die Frauen an die Reihe. Was für ein Vorrat an Strümpfen! Sie reichten für alle. Ingeborg nahm schnell ihre Uhr von der Hand und hängte sie ins Netz. Die vier wurden hastiger. Sie fesselten erst Ingeborg, dann mich, schubsten uns auf die Sitze und schnallten uns an. Obwohl die Strümpfe gar nicht so fest am Gelenk schnürten, wie ich erwartet hatte, wuchs meine Wut. Ich sah mich gefesselt als kleines Kind, wir spielten Räuber und Gendarm oder Indianer, und einmal hatte mich der Nachbarsjunge Roland, der große, freche Roland, so fest gebunden, dass ich nicht entkommen konnte und geschrien habe, gefesselt geschrien. Nun in der gleichen Lage, ich war das Kind, gefesselt, aber es war schlimmer, denn ich schrie nicht, ich konnte nicht schreien, ich schrie nur in mich hinein. Räuber und Gendarm, da gab es zwei Parteien, aber dies war ein neues Spiel, endlich verstand ich die Regeln, jetzt hatten sich die Räuber und die Gendarmen gegen uns verbündet, sie arbeiteten alle zusammen, sie dachten alle nur an sich, und uns benutzten sie nur, damit sie ihre Rolle weiterspielen durften, damit sich ja nichts ändere in der Welt! Uns lassen sie in die Luft fliegen, in zweiundzwanzig Minuten, hat er eben gesagt, die Räuber und die Gendarmen, die selber die größte Angst haben, in die Luft zu fliegen, und niemanden freilassen, weil sie die eigene Haut retten wollen! Und unsere Haut, was zählt schon unsere brennende, klebrige, stinkende Haut, wir sind Verbraucher, Steuerzahler, Wählerstimmen, wir werden geopfert, auf die schweißfeuchten Sitze geschmissen und in die Luft gejagt! Nur damit die, die wir gewählt haben, die aus allen Parteien mit ihrer großartigen Einigkeit, sich ein bisschen sicherer fühlen dürfen auf ihren Posten da oben! Ich wünschte alle die Herrschaften ins Flugzeug, die über unsere Hinrichtung beschlossen hatten, ich wünschte sie gefesselt und fertiggemacht und hoffnungslos, eingefettet von ihren eigenen Wörtern, Paragraphen und Phrasen, die ihnen aus den Mündern tropften.

Ich wollte nicht sterben und für die schon gar nicht! Nicht für den Staat, nicht für diesen Staat. Nie werde ich mich in so einen Mann hineinfühlen können, der mit oder ohne Begeisterung für sein Land sich zerreißen lässt! Ich dachte zum ersten Mal, dass es solche Männer nur in der Legende gibt. Niemand will krepieren, auch nicht der größte Dummkopf von Patriot. Aber sie schienen so etwas zu erwarten, die Generäle, die Minister, die Bürokraten, die Juristen, sie waren mir alle eins, ich sah sie an großen runden Tischen sitzen, die staatspolitische Entscheidung mit dem Zigarettenrauch wägend und ausatmend, mit einem Schluck Cognac die Staatsräson abschmeckend, diese Juristen, ich kannte ihre Gesichter, ich war schließlich Anwaltsgehilfin gewesen lange genug. Vor ihrer Gleichgültigkeit und ihren Paragraphen und ihrer Gewinnsucht war ich geflohen, und nun entschieden sie über mich, diese Herren, die vergessen haben, dass wir hier Menschen sind, neunzig Menschen und kein bisschen Staatsräson in unseren Köpfen, ich sah sie da sitzen, tatenlos warten, bis das Ultimatum abläuft, noch zwanzig Minuten, halb tot wie Fische zappelten wir über den Kabinettstisch, der Sauerstoff ging aus, noch zwanzig Minuten, dann werden die toten Fische endlich tot sein und die Herren nicht mehr belästigen, die schon weiterdenken und ihr Bedauern vorformuliert haben, die Trauerfloskeln liegen parat für uns, die toten Fische im Kübel, die Rede an die Nation ist längst vorbereitet, und uns geben sie noch neunzehn Minuten zu leben! Und ich sah uns alle beim Staatsbegräbnis wieder, aber ich lag nicht auf dem Sargbett ausgestreckt, ich stand, festlich gekleidet, vor der offenen Grube, ich war es, die den Staat begrub und die Schaufel in der Hand hielt, eine Schaufel für den Kanzler, eine

Schaufel für den Krisenstab, eine Schaufel für das Grundgesetz, und ein Männerchor raunte immer wieder den einen Satz DIE WÜRDE DES MENSCHEN IST UNANTASTBAR, und alle Leute traten auf mich zu und drückten mir die Hand, aber niemand sprach das Wort Beileid aus.

Ich hing an meinem letzten Restchen Leben, an den Händen, die mir brannten, an den hundert Kilo schweren Beinen, den kochenden Venen, an dem zersprengten, konfusen, zuckenden Schädel, an dem Gestank, der aus den Falten des Körpers und den Falten der Kleider kroch, ich hing an dem ranzigen Geruch, der alles einschnürte, hing an der schniefenden Ingeborg und dem Kamelmilch trinkenden Altlandser neben ihr, hing an den schäbigen braungelben und orangeroten Mustern vor meinen Augen, die ich fünf Tage lang gebraucht hatte als Unterlage zum Nachdenken, und hing an dem ganzen Dreck und der Erschöpfung, an allem, was ich zu sehen noch fähig war. Ich konnte nichts mehr hergeben, womit ich mein Leben hätte verlängern können, meine Flüche, meine Tauschangebote nützten nichts mehr. Beten konnte ich auch nicht, ich wollte es nicht einmal versuchen, es war alles gelaufen, niemand hörte mich, niemand wird mich mehr hören. Ich war allein und hätte auch die nutzlose Wut abstreifen können. Ich versuchte, Frieden zu machen mit allen, mit mir selber, es ging nur noch um mich, noch siebzehn Minuten nur um mich, und alles andere war mein Problem nicht mehr.

Die beiden Mädchen, 28 und 31, rasten nach vorn und kamen wieder, mit mehreren Schnapsflaschen bepackt, die sie unterm Arm und in der hochgereckten Hand hielten. Im ersten Augenblick dachte ich, sie werden uns Gin oder Wodka einflößen und mit uns auf den Tod prosten oder auf ähnliche Art eine heilige satanische Kommunion feiern. Dann waren Schläge zu hören, harte Schläge und ein Gluckern. Sie schlugen die Flaschenhälse ab und schütteten den Alkohol auf dem Boden aus. Aber sie schafften es nicht, die Flaschen beim ersten Schlag zu köpfen. Zweimal, dreimal, viermal hieben sie mit den Flaschenhälsen auf die Sitzlehne ein. Sie waren aufgeregt. Ein paar Minuten vor dem Ende spielten sie noch die starken Helden, sie hätten die Verschlüsse einfach aufdrehen können, aber nein, sie mussten sich noch an den Glasflaschen austoben, ehe sie den Gang entlangliefen und alles auslaufen ließen wie Kinder, die endlich einmal mit Wasser spielen dürfen. Als sie den Bodenteppich getränkt hatten, holten sie noch mehr Flaschen von vorn, griffen sich alles aus den Tüten des Duty-free-Shop, die sie uns anfangs mit dem Handgepäck geklaut hatten, schlugen umständlich die Hälse ab und schütteten den Cognac, den Whisky und die Liköre, den Gin und den Magenbitter über den Köpfen der Passagiere aus. Sie gingen rechts und links, systematisch wie immer, durch die Reihen und vergossen den zollfreien, den steuerfreien Alkohol und vergaßen niemanden, auch die Kinder nicht, und nässten alle Köpfe, Hemden, Blusen.

Auf uns kam lächelnd Nummer 31 zu, die ich Heidrun nennen wollte, anmutig schwenkte sie den Arm, wie eine Tänzerin trat sie heran, ein schwebender, gütig lächelnder Engel taufte uns mit Johnny Walker, ich sah das Etikett genau und den nun auf dem Kopf gehenden Mann mit Hut, Stock und schwingenden Schritten, und es fiel mir der Werbespruch ein, Der Tag geht und Johnny Walker kommt. Der Tag ging und der Tod kam, der Tod lächelte wie ein verrückter, harmlos gewordener Engel und ging weiter nach hinten, und ich hörte seine hohe Stimme: *You shall burn in a beautiful way!* Der Alkohol kühlte und vertrieb den Körpergestank. Eine Erfrischung, ein freundlicher Abschiedsgruß, und in dem Lächeln der kleinen Hexe war etwas wie eine Verheißung zu lesen, ein Vorgeschmack auf den Himmel: Wartet nur, noch zehn Minuten, und ihr seid im Himmel! Nach dieser Taufe vergaß ich fast meine Fesseln. Es war angenehm, die hundert Schweißgerüche nicht mehr in der Nase zu haben. Ich leckte die Lippen, atmete kräftig ein und hoffte, mir einen kleinen Rausch zu verschaffen. Ich sog den Whiskygeruch ein, schloss die Augen, hörte das dumpfe Krachen und Rollen leerer Flaschen, die gegen eine Wand geworfen wurden und nicht zersprangen, sondern polternd und höhnisch weiterrollten. Warum wollen sie jetzt noch Scherben haben, überlegte ich. Noch elf Minuten nach Ingeborgs Uhr. Hoffentlich geht es jetzt ganz schnell! Das Leben, es war so kurz, aber diese Minuten, sie waren mir viel zu lang. Ich fühlte keine Angst mehr, nur Ungeduld. Ich hatte alles hinter mir und wollte endlich die lange Wartezeit hinter mich bringen. Worauf warten die eigentlich noch? Worauf warte ich eigentlich noch? Es ist doch vorbei, alles vorbei!

Ich bedauerte nicht mich, sondern die andern. Rainer, der mich nie wiedersehen wird. Papa und Mama, nie mehr werden sie mich Papa und Mama sagen hören. Sie machten sich alle mehr Sorgen um mich als ich, sie hofften noch, dass ihnen ein Trauerfall erspart bliebe. Ich werde ihnen nichts hinterlassen, kein Kind, keine Wertsachen, kein Testament, nur eine Lebensversicherung und einen Bausparvertrag, einen lächerlichen Bausparvertrag. Wie werden sie sich darüber einigen? Ich werde einfach verschwinden und ihnen Umstände machen. Ich bedauerte sie, weil sie nicht wussten, wie einfach, wie banal das Sterben ist und wie wenig Angst man hat, wenn alles entschieden ist. Das Leben, es lief vorbei, reduziert auf einen einminütigen Diavortrag. Das war es schon, das bisschen! Noch zehn, nein, neun Minuten, neuneinhalb. Die Uhr hatte keinen Sekundenzeiger. Am liebsten hätte ich mich nur an die Uhr geklammert, die letzten Runden des Sekundenzeigers verfolgt und keinen Blick sonst und keinen Gedanken, und dann auf Wiedersehen im Jenseits, Andrea! Aber die Uhr erfüllte mir den Wunsch nicht, die letzte Anbetung der Zeit, und ich sah wieder auf, sah unsere übergossenen Körper. Es klebten die Hemden und Blusen auf der Haut, die Haut schien durch. Nass, gehäutet, schlachtfertig. Die Haare fielen in nassen Strähnen hinunter, und jetzt erst kam mir die Überlegung, warum machen sie das, warum überschütten sie uns? Wollen sie uns noch einmal erschrecken und demütigen? Nein, sie wollen, dass wir besser brennen. Sie wollen, dass wir besser brennen! Aber warum, wenn sie doch Sprengstoff haben? Oder haben sie nicht genug? Fliegen wir nicht einfach in die Luft als brennende Fackeln? Ich versuchte, mir alles genau vorzustellen. Sie werden eine Granate zünden, und dann wird es sofort ein einziges Flammenmeer geben, und wir werden verbrennen *in a beautiful way*. Lebende Fackeln, falls wir nicht zerrissen werden, das wird schnell gehen, aber was wird sein, wenn wir nur langsam verbrennen? Alle Todesarten waren mir willkommen, nur das Verbrennen nicht.

Nun hantierten sie vorne an den Sauerstoffflaschen herum. Sie hatten doch Sprengstoff genug, oder vielleicht doch nicht genug? Warum brauchten sie Sauerstoff? Sie haben nicht genug Sprengstoff, um uns alle auf einmal umzubringen! Deswegen schleppten sie nun alles heran, was sie finden konnten, damit das große Feuer auch tatsächlich brennt. Oder machten sie das nur, um sich zu beschäftigen, mit neuen Aktivitäten abzulenken? Sie wollen doch auch nicht einfach abwarten und sterben, auch für ihre Sache starb es sich nicht leichter. Sie blieben geschäftig. Noch fünf Minuten, immer noch volle fünf Minuten!

Noch viereinhalb, ich musste mich entscheiden, welche Haltung ich einnehmen wollte. Ich überlegte, völlig ruhig, ob ich besser warte, bis die Flammen den alkoholgetränkten Körper am Rücken oder an den Beinen erfassten, und ob ich den Kopf so weit wie möglich nach unten halte oder ob ich ihn weit nach oben recke, damit die Sprengladung mir den Kopf wegreißt und alles schnell geht. Nein, ich wollte nicht sehen, wie das Schreckliche auf mich zukam. Trotz der Angst vor dem langsamen Verbrennen entschied ich, auf Tauchstation zu gehen. Dann aber kam eine andere Überlegung hinzu: Egal wie du umkommst, ob es dir wehtun wird oder nicht, du sollst nicht in einer feigen Haltung sterben, geduckt, gekrümmt und blind. Also: Den Kopf oben behalten, wenn es so weit ist, alles sehen – in aufrechter Haltung bis zum Schluss, vielleicht damit die Sache abkürzen, auf jeden Fall aber die Würde behalten, ich dachte wörtlich Würde.

Ingeborg murmelte etwas. Es hörte sich nach Gebeten an. Andere beteten lauter vor sich hin. Ich redete mit mir selber. Ich drückte die auf dem Rücken gekreuzten Hände aneinander. Ich spürte den Druck meiner Hände, die gefesselt sich grüßten zum Abschied. Ich sagte auf Wiedersehen, Andrea, und war in diesen Sekunden ganz sicher, dass ich mich nach dem großen Knall irgendwo wiedertreffen werde, in der einen oder der anderen Gestalt, nicht in Himmeln oder Höllen, aber in anderen, helleren Welten. Ich musste nur stillhalten und geduldig sein, die letzten dreieinhalb Minuten.

Noch drei Minuten. Jassids Stimme. Ich dachte, er ist nicht pünktlich, sein Kommando kommt zu früh. Aber er sprach mit denen draußen. Dann über den Bordlautsprecher zu uns.

– *We just decided with three to one votes to extend the deadline to another half hour. We don't want that anybody of the Somalian people will be hurt or killed. We are waiting for the complete withdrawal of the soldiers outside.*

Ich hörte der Übersetzung zu und konnte es trotzdem nicht fassen. Der Aufschub verwirrte mich mehr als die Minuten vorher. Eine halbe Stunde länger warten, eine halbe Stunde länger mit der Warterei quälen, eine halbe Stunde länger gefesselt und durchnässt sitzen! Eine halbe Stunde, damit sie ihre kostbaren Soldaten aus der Gefahrenzone wegschaffen können, die unschuldigen Soldaten! Als seien wir nicht auch kostbar! Eine halbe Stunde noch, was fängst du mit einer solchen halben Stunde an, der letzten halben Stunde? Gar nichts, unter diesen Umständen gar nichts, am besten gar nichts denken. Was für eine blödsinnige Rücksicht! Vielleicht wollten sie den Flughafen besser schützen gegen die Explosion, der schöne Flughafen, man wird alles wieder aufbauen müssen, wenn wir in die Luft fliegen, man wird sofort schätzen, wie viele Millionen das alles kosten wird, der Sachschaden, der Sachschaden! Eine halbe Stunde, was ist eine halbe Stunde? Oder war alles nur ein Vorwand? Vielleicht haben sie die Soldaten absichtlich nicht so rasch abgezogen, Jassid hatte offenbar schon vorher darum gebeten, dass sie mehr Abstand halten.

Abstand, alle nahmen Abstand von mir. Mein Körper sank ab, traktiert, balsamiert, in die Tiefe. Der Druck wurde stärker, man trampelte auf mir herum. Alle, an die ich denken konnte, profitierten von mir, ich war ihnen tot genug. Kein Sachschaden, bloß kein Sachschaden! Sie feierten ihren Sieg. Sie schwangen die Beine. Ich sah sie alle tanzen, sie tanzten auf meinem Grab, sie alle waren dabei, die Entführer, die Politiker, die Bilderjäger, ihre Schritte passten gut zusammen, sie tanzten flott, vorwärts seitwärts Schritt und Schritt, sie trampelten die Erde über mir fest, sie brauchten mich, sie brauchten in bestimmten Abständen ihre Ration an Leichen, um überleben zu können, sie feierten, sie tanzten sich frei über mir, und erst jetzt, ganz am Ende, sah ich mich immer weniger als Geisel der Entführer, immer deutlicher als Geisel der Politiker und noch viel deutlicher als die Geisel dieser Bilderjäger vom Fernsehen und den Illustrierten, vorwärts seitwärts Schritt und Schritt, sie alle taten etwas dazu, damit wir umgebracht wurden, sie alle rührten mit am Terror, vorwärts seitwärts Schritt und Schritt, sie alle profitierten davon, sie alle halfen uns nicht, sie tanzten immer wilder, ich hörte das rhythmische Knirschen ihrer Schuhe auf meinem umgekippten Grabstein, auch die Polizisten waren dabei und die deutschen Terroristen, und ich sah diesen Zeitungshelden Baader, wie er mit dem

Oberpolizisten tanzte, vorwärts seitwärts Schritt und Schritt, und beide machten sich Komplimente, riefen sich zu: Sie sind der Einzige, der mich versteht!, und der andere antwortete mit den gleichen Worten, sie herzten und küssten sich, sie waren glücklich miteinander, und laut riefen sie: Ich liebe Sie! Ich liebe Sie!, dann polterten sie wie zwei Faune auf meinem Grab herum, umarmten sich, rissen die Hosen runter und ließen einander nicht los.

Nein. Nicht kotzen. Ich zwang mich, auf die Uhr zu sehen. Aufrecht sitzen, vierzehn Minuten. Den Kopf hochhalten in dreizehn Minuten. Vorn im Cockpit redeten sie weiter, hinter der geschlossenen Tür. Meiner Hinrichtung zuschauen in zwölfeinhalb Minuten, und immer noch zwölf Minuten warten und warten und warten. Das kostbare, nutzlose Leben ablesen auf der winzigen Uhr. Elf mal sechzig Sekunden. Jetzt die Augen schließen, egal wie viele Minuten, wie viele Stunden.

Acht

– Free! Free! They are Free!

Eine Frauenstimme, arabisch. Ich hielt die Augen trotzig geschlossen, wollte nicht schon wieder auf einen Trick hereinfallen. Nicht noch einmal gefoppt werden oder hingehalten mit einer neuen Überraschung. Ich kniff die Lider zu und fürchtete mich vor neuen Halluzinationen. Noch sieben Minuten oder sechs oder vier. Bleib ruhig!

– Frei! Leute, wir sind frei!

Das war Jutta. Ich dachte, sie spinnt, jetzt dreht unsere gute Jutta durch, und riss die Augen auf. Aufrecht stand sie im Gang, die Hände erhoben, ohne Fesseln, die Haare nass und verklebt, und mit einem Gesicht, das lachend weinte oder kurz vor dem Weinen stand und schon verzerrt war, eine unentschiedene Grimasse, die sich erst wieder löste, als sie den Satz, den Schrei wieder neu hervorbrachte.

– Wir sind frei! Frei! Frei!

Und ich dachte, jetzt wirst du verrückt, Andrea, jetzt bist du es, die durchdreht! Nummer 28 riss an den Fesseln der Stewardess Erika. Nummer 22, Gerold, hielt das jüngste Kind im Arm, küsste es, drehte sich mit ihm einmal um die eigene Achse und rief *Free! Free! Free!* und gab es zurück. Nummer 28 lief zum Kopiloten in unserer Reihe vor und nahm ihm die Fesseln ab, und erst als immer mehr Passagiere zu schreien anfingen: Wir auch! Wir auch!, da begann ich zu begreifen, dass nicht ich verrückt war, nicht Jutta verrückt, dass niemand hier durchdrehte, sondern eine neue Lage entstanden war.

Alles schrie, ich schrie mit. Jeder wollte als Erster die Fesseln loswerden. Der Stau im Blut, die Schnitte auf der Haut wurden erst in diesem Moment wirklich unerträglich. Die Stewardessen halfen beim Entfesseln, Jutta hatte sogar eine Rasierklinge in der Hand, sie war zuerst bei uns, schnitt mit ein, zwei Bewegungen die Strümpfe in meinem Rücken durch und befreite Ingeborg, befreite Herrn Walter. Ich sprang auf, umarmte Ingeborg, umarmte Herrn Walter, ich wäre gern weitergegangen, aber der Gang war schon verstopft mit jubelnden, weinenden, staunenden Leuten. Wir fragten noch nicht, warum wir nun frei sein sollten und woher die plötzliche Wendung kam. Wir lärmten gegen die Todesstille an, die uns vor drei Minuten noch gelähmt hatte, wir atmeten nach der langen Zeit, die wir fast ohne zu atmen ausgehalten hatten, endlich wieder aus und pumpten die Lungen voll.

Wir kommen raus! Wir kommen bald raus! Wir werden ausgetauscht! Die Regierung tauscht aus! Solche Parolen gingen hin und her, aber wir verstanden sie nicht, bis Jassid verkündete:

– *Finally your government accepted! You will be exchanged today. In the last ten minutes they promised me everything that I am asking for the last five days!*

– Es wird ausgetauscht! Noch heute! Wir sind frei! Noch heute frei!, übersetzte Jutta.

– *Okay, the lady who has the appointment with the hairdresser, will get her hair dressed soon.*

Er lachte, wir lachten mit.

Er fragte, ob jemand Schmerzen habe. Fast alle streckten die Hände hoch. Er sagte, das tue ihm leid.

– *I'm sorry for that. I really damned that moment, when we had to chain you and to hurt you. But your government, they would have killed us all together. We would have died together. Died like a family.*

Jassid zögerte nicht, einigen älteren Leuten die Hände und Arme zu massieren. Er machte gymnastische Bewegungen vor, damit die Durchblutung wieder in Gang käme.

Meine Finger blau gefärbt, auch ich fing an, die geschwollenen Hände zu bewegen und zu massieren, und spürte, wie das Blut wieder zu kreisen begann und der Stoff auf der Haut trockener wurde unter den beweglichen Muskeln.

Jassid verschwand mit dem Kopiloten im Cockpit, und ich dachte, er ist wirklich kein Killer, er wollte nicht töten, er ist wirklich glücklich, dass er uns nicht töten musste!

Als sie wiederkamen, sagte Jassid, sie hätten die Flugzeit von Frankfurt ausgerechnet, es werde noch acht oder zehn Stunden dauern, dann sei alles vorbei!

Acht oder zehn Stunden! Wir kommen tatsächlich raus! Zehn Stunden erschienen nun kurz, weil eine Gewissheit mit dieser Ankündigung verbunden war. Zehn Stunden, das war sicher, das war das Äußerste, damit konnte man rechnen. Besser zehn Stunden warten als eben gestorben sein! Acht oder zehn Stunden, das wäre um Mitternacht oder zwei Uhr früh, nach deutscher, nach mitteleuropäischer Zeit, wir hatten die Uhren nicht verstellt, hatten uns nie auf die Ortszeiten eingestellt, selbst wenn sie uns einmal mitgeteilt wurden. Ich sah die Uhr nun wieder anders an, der Minutenzeiger hatte ausgedient, jetzt kam es wieder auf die Stunden an, acht oder zehn Stunden, noch einen Abend und eine halbe Nacht.

Jassid ließ den Sprengstoff an den Wänden abmontieren, dann verteilte er Zigaretten. Plötzlich schrie jemand auf Deutsch:

– Kein Feuer, Mensch!

Pause.

– *No light! No light!*

Der erschrockene Pirat wiederholte:

– *No lights! No light! Don't smoke! Don't smoke!*

Da hatte er selber einen Moment lang nicht aufgepasst, der Chef der Entführer. Der Boden, die Sitze, die Kleider waren noch getränkt von Alkohol – ein Streichholz, und alles hätte in Flammen gestanden. Aus Dummheit, am guten Ende aus Dummheit verbrannt!

Der Schrecken war Jassid noch anzusehen, als er mit der strengen Miene eines guten Polizisten von allen Passagieren die Streichhölzer und Feuerzeuge forderte und einsammelte, der Freund und Helfer, der Hüter unseres Lebens.

Die Gefahr war noch nicht vorbei. In zehn Stunden kann noch viel passieren. Besser nicht zu viel erhoffen. Erst einmal warten und wieder warten und warten. Fühlen, wie die Schweißkruste am ganzen Körper bröckelt, wie der Todespanzer langsam sich löst von der Haut. Und wenn die Schlacke, die Schuppen und alle dreckigen Klammern abgefallen sind in zehn Stunden, auch dann sind die Gefahren nicht vorbei! Wie wird der Austausch ablaufen? Die Regierung wird doch nicht so einfach sagen: Hier habt ihr eure Terroristen, bitte schön!

Vielleicht umständliche Manöver, Täuschungen, Schießereien. Schaff dir keine neuen Ängste, frei wirst du sein in zehn Stunden!

Immer wieder wurde laut auf die Regierung geschimpft, und es spielte keine Rolle, ob Jassid, die Stewardessen oder einzelne Passagiere ihrem Ärger Luft machten.

Anita war am aufgedrehtesten, sie ging ans Mikrophon und sprach, lachend und zornig zugleich:

– Was haben sich die Leute in der Regierung eigentlich gedacht, diese Herren, als sie mit ihren dicken Hintern in den Sesseln saßen und mit unserm Leben gepokert haben! Das lassen wir uns nicht gefallen! Wir werden einen Skandal machen! Wir werden die Presse mobilisieren!

Wir applaudierten, die Entführer ebenso wie wir.

Es war nun erlaubt, umherzugehen und laut zu reden. Herr Walter drängelte in unsere Reihe zurück, drehte sich zu mir und fragte:

– Wollen Sie nicht wieder tauschen? Ich sitze lieber am Gang.

Es war mir recht, wir fragten nicht um Erlaubnis, ich setzte mich wieder in mein Versteck Fensterplatz. Herr Walter brachte die Nachricht, die Chefstewardess bereite schon alles für den Austausch vor. Sie schreibe Zettel mit unseren Namen, gruppenweise, ja, sieben Gruppen zu elf Leuten, ja, für den Austausch, elf Leute von uns gegen einen von denen, nein, Auskunft über die Namen gäbe es nicht, nein, er habe es versucht, aber es sei ja auch verständlich, jeder wolle der Erste sein, und dann gäbe es doch nur Mord und Totschlag.

Ich rechnete. Sieben mal elf, also 77 Leute auf der Liste. Ein paar Leute und die Crew blieben übrig, aber ich fürchtete nicht, dass der Zufall mir übel wollte und mich mit den Letzten festhielte. Gewöhnlich entlassen sie zuerst die Kinder, die Alten, die Frauen. Auch in dem Entführungsgeschäft gab es eiserne Rituale, nie hatte ich gehört, dass sie die Männer vor den Frauen freiließen. Ein seltsamer Brauch. War es eine geheime Achtung vor den Frauen oder doch die Soldatenmoral, dass die Männer die eigentlichen Kämpfer seien und die Gefangenschaft länger aushielten oder zum Abschlachten vorherbestimmt? Dabei war ich sicher, dass wir Frauen diesen Irrsinn besser ertrügen. Natürlich wollte ich zu den Ersten gehören, die die Maschine verlassen. Nicht die Erste ganz vorn im Visier der Schützen hinter den Maschinengewehren und Kameras, lieber die Vierte, die Fünfte, die Achte. Solange alles ordentlich abgewickelt wurde, brauchte ich keine Angst zu haben. Wenn nur die Stunden, die restlichen Stunden schneller vergingen! Endlich das Ende, in acht Stunden, in sieben, in sechs Stunden!

Wieder die Beklemmungen des Wartens. Warten und nichts tun. Warten und das Geschrei eines Kindes nach seinem Spielzeug hören. Warten und den Schmerz in den Kniekehlen verdrängen. Warten und auf die Uhr schauen. Warten und immer auf die gleichen Hinterköpfe starren. Warten und nicht schlafen können. Und doch war es ein anderes Warten, ein kitzelndes, erregendes Warten auf das kaum glaubliche gute Ende. Ich stellte alle Klagerufe ein, kappte die Todesängste, vergaß die Schmerzen und den Gestank und versuchte mich an den Gedanken zu gewöhnen, dass der Gestank nicht stärker werden konnte und die heftigsten Schmerzen abgeklungen und die Schrecken gemildert sein mussten.

Trotzdem wurde ich nervös. Die Gewissheit, sterben zu müssen, hatte mich, zweimal vor dem zweimal hinausgeschobenen Ende, eher ruhig gemacht. Als nichts mehr zu hoffen blieb, war ich gefasster gewesen. Nun aber, als ich die neue Situation begriffen hatte, bedauerte ich fast, meine Gewissheit, die in Minuten zu messen war, verloren zu haben. Bei aller Erleichterung war ich doch irritiert von der Ankündigung, nicht sterben zu müssen. Zwei oder drei Stunden brauchte ich, um zu akzeptieren, dass wir nun doch wieder ins ersehnte Leben zurückgestupst wurden. Natürlich wollte ich leben, aber es fiel mir nicht leicht, die Last, die ich schon abgeworfen hatte, wieder zu schultern und den Schwierigkeiten und Anstrengungen der nächsten Stunden, Tage und Monate entgegenzusehen. So lange wie möglich hielt ich die Zukunftsgedanken von mir fern und richtete mich in einem Schwebezustand ein, halb wach, den Kopf tief in die Lehne gedrückt, und – verkroch mich in meiner Erschöpfung.

Ingeborg sprach schon wieder von der Sonnenbank. Ihr Gesicht fett, gedunsen, schwere Tränensäcke. Hinter uns wurden Essenspläne gemacht, vor uns ein Apfel umständlich in drei Teile geteilt. Die Schmidts schliefen. Mit niemandem wollte ich reden. Auch Petra, mit oder ohne Kind, ging mich nichts an. Ich mochte die Zeitung nicht sehen, und vor allem den Schreibblock nicht, weil ich nicht an meine verrückte Schreibphase erinnert sein wollte. Ich empfand nun zum ersten Mal in diesen fünf Tagen, dass ich wirklich allein war. Es war eine andere Art Einsamkeit als die der letzten

Minuten des Ultimatums. Jetzt zog ich mich freiwillig auf mich zurück, und je stärker die Gedanken dann doch nach vorn drängten, desto isolierter fühlte ich mich. Das war mir recht so. Ich sprach mit dem Stoffmuster der Sitze, mit dem hochgeklappten Tischchen und dem Drehhebel, der es festhielt. Ich nahm das Plastikrollo und das müde Beige vor dem Fenster wieder wahr. Ich sah mich langsam ins Leben zurücktappen, irgendwann einmal den unerreichbaren Ausgang, die Tür vorne erreichen, das Schild EXIT dicht über meinem Kopf, und dann die frische, die ölgetränkte Flughafenluft einatmen und den üblichen Weg stolpern durch eine alte, eine neue, auf den Kopf gestellte Welt. Ganz allmählich verließ ich dies Grab, diesen Sarg, verdreckt, zerzaust, verschwitzt, und flog in ein paar Stunden, geduscht und neu eingekleidet, mit einer anderen Maschine, zurück in die Sicherheit Mitteleuropas, fuhr mit dem Zug in Stuttgart ein. Auch wenn sich gar nichts verändert hat, es wird alles anders sein. Schon musste ich genau überlegen, was es hieß, mit dem Eisenbahnzug unterwegs zu sein oder in einen Bahnhof einzufahren, musste das ausprobieren, setzte mich in den Zug, in ein leeres Abteil sicherheitshalber, Fensterplatz, ein freier Blick in die braungraunasse Landschaft, aber schon bei der Vorstellung der Landschaft versagte mir die Phantasie. Die Freiheit der Augen, weite Entfernungen abzutasten, war mir ganz fremd. Und das gleitende Rasen der Wagen, das singende, schwingende, sichere Gefühl auf den Schienen, das vermochte ich nur für kurze Momente mir einzubilden, denn der anhaltende Stillstand auf dem verhassten, fünf Tage besetzten Sitz machte es selbst den Tagträumen unmöglich, mir längere Bewegungen vorzutäuschen.

Ich baute den Stuttgarter Hauptbahnhof vor meine Augen, den steinernen, düsteren, eckigen Kasten, in dem die lauten Schritte immer wie Stiefelschritte klangen. Aber ich kam mit den Dimensionen nicht zurecht, ich erinnerte mich, es war die Höhe, die zu bedenken war, die enorme Höhe und die beachtliche Breite, nichts gegen Frankfurt, aber auch hier zwölf, fünfzehn Bahnsteige nebeneinander. Eingesperrt so viele Tage in den Flugzeugschlauch, hatte ich jeden Begriff für Höhe und Weite verloren. Die Maße in der Maschine und die Maße draußen waren unvergleichlich geworden, ein Meter hier drinnen war etwas ganz anderes als ein Meter draußen. Eine Handbreit, lebenswichtig hier, war draußen nichts.

Einfacher wurde es, als ich mir Rainer auf den Bahnsteig stellte und ihn in Bewegung setzte, ihn mir entgegenstürzen sah, Rainer im hellen Mantel, Rainer mit ausgebreiteten Armen, Blumen in der Hand oder keine Blumen, ungewöhnlich für ihn, mit Blumen am Bahnsteig zu stehen, aber es ist so viel Ungewöhnliches vorgefallen, dass vielleicht auch Rainer seine Gewohnheiten ändert. Er lief mir entgegen. Als er mir nah war, ganz nah, verlor er sein Gesicht, ich konnte nicht mehr erkennen, wie dicht seine Augen an der Nasenwurzel standen, wie spitz oder breit sein Kinn war, ich konnte mich nicht entscheiden, ob er die Mundwinkel eher nach oben oder eher nach unten zog. Wenn Ingeborg gefragt hätte, wie sieht er aus, dein Freund, ich hätte ihn nicht beschreiben können. Ich sah ein merkwürdig aufgeräumtes, beinah leeres Gesicht vor mir, ein Gesicht, das sich selber wegrasiert hatte, mit unbekannten Augen darin, dazu eine erschreckend ordentliche Frisur. Inmitten der geschlagenen, nur mühsam dem Leben zugewandten Gesichter war mir die Vorstellung entschwunden, wie ein menschliches Gesicht aussehen könnte, ein Gesicht ohne Strapazen, Schmerzen, Schweiß, Gestank.

Keine Kraft mehr, mir die eigene Wohnung vorzustellen. Wie sieht ein Bett aus, eine Küche, eine Stereoanlage, ein richtiges Fenster? Nie kam ich mit den Gedanken richtig zu Hause an. Es verschwamm mir alles, was einmal gewesen war und was mir nun wieder bevorstand. Nur der aufgeräumte Schreibtisch im Institut stand fest an seinem Platz. Die Kollegen standen um mich herum, sie wollten etwas hören von mir, sie waren stolz auf mich, Andrea, die Heldin des Tages, wie war es denn, nun erzähl mal, wo sind deine Kriegserlebnisse, bitte! Ich drehte mich zur Seite. Ich fürchtete, es werde nichts mehr wie vorher sein, kein Blick, kein Händedruck, kein Wort. Keine Gewohnheit wird mehr passen, kein Name. Auch ich, fürchtete ich, müsste mich selber wieder ganz neu zusammensetzen. Vielleicht musst du noch einmal durch die Welt gehen und alles neu benennen, durch Wälder und Heide und Gärten und alle Pflanzen neu benennen wie Linné! Noch einmal alle Tiere beschreiben wie der alte Brehm! Und die Menschen! Das Verhalten der Menschen ganz neu beobachten lernen!

Sofort nahm ich mir vor, mein Gedächtnis zu überprüfen und die Forschungsschritte für den Herbst und Winter, für die laufende Woche zu memorieren. Es wehten nur Fetzen durch den Kopf. Professor S. wollte in diesem Semester noch das Anwendungsprogramm fertigstellen, die Abwehr der Kiefernspanner durch Ultraschallmauern, das war alles, was ich erinnern konnte. Das ganze Fachwissen, wie weggespült. Nur das eine Bild, das zitternde Bein des Kiefernspanners mit der Schallmembran.

Einmal schrak ich auf, als jemand von der Toilette kam und einen Schwall ätzender, stinkender Luft nach sich zog, den ich selbst an meinem Außenplatz noch so deutlich roch, dass vor den geschlossenen Augen Farbbilder auftauchten. Giftige Violetttöne mischten sich mit Grün und wurden von breiten dunkelgrünen Feldern abgelöst, aus denen gelbe Stalagmiten wuchsen, die das Dunkelgrün in blaue Strudel verwandelten, und in diesen Mischungen und Drehungen bewegten sich die Farben weiter, nur selten kamen Rottöne dazwischen, nur selten Hellblau und niemals Schwarz. Es erinnerte mich an einen der wenigen guten LSD-Trips, vor Jahren. Ich legte mich in den Strudel dieser Farben hinein, ließ mich treiben und flog davon, flog an Steinbrüchen vorbei, die voller Tonkrüge waren, von den Bäumen rieselte Geschirr, Staubsauger und Lampenschirme begegneten mir in den Wolken, Güterzüge fuhren senkrecht ins Meer, und ich wehte wie eine Zeitung im gleitenden Flug und raschelnd an allem vorbei. Dann saß ich auf einem Pilotensitz, starr und angeschnallt und rutschte in eine dunkle Stube. Jemand sagte, jetzt gibt es was zu essen, und schob mich auf eine Holzbank. Lange Zeit begriff ich nicht, was da vor mir auf dem Tisch lag. Die Leiche eines älteren Mannes, nackt und mit kurzen Beinen, kurzen Armen und einem winzigen Kopf. Der Körper bestand fast nur aus einem fetten, mächtigen Rumpf, und die offene braunschwarze Wunde im Bauch schreckte mich nicht so sehr wie die Haut, die ekelhaft rosa war wie die eines gerupften, tiefgefrorenen und fast aufgetauten Hühnchens. Als eine fremde Stimme in einer fremden Sprache, aber doch deutlich mir befahl, den Mann umzudrehen, gehorchte ich und berührte mit den Fingerspitzen das eiskalte, glibbrige Rückenfleisch. Vor Schreck wachte ich sofort auf.

Ich beschloss, mich nie wieder in Schlaf fallen zu lassen in dieser Maschine. Nie wieder, und wenn es noch drei Tage dauert!

Die Stunden zählen. Vier Stunden. Es gab Trinkwasser.

Jassid spielte noch einmal seine alte Rolle.

– Auf der ganzen Welt werden wir euch verfolgen, wenn ihr den Mund nicht haltet. Wenn ihr irgendjemandem, der Presse oder der Polizei, verratet, was ihr gesehen habt, wenn ihr berichtet, wie wir bewaffnet sind und wie wir aussehen und wie wir hier gearbeitet haben, dann seid ihr dran. Keine Informationen, verstanden?

Er ließ Zettel verteilen. Er wollte wissen, wo jeder von uns später zu finden war. Wir schrieben Namen und Anschrift auf, und er sammelte die Zettel wieder ein.

Ich musterte sein Schnurrbartgesicht, das von Tag zu Tag mit immer längeren Bartstoppeln zugewachsen war, ein dunkles, schwarzes Gesicht, das ich immer noch nicht verstand und nicht berechnen konnte. Eben hatte er uns angebrüllt und mit seinen Redesalven in die Sitze gedrückt – und jetzt lächelte er höflich und versuchte, die Einschüchterung wieder rückgängig zu machen. Ich dachte nicht mehr, so sieht dein Mörder aus, sondern ich dachte: So sieht dein Lebensretter aus! Er hat es geschafft, dass du in ein paar Stunden draußen bist! Er hat geschickt verhandelt, er hat dir nichts Böses tun wollen und auch den andern nicht! Ich dachte kaum an den toten Kapitän, kaum an die Quälereien all die Tage, ich dachte nur: Er ist es, dem du es verdankst, dass du, wenigstens du, lebend rauskommst. Hatte er nicht das Ultimatum verlängert von sich aus, um die somalischen Soldaten zu schonen? Ist die Regierung nicht erst auf den Austausch eingegangen, als das Ultimatum schon abgelaufen war und wir gefesselt und schnapsübergossen zum Sterben fertig waren? Ich kam mit der Zeitfolge der Erinnerungen nicht mehr zurecht, ich war zu verwirrt, um die Bruchstücke der Schrecken in die richtige Reihenfolge zu bringen. Aber ich wusste plötzlich sehr genau, dass unsere Regierung uns in die Luft hätte jagen lassen, wenn er, der Anführer, nicht zufällig oder aus Taktik oder aus menschlichen Gründen Rücksicht auf die Somalis genommen hätte. Wäre es nach der Regierung gegangen, wären wir schon ein paar Stunden tot! Jassid war mein Retter, nicht die Regierung! Aber ich wusste auch, dass ich ihm nicht zu nah kommen durfte. Dass er mich sonst erschießt, zum Dank für meine Dankbarkeit, mein Retter, mein Mörder!

Jassid gab bekannt, die Maschine mit den freigelassenen Häftlingen aus Deutschland sei um 19.30 Uhr in Frankfurt gestartet. Auf meiner Uhr war es kurz vor 22 Uhr.

– Wie ihr wisst, sagte er, sind wir Freiheitskämpfer und keine Terroristen und keine Räuber. Wir wollen weder euer Geld noch eure Wertsachen. Wer will, kann jetzt nach vorn kommen und das Handgepäck untersuchen, ob Geld oder Schmuck oder sonst etwas fehlt!

Er bot außerdem an, die zerstörten Gegenstände wie Kugelschreiber und Uhren zu ersetzen. Sofort standen einige Leute auf und drängten in die erste Klasse. Ich wollte nicht ausschließen, dass er wieder eine Falle stellte und diejenigen, die ihm misstrauten, mit einer neuen Schikane treffen wollte. Aber die Passagiere kamen nacheinander zurück und sahen zufrieden aus. Mit energischem Griff hielten sie ihre Taschen fest, klammerten sich an ihre kleine Habe.

Frau Schmidt wandte sich an andere Passagiere:

– Ich hatte noch Gemüse dabei aus Mallorca. Aber die Tüte ist nicht zu finden. Kann mir jemand sagen, wo die ist? Die muss doch irgendwo sein!

Dann begannen die Piraten, das übrige Handgepäck zurückzugeben. Nummer 28, Sieglinde, hielt eine Tasche nach der anderen hoch und wartete, bis sich jemand meldete. Es ging alles sehr langsam, aber es war mir recht so. Wichtiger als die Handtasche war, dass die Zeit verging.

Ein knackendes Geräusch, ich blickte auf, die Tür rechts von mir war fortgerissen, und mit dem Außenblick des linken Auges sah ich die Tür auf der linken Seite der Maschine verschwinden. Plötzlich zwei ausgefräste Löcher im Flugzeugrumpf, und da waren, rechts und links in der gleichen Sekunde, zuerst Pistolen, dann Hände, dann Arme und schwarze Köpfe. Das Gesicht, das etwa einen Meter von meinem entfernt war und wie ein Springteufel aus dem Kasten in unseren Kasten sprang, hatte etwas Freches, Listiges, Kasperhaftes, und ich dachte, die Neger, was wollen die Neger jetzt hier? Befehle zerhackten die Luft, und Schüsse jagten den Befehlen hinterher. Kommen jetzt die Schwarzen und machen uns alles kaputt? Ich ließ mich fallen, spürte den schmerzenden, steifen Körper kaum, der nun Platz fand in dem engen Raum vor dem Sitz. Ich hörte: Köppe runter! Köppe runter!, als ich den Kopf unten hatte. Auch Ingeborg hatte sich geduckt, nur Herr Walter war etwas langsamer. Ich verstand überhaupt nichts. Diese Schwarzen, was ist mit denen, warum schießen sie jetzt, und woher können sie Deutsch? Wir kauerten auf dem Boden, und ich wimmerte und fluchte innerlich. Alles ging wieder von vorn los! In zwei oder drei Stunden wären wir frei gewesen, und nun machen sie uns alles kaputt mit ihrer Schießerei! Es blitzte und knallte, das Licht explodierte und drückte uns noch mehr auf den Boden, und dazwischen wurde gebrüllt. In Deckung! Beine weg! Köppe runter! Da erst merkte ich, dass es nur deutsche Stimmen sein konnten, solch ein Deutsch können die Neger nicht, es war das Befehlsdeutsch, in einer ungewohnt heftigen Lautstärke.

Ganz nah rief einer: Komm in Arsch, Otto! Die Wörter trafen wie ein Blitz, sie kippten endlich alles um. Das war die Befreiung! Unsere Leute mit geschwärzten Gesichtern! Es wurde nicht mehr deutsch geflüstert oder im schlechten Englisch laut oder befehlend gerufen. Die Deutschen schrien: Wo sind die Schweine?, und auf eine verrückte Weise war die Welt wieder auf die Füße gestellt, es war die Welt, in der etwas auf eine idiotische Weise in Ordnung war, eine Welt von früher, in die ich gehörte und nun nicht mehr gehörte, geduckt hinter dem Sitz neben der Nottür. Ich sah Soldatenstiefel, schwarz, hochgeschnürt, und braungrün gemusterte Hosenbeine und spürte den Luftzug, den frischen, unglaublichen Sauerstoff – die Freiheit ein, zwei, drei Meter entfernt und schon zu riechen! Über unseren Köpfen schossen und brüllten sie wie wild. Warum hörten sie nicht endlich auf, unsere Leute, sind es wirklich unsere Leute? Was ist, wenn sie eine Granate schmeißen, die einen oder die andern, und dir auf den Kopf, auf den Rücken, und die explodiert, dann hast du fünf Tage gelitten und alles überstanden und kriegst in der allerletzten Sekunde doch noch was ab, oder einen Schuss, oder der Sprengstoff geht los, nichts hatte ich überstanden, es ging wieder alles von vorn los!

Rauskommen! Rauskommen! Die Befehle pfiffen an mir vorbei. Ich wollte sie nicht verstehen, obwohl in der Reihe vor mir die Leute schon rausgeschoben wurden oder raustappten durch die offene Tür auf die Tragfläche. Erst die Beine, dann den Kopf!, schrie jemand. Nackte Füße, Schuhe, Sockenfüße, Hosenbeine zögernd vor dem Ausgang, bis sie verschwanden. Die einzig richtige Lösung, dachte ich. Gleichzeitig krachte es heftig und nah am Trommelfell, Patronenhülsen rollten über den Boden. Ich wagte nicht den Kopf zu heben, ich hielt mich an Ingeborg fest oder Ingeborg sich an mir, und ich war ganz sicher, jetzt gehts doch noch schief, ein Schuss wird mich treffen, oder wir fliegen in die Luft, die Maschine fliegt in die Luft, die Maschine kann immer noch explodieren, wenn sie nicht endlich aufhören zu knallen. Raus! Raus!, rief jemand über mir. Was wird, wenn die Maschine explodiert, dann wird es brennen, dachte ich und schob Ingeborg zum Gang, verbrennen wollte ich auf keinen Fall. Ingeborg kroch zu langsam. Besser erschießen als verbrennen. Die einzig richtige Lösung: raus! Und ich kroch und fluchte über den Mann über mir, der uns anherrschte und nichts verstand mit seinem Raus mit euch! Raus!, und erreichte endlich den Gang, ging in die Hocke und war mit zwei Schritten an der Tür.

Es war nur ein Sprung, ein einziger behutsamer Sprung, ins Offene, ins Leere, das markiert war von zwei kräftigen Kerlen, die mir die Arme entgegenstreckten und Eile diktierten, und erst im Sprung wurde die schwarze Leere erkennbar als unendlich weites Feld der hellsilbrig glänzenden Tragfläche. Es war eher ein Schritt als ein Sprung, steilabwärts, metertief, denn ich spürte kein Fallen, sondern die Langsamkeit meiner Bewegung. Es war, als bliebe, mitten in der Flucht, die Zeit stehen. Die neue Luft, lauwarm, feucht und salzig, die ich mit dem ersten Atemzug einholte, warf mich fast zurück, ich spürte die blitzartige Eroberung des Sauerstoffs sofort in den Adern, den Nervensträngen und im Gehirn. Die Belebung wirkte wie eine Betäubung. So tauchte ich ohnmächtig unter, schritt oder sackte auf die beiden soldatischen Männer zu, die mich packten und festhielten und energisch begleiteten bei meiner verzögerten Bewegung aus der Maschine hinaus. Die Helfer warteten, bis ich auf beiden Füßen stand, barfuß auf der glatten Metallfläche, und nicht mehr taumelte. Ich wünschte zu taumeln und weiter zu fallen, aber die beiden sagten: Da lang! Sie schoben mich weiter auf die offene Tragfläche hinaus in die Richtung, in der ich Herrn Walter gerade in die Tiefe, ins Dunkle springen sah. Die Kavaliere schoben, und ich tappte, als hätte ich eben das Laufen gelernt, zwei, drei Schritte vorwärts, fand mich zwischen einigen anderen, ebenso benommenen Passagieren auf der Fläche, die mir riesig vorkam, obwohl ich überall ihr Ende und ihre Kanten sah.

Ich wollte nicht geschoben werden, lieber stehen bleiben und diese Luft einatmen, die warme, frische, zärtliche Luft, die betäubende, schockierende Frische, die erste Ration Sauerstoff nach hundertsoundso viel Stunden Totenluft und Saunaschweiß und Klimaanlagenstaub. Nicht einmal eine, zwei Sekunden stand ich so still, so fassungslos, bis ich die erstaunliche Helligkeit mitten in der Nacht wahrnahm, ich wandte den Kopf zur Seite, nach oben, und war geblendet von den leuchtenden Sternen, ein klarer Sternenhimmel, wie ich ihn nie zuvor gesehen hatte, die Sterne blinkten und funkelten nicht nur, jeder einzelne Stern im endlosen Lichternetz schien eine gewaltige Strahlkraft zu haben. Ich stand auf der Tragfläche und dachte, verdammt, es gibt das alles, es gibt einen Himmel, es gibt Sterne, es gibt eine andere Luft!

Weiter! Weiter!, riefen die Uniformierten. Es war nicht vorgesehen, dass man hier stehen blieb, und mein Fluchtimpuls wurde wieder wach. Immer mehr Leute, eben aus dem Notausgang gesprungen, drängten nach. Überall Befehle, in der Maschine Schüsse und draußen die befehlsmäßigen Ermunterungen wie Weiter! Weiter!, Da lang!, Na los, Oma!, Das schaffen wir schon!, Lauft weiter!, Da lang! Ich tappte weiter zu der Stelle, wo die Passagiere, einer nach dem andern, von der Tragfläche sprangen oder sich auf eine Leiter bemühten. Unten warteten die nächsten Helfer, aber mein Blick fiel zuerst, von den Sternen noch geblendet, auf eine ganze Reihe von Krankenwagen, Feuerwehrfahrzeugen und weit hinten matt helle Gebäude, und überall Menschen, einige in Uniformen, laufende und stehende menschliche Figuren überall, und ich dachte, wo kommen all die vielen Leute her, denn ich hatte bis vor ein paar Sekunden noch gedacht, wir sind ganz allein und wir bleiben ganz allein, hatte nichts gehört von heranschleichenden und heranfahrenden Helfern, Soldaten und Wagen. Weiter! Weiter!, riefen sie hinter mir. Fallen lassen! Einfach fallen lassen!, riefen sie unter mir, und ich konnte mich nicht entscheiden, ob ich die Leiter nehmen oder springen sollte. Unten stand wieder einer von diesen Männern, sein Gesicht war nicht geschwärzt. Er rief: Spring, Mädchen! Spring! Es klang lockend, vielversprechend, doch im zweiten Moment störte mich etwas an der Stimme, und ich lenkte mich zur Leiter hin, merkte aber, wie schwer meine Beine waren, geschwollen und taub vom ewigen Sitzen, und wollte lieber dem in die Arme springen als auf der Leiter einen Krampf kriegen und stürzen, und sprang.

Ich sprang auf den Mann zu, der, weil ich endlich sprang, ein Grinsen riskierte, das schmale, feinlippige Grinsen eines triumphierenden Kerls, der eine Frau auf sich zufliegen sieht und in seinen starken Armen erwartet. Ich war im Sprung und konnte nicht zurück, er sah nicht wie ein souveräner Retter aus, aber er war mein Retter, der Engel, das Schwein, ich wollte gerettet sein endlich, aber nicht auf Kerle wie diesen angewiesen sein, nicht auf Soldaten, ich war im Sprung und wäre lieber in einen Heuhaufen, eine Sandgrube, ein Sprungtuch gefallen als in die Arme, die sich mir hilfreich entgegenstreckten, und je näher ich seinem Gesicht kam, desto heftiger wünschte ich den Flug zurück, das Gesicht und die schwarzen Haare stießen mich ab, ich kannte diese Augen, diese bitteren, stechenden, zynischen, gewalttätig grinsenden Augen, aber schon hatte er mich geschickt aufgefangen und abgefedert, hielt mich fest und doch nicht zu lange fest, wie ich befürchtet hatte, und stellte mich auf den Boden. Er wartete, bis ich auf den eigenen Füßen nicht mehr wankte, sah mich kurz und prüfend an, ob alles in Ordnung sei. Ich dachte, gib ihm schnell einen Kuss, deinem Retter, du bist draußen, endlich draußen! Schon hatte er meinen Kuss auf der Wange, doch als ich zurückwich von seiner kalten Haut, erkannte ich das Gesicht wieder, es waren die Augen des Anführers, der einschüchternde, herrische, beleidigende Blick Jassids, und ich schrie kurz auf. Er starrte mich an, sagte: Da lang! Er wollte mich loswerden, er hatte noch mehr zu tun, und ich wollte ihn loswerden. Riesig sah ich das Flugzeugmetall über mir und das Gewimmel, die soldatisch sparsamen Bewegungen, das Taumeln der befreiten Geiseln, immer noch waren Schüsse zu hören, und ich lief davon.

Lief weg von diesem Mann, der mir in dieser Sekunde wie das Abbild eines Terroristen erschien oder selber einer war oder nur verkleidet die Rolle des Retters angenommen hatte, ich lief los und wusste, ich spinne, ich lief los und wusste nicht, ob vielleicht alle Männer jetzt so aussahen wie der, wie Jassid, ich lief und gehorchte, lief in die angedeutete Richtung, in die andere vor mir liefen, lief ihnen nach, lief fort von der Höllenmaschine, meinem hochexplosiven Sarg, lief fort von Jassid und allen Jassidmenschen, und fluchte auf meinen Retter und liebte ihn, mein Kuss war vielleicht ehrlicher als das Phantombild, aber es blieb die Angst, eine unermessliche und ganz neue Angst, und ich lief weg, lief um zu laufen, es war auf einmal möglich zu laufen, ich merkte im Laufen, dass ich barfuß lief, die lästigen Schuhe lagen unter dem Sitz, beim Sprung auf die Tragfläche und beim Sprung auf die Betonpiste hatte ich das

Fehlen der Schuhe kaum bemerkt, erst jetzt, als ich lief und plötzlich meine Füße wieder spürte, die Zehen, die Fersen, die Muskeln, endlich kam Leben in den Körper zurück, ich lief und steigerte mich in den Rausch der Bewegung, die unerwartete Bewegung riss mich fort, frei unter freiem Himmel, in freier Luft, mit jedem Schritt lief ich freier, während mein Kopf noch nichts von alledem verstand.

Und ich lief über den Sand, frei von der dumpfen Härte des Flugzeugbodens, über nachtwarmen Sand, sprang über Disteln, die Disteln piekten und rissen die Sohlen auf, aber ich lief weiter, der Schmerz schmerzte kaum, ich war frei für diese Sorte Schmerz, etwas, was mit dem Leben zu tun hatte, ich wich den nächsten Disteln aus, lief langsamer vorwärts, immer noch musste ich möglichst viele Meter zwischen mich und das Flugzeug bringen, lief auf einen Sandhügel zu, hinter dem die Geretteten schon jubelten, ich stolperte und lief und merkte im Laufen, wie jemand neben mir lief und mich überholte und vor mir herlief und mir den Weg abschnitt, mich zu langsamerem Tempo und Umwegen zwang, ich entdeckte eine Kamera vor seinem Kopf, eine Filmkamera, da lief ein Idiot vor mir her und filmte mich, wie ich lief und meiner Rettung entgegenlief! Ich dachte: Was macht der denn schon hier? Er hatte eine gehetzte junge Frau vor der Linse und hinten die umkämpfte Maschine. Auf der Flucht vor den Schüssen und Schreien, längst nicht in Sicherheit, rannte ich, da stolperte dieser Kerl schon mit und filmte das alles, ich lief in seinen Film hinein, ich war eine Darstellerin, ich lief direkt in eine Tagesschauszene, lief in die Schlagzeilen hinein, ich lief auf die Interviewgeier zu, mit wundgerissenen Sohlen, und so wie ich mich in panischen Bewegungen durch den Sand quälte, mal stürzte und die Hände voll Sand hatte, so war ich für die, die mich sahen, eine Attraktion, das Entsetzen live, das war Action, sie machten Geschäfte mit mir, ich war das Objekt, nicht mehr ich selbst, Andrea Boländer verwertet, verbraucht, vergessen in all dem Rummel und nach dem Rummel mit Presse, Polizei, Politikern, ein Fall fürs Versorgungsamt, ich lief von all dem fort und auf all das zu, ich wusste es und wusste es nicht, ich lief, ich schlug einen Haken, um dem Kameramann auszuweichen, hatte nur noch eine kurze Strecke bis zur Sandkuhle, in der ich schon zwei, drei Dutzend Menschen erkannte, die sich um den Hals fielen und weinten, und ich wollte mit den letzten Schritten dem Mann mit der Kamera, der mich hartnäckig behinderte, einen Tritt geben, ihn stolpern lassen, und ich streckte das Bein, aber fiel selbst hin, fiel weich in den Sand, heulte, heulte vor Freude, Erschöpfung, Wut und fühlte weiter das gnadenlose Auge der Kamera auf mich gerichtet, und ich spürte zugleich, wie mein fassungsloses Heulen gerade recht kam für den laufenden Film, und heulte, weil ich frei war und wusste, ich werde mich in keinem Film erkennen und in keinem Spiegel, und nichts wird werden, wie es vorher gewesen ist, ich hörte plötzlich keine Schüsse mehr, nur den Jubel, und griff in den Sand und warf, was mir nicht aus der Hand rieselte, in Richtung Kameramann, aber der hatte schon neue Opfer im Visier, und ich schrie, zornig und glücklich, den längsten und stillsten Schrei meines Lebens und sah mit nassen Augen die winzige Menge Sand durch die Luft wehen vor dem Hintergrund des erleuchteten Flugzeugs.

Editorische Notizen

Der Roman erschien zuerst 1987 im Rowohlt Verlag, Reinbek, eine Taschenbuchausgabe erfolgte 1990 als rororo 12679. Übersetzungen ins Bulgarische (1993), Französische (1989), Italienische (1990), Japanische (1992), Polnische (1999) und Türkische (1988).

«Mogadischu Fensterplatz» bildet den Mittelteil der Trilogie «Deutscher Herbst», zu der die Romane «Ein Held der inneren Sicherheit» und «Himmelfahrt eines Staatsfeindes» gehören; die drei Romane erschienen 1997 in einem Band als rororo-Taschenbuch 22163.

Eine zweiteilige Hörspielversion – «Das Ultimatum» und «Die Verlängerung» –, inszeniert von Joachim Sonderhoff, produzierten der WDR und der Hessische Rundfunk 1988. Für die Bühne adaptiert wurde «Mogadischu Fensterplatz» von Regina Wenig und Beate Seidel; Uraufführung am Staatstheater Stuttgart, 21. September 2007, Regie Regina Wenig.

Rezensionen

«Das Buch ist weder Tatsachenbericht eines Gewaltverbrechens noch emotionsgeladener Augenzeugenbericht. Delius demonstriert in ‹Mogadischu Fensterplatz› Möglichkeiten des Romanciers, die weder dem Reporter noch dem Historiker zur Verfügung stehen. Sein dritter Roman bedient sich literarischer Mittel des Psychothrillers, der Dokumentarliteratur und des historischen Romans; er ist die exakt recherchierte, erzählerisch gekonnt konstruierte und sprachlich brillante Schilderung von Ereignissen, die im Bewusstsein der Öffentlichkeit längst zu Historie erstarrt sind.

Am 17. Oktober 1977 entführten vier Palästinenser eine Lufthansa-Maschine auf dem Flug von Mallorca nach Frankfurt. Am fünften Tag der Geiselnahme erschossen sie auf der letzten der fünf Stationen dieser Flugzeugentführung den Piloten. Eine deutsche Elitetruppe stürmte die Maschine in Afrika und tötete drei Palästinenser.

Delius' Roman setzt dort ein, wo die Nachrichten einst endeten. Die Phantasie und die Sprachkraft seiner Ich-Erzählerin heben die authentisch wiedergegebenen Fakten auf eine neue, die literarische Ebene. Spannend erzählt, ist ‹Mogadischu Fensterplatz› mehr als ein Thriller. Auch begnügt sich Delius nicht mit Formen klassischer Dokumentarliteratur. Über Tonbandprotokolle, Statistiken und Dokumente hinaus ist Mogadischu nicht nur historischer Schauplatz, geschildert werden Tage im Leben der fiktiven Romanfigur Andrea Boländer, deren erfundene Biographie von Bad Nauheim und Tübingen ebenso bestimmt ist wie von Rainer und Stefan, von denen sie auf Mallorca Abstand gesucht hat, oder von Petra und Ingeborg, neben denen sie die Tage an Bord des entführten Flugzeugs verbringt. Sprachlich souverän erzählt F. C. Delius in Rückblenden das Leben seiner Romanfigur und lässt sie in Träumen, mit denen sie der Todesangst zu begegnen sucht, ihr weiteres Leben entwerfen.» *(Michael Bauer, «Neue Zürcher Zeitung»)*

«Friedrich Christian Delius hat für seinen dritten Roman, dessen Titel ‹Mogadischu Fensterplatz› bereits die zeitgeschichtlichen und -analytischen Intentionen des Autors erneut deutlich anzeigt, diese Andrea Boländer als Medium und Sprachrohr gewählt. Und ihr Name vor allem steht für das, was Fiktion ist in einer Geschichte, die sich, wie Delius in einem Vorspruch festhält, ganz direkt auf die veröffentlichten Aussagen ehemaliger Geiseln, insbesondere des Lufthansa-Flugzeugs ‹Landshut›, stützt. Einer Geschichte, die des Autors eigene, dokumentarisch abgesicherte, erzählerische Rekonstruktion der Innenansicht von Terror in seiner massivsten Ausprägung darstellt, nur eingerichtet auf die Empfindungen und Wahrnehmungen eines weiblichen Terroropfers. (...)

Andrea Boländer erlebt diese Hölle Stunde um Stunde, tagelang in wechselnden, schließlich alle Hoffnung ausschließenden Schüben, und Delius lässt es miterleben. Eindringlich, gewiss zutreffend, genau auch die Schilderung der Versuche, in Vorstellungen, Tagträume, Schlaf zu flüchten. In den physischen wie psychischen Zuständen der fiktiven Ich-Erzählerin, ihrem Erleben plausibel fundiert zu dem allen dann noch, wie ein Hauch von Utopie, ein Erkenntnisprozess. Wie Delius ihn Andrea Boländer in die Feder diktiert, das greift in seiner Differenziertheit über das Artikulationsvermögen einer in dieser Hinsicht ungeübten Naturwissenschaftlerin offensichtlich hinaus. Aber keineswegs unbedingt über ihre Fähigkeit zur Einsicht.

Die Ich-Erzählerin empfindet qualvoll auch die eigene Freiheit, ihre eifrige Bereitschaft, sich zu unterwerfen, die peinlichsten Rituale mitzuspielen, sogar über den Tod eines anderen hinwegzusehen. Kein Gedanke an Gegenwehr, immer nur der Wunsch, dem Schrecken doch noch in die eigene kleine, wohlausgestattete Freiheit zu entkommen. Als der Anführer der Terrorgruppe versucht, seinen imperialistischen Gefangenen in einem langen wirren Vortrag das böse, in seinen Augen von den Israeli verursachte Schicksal seines Volkes nahezubringen und sich damit indirekt zu rechtfertigen, ödet sie das an. Aber es lässt sie unversehens doch über die Genealogie des Terrors nachdenken. Für die Palästinenser sind die Israeli die Schuldigen, die Verursacher. Die Juden fühlen sich gerechtfertigt vom Genozid durch die Deutschen. Worauf konnten einst, können heute die Deutschen sich beziehen, wenn sie nackte Gewalt anwenden? Inzwischen wieder auf den Terrorismus von Palästinensern und anderen. Ein Kreislauf? Nachdem das Flugzeug gestürmt ist, die Geiseln befreit sind, herrscht einen Augenblick lang Empörung unter ihnen, weil sie merken, dass auch ihre Regierung sie als Einsatz im Pokerspiel benutzt hat, um zu gewinnen, um die Herausforderer zu schlagen. Auch ihre eigene Regierung hat ihr nacktes Leben als Pfand benutzt.» *(Heinrich Vormweg, «Süddeutsche Zeitung»)*

«Delius lässt sich nicht nur dokumentarisierend genau auf das äußere Geschehen in diesem Flugzeug ein, mit viel Sinn für feine Unterschiede zeichnet er Psychogramme von Opfern und Tätern.

Andrea Boländer fallen die ständigen Widersprüche im Verhalten Jassids auf: Einerseits droht er, eingeübt in die selbsttätigen Abläufe eines hijacking, mit der Erschießung des Flugkapitäns (die später auch erfolgt), andererseits lässt er mit Sekt den Geburtstag einer Stewardess feiern. Er schlägt Frauen, die nichts als israelische Visen in ihren Pässen haben, und lässt dann plötzlich wieder von ihnen ab und verhält sich so, als wolle er einen Irrtum wiedergutmachen. Die ‹Kriegsreligion›, die Jassid innerlich ausstattet, vereinfacht alles zu Gut oder Böse, und die ‹Kriegslogik›, derer er sich dabei bedient, reduziert alles aufs Entweder-oder. Im Kreislauf vererbter, sich stets neu zeugender Gewalt ist Jassid ein Teilchen, Teil eines Gewaltkreislaufs, der mit dem Genozid der Nazis begann. Aus diesem verhängnisvollen Kreislauf, so wird Andrea bewusst, gilt es auszubrechen, will man nicht immer nur alles verstehen und entschuldigen: ‹Wo keine Logik und kein Sinn und keine Humanität mehr zu finden sind, da landen wir bei den Vätern und Großvätern.›

Je länger diese Entführungstortur dauert, desto mehr wächst die Spannung in dem stinkenden, von der Körperwärme überhitzten Flugzeug. Diese Spannung fängt Delius ein. Körperliche Zustände werden immer bedrückender: das durch die lange Unbeweglichkeit ins Stocken geratene Blut, das Schmerzen der Glieder, die unerträglich werdende Schweißsekretion, die ins Unbeschreibliche sich ausweitenden sanitären Verhältnisse. Delius ist ein genauer Chronist dieser Einzelheiten. Spitzt sich das alles noch einmal zu, hat Andrea Boländer den Eindruck, sie erlebe alles nur wie auf einer Bühne. Und auch am Ende, als sich die Spannungszustände noch einmal gesteigert haben, halluziniert sie, dass Entführer und Befreier eins geworden sind. Tod oder Nichttod, das ist fast unwichtig geworden gegenüber der Tatsache, dass überhaupt etwas geschieht.» *(Stephan Reinhardt, «Frankfurter Rundschau»)*

Friedrich Christian Delius

geboren 1943 in Rom, in Hessen aufgewachsen, lebt heute in Berlin. Mit seinen zeitkritischen Romanen und Erzählungen, aber auch als Lyriker wurde Delius zu einem der wichtigsten deutschen Gegenwartsautoren. Seine Bücher wurden in 18 Sprachen übersetzt. Bereits vielfach ausgezeichnet, erhielt Delius zuletzt den Fontane-Preis, den Joseph-Breitbach-Preis sowie den Georg-Büchner-Preis 2011.

Im Februar 2013, aus Anlass des 70. Geburtstags des Autors, hat der Rowohlt Verlag eine Werkausgabe in Einzelbänden begonnen.

www.fcdelius.de